學測古文句讀破解

左傳×戰國策×成語名篇75選

國學大師
郭建球◆著

編者序

謀臣策士縱橫捭闔的傳奇鬥爭，動盪變革的春秋戰國黃金年代

在一〇八高中國語文課綱的震盪時期，從文言和白話之間的比例調整，再到文言文推薦選文的篇目內容，無不吵得沸沸揚揚，令眾人宛如霧裡看花。從舊課綱的三十篇核心選文，再到新課綱的十五篇推薦選文，還有大考試題中越來越冗長的文言文、白話文閱讀題，都令家長和學生無所適從，不知該如何應對。而目前已獨立為一個考科的國文寫作能力測驗（簡稱國寫），更是令家長、學生、教師皆頭痛的一大問題。寫作本就是學生們苦惱的一大科目，應該「寫什麼」？又該「怎麼寫」？如今國寫測驗的巨大變革，使得作文題型更加靈活、考試時間越加縮短、作文分數占比加重。

以上變動無不使得如今的學子們，必須活學活用，培養自己的閱讀素養，以利在大考中應對需要一目十行的冗長閱讀題；更需要打下堅固的國學基礎，以成為在國寫測驗中的重要養料，才能獲得閱卷老師的認同與感動。唯有達到以上目標，才能在考場上順利迎戰他人，在這新舊課綱交接的震蕩時期殺出一條血路，成為考場黑馬。

文學大家梁啟超曾建議年輕學子應該閱讀的基本國學入門書，在這份書單——《國學入門書要目及其讀法》一文中，梁啟超提到：「《左傳》、《戰國策》於學文甚有益。」《左傳》、《戰國策》是分別記載春秋戰國時期，策士言行的史書。閱讀這兩本書，便可以一覽春秋戰國時代，無數謀臣策士縱橫捭闔的傳奇鬥爭。《左傳》，相傳為左丘明撰寫，為編年體史書，是為孔子《春秋》做註解的一部巨作；《戰國策》則由漢朝劉向編訂，為國別體史書，而該時期也因為此本書而被史學家稱為戰國時代。

當然，《左傳》和《戰國策》除了在史學上占據重要地位之外，這兩本書的用字遣詞也具有極高的文學價值，許多名言和成語至今仍然膾炙人口，也是學生培養閱讀素養、奠定國學基礎的佳作之一。根據教育部成語典統計，出自《左傳》的成語就高達五十六則，而出自《戰國策》的成語也有三十七則。另外，像〈燭之武退秦師〉便是出於《左傳》，〈馮諼客孟嘗君〉則是出於《戰國策》，而〈燭之武退秦師〉更被教育部列為一〇八年國語文新課綱的十五篇推薦選文之一，可見此二書在史學和文學上皆占據舉足輕重的地位。

本書根據學測指考的出題範圍，精選大考必中名篇；再集結各冊教科書中的選文；另外輔以教育部成語典收錄的成語篇章；最後，還有清代著名文言散文選集《古文觀止》中提到的精華章節，共七十五篇驚心動魄的言行記事，從口若懸河的使節謀士、憂國憂民的忠臣良將，到驍勇善戰的名將戰士、多情豔麗的美女佳人，帶你一窺在這動盪變革的大時代、春秋戰國的戰亂舞台，無數英雄豪傑的崛起、敗亡，交織出一幕又一幕驚心動魄的歷史。

編者　謹識

國學入門書要目及其讀法（節選）

治國學雜話

學生做課外學問是最必要的，若只求講堂上功課及格便算完事，那麼，你進學校只是求文憑，並不是求學問，你的人格先已不可問了。再者，此類人一定沒有「自發」的能力，不特不能成為一個學者，亦斷不能成為社會上治事領袖人才。課外學問，自然不專指讀書，如試驗、如觀察自然界……都是極好的，但讀課外書，至少要算課外學問的主要部分。一個人總要養成讀書興味。打算做專門學者，固然要如此，打算做事業家，也要如此。因為我們在工廠裡、在公司裡、在議院裡……做完一天的工作出來之後，隨時、立刻可以得著愉快的伴侶，莫過於書籍，莫便於書籍。但是將來這種愉快得著、得不著，大概是在學校時代已經決定，因為必須養成讀書習慣，才能嘗著讀書趣味。人生一世的習慣，出了學校門限，已經鐵鑄成了，所以在學校中不讀課外書，以養成自己自動的讀書習慣，這個人簡直是自己剝奪自己終身的幸福。

讀書自然不限於讀中國書，但中國人對於中國書，至少也和外國書作平等待遇。你這樣待遇他，給回你的愉快報酬，最少也和讀外國書所得的有同等分量。中國書沒有整理過，十分難讀，這是人人公認的，但會做學問的人，覺得趣味就在這一點。吃現成飯，是最沒有意思的事，是最沒有出息的人才喜歡的。一個問題，被別人做完了、四平八正地編成教科書樣子給我讀，讀去自然是毫不費力，但是從這不費力上頭，結果便令我的心思不細緻、不刻入。專門喜歡讀這類書的人，久而久之，會把自己創作的才能汩沒哩！在紐約、芝加哥筆直的馬路、嶄新的洋房裡舒舒服服混一世，這個人一定是過的毫無意味的平庸生活。若要過有意味的生活，須是哥倫布初到美洲時。

中國學問界是千年未開的礦穴，礦苗異常豐富，但非我們親自絞腦筋、絞汗水，卻開不出來。翻過來看，只要你絞一分腦筋、一分汗水，當然還你一分成績，所以有趣。所謂中國學問界的礦苗，當然不專指書籍，自然界和社論實況都是極重要的，但書籍為保存過去原料之一種寶庫，且可為現在各實測方面之引線，就這點看來，我們對於書籍之浩瀚，應該歡喜謝它，不應該厭惡它。因為我們的事業，比方要開工廠，原料的供給，自然是越豐富越好。

讀中國書，自然像披沙揀金，沙多金少，但我們若把它當作原料看待，有時尋常人認為極無用的書籍和語句，也許有大功用。須知，工廠種類多著呢！一個廠裡頭得有許多副產物，何止金有用，沙也有用。若問讀書方法，我想向諸君上一個條陳。這方法是極陳舊的、極笨極麻煩的，然而實在是極必要的。什麼方法呢？是抄錄或筆記。

我們讀一部名著，看見它徵引那麼繁博，分析那麼細密，動輒伸著舌頭說道：「這個人不知有多大記憶力，記得許多東西，這是他的特別天才，我們不能學步了。」其實哪裡有這回事。好記性的人不見得便有智慧，有智慧的人比較的倒是記性不甚好。你所看見著是他發表出來的成果，不知他這成果原是從銖積寸累、困知勉行得來。大抵凡一個大學者，平日用功總是有無數小冊子或單紙片，讀書看見一段資料，覺其有用者即刻抄下（短的抄全文，長的摘要記書名、卷數、頁數）。資料漸漸積得豐富，再用眼光來整理分析它，便成為一篇名著。想看這種痕跡，讀趙甌北的《二十二史札記》、陳蘭甫的《東塾讀書記》最容易看出來。這種工作笨是笨極了，苦是苦極了，但真正做學問的人總離不了這條路。做動植物的人懶得採集標本，說他會有新發明，天下怕沒有這種便宜事。

發明的最初動機在注意，抄書便是促醒注意及繼續保存注意的最好方法。當讀一書時，忽然感覺這一段資料可注意，把它抄下，這件資料自然有一微微的印象印入腦中，和滑眼看過不同。經過這一番後，過些時碰著第二個資料和這個有關係的，又把它抄下，那注意便加濃一度。經過幾次之後，每翻一書，遇有這項資料，便活跳在紙上，不必勞神費力去找了。這是我多年經驗得來的實況，諸君試拿一年工夫去試試，當知我不說謊。

先輩每教人不可輕言著述，因為未成熟的見解公布出來，會自誤誤人，這原是不錯的，但青年學生「斐然當述作之譽」，也是實際上鞭策學問的一種妙用。譬如同是讀《文獻通考》的〈錢幣考〉，各史〈食貨志〉中錢幣項下各文，泛泛讀去，沒有什麼所得。倘若你一面讀一面便打主意做一篇中國貨幣沿革考，這篇考做的好不好另一問題，你所讀的自然加幾倍受用。譬如同讀一部《荀子》，某甲泛泛讀去，某乙一面讀一面打主意做部《荀子學案》，讀過之後，兩個人的印象深淺自然不同。所以我很獎勵青年好著書的習慣，至於所著的書，拿不拿給人看，什麼時候才認成功，這還不是你的自由嗎？

每日所讀之書，最好分兩類，一類是精熟的，一類是涉覽的。因為我們一面要養成讀書心細的習慣，一面要養成讀書眼快的習慣。心不細則毫無所得，等於白讀；眼不快則時候不夠用，不能博搜資料。諸經、諸子、四史、通鑑等書，宜入精讀之部，每日指定某時刻讀它，讀時一字不放過，讀完一部才讀別部，想抄錄的隨讀隨抄；另外指出一時刻，隨意涉覽，覺得有趣，注意細看，覺得無趣，便翻次頁，遇有想抄錄的，也俟讀完再抄，當時勿窒其機。

諸君勿因初讀中國書，勤勞大而結果少，便生退悔。因為我們讀書，並不是想專向現時所讀這一本書裡討現錢、現貨、得多少報酬的，最要緊的是涵養成好讀書的習慣，和磨練出好記憶的腦力。青年期所讀各書，不外借來做達這兩個目的之梯子。我所說的前提倘若不錯，則讀外國書和讀中國書當然都各有益處。外國名著，組織得好，易引起興味，他的研究方法，整整齊齊擺出來，可以做我們模範，這是好處；我們滑眼讀去，容易變成享現成福的少爺們，不知甘苦來歷，這是壞處。中國書未經整理，一讀便是一個悶頭棍，每每打斷興味，這是壞處；逼著你披荊斬棘，尋路來走，或者走許多冤枉路（只要走路斷無冤枉，走錯了回頭，便是絕好教訓），從甘苦閱歷中磨練出智慧，得苦盡甘來的趣味，那智慧和趣味都最真切，這是好處。

還有一件，我在書目表中有好幾處寫「希望熟讀成誦」字樣，我想諸君或者以為甚難，也許反對說我頑舊，但我有我的意思。我並不是獎勸人勉強記憶，我所希望熟讀成誦的有兩種類：一種類是最有價值的文學作品，一種類是有益身心的格言。好文學是涵養情趣的工具，做一個民族的分子，總須對於本民族的好文學十分領略，能熟讀成誦，才在我們的「下意識」裡頭，得著根柢，不知不覺會「發酵」。有益身心的聖哲格言，一部分久已在我們全社會上形成共同意識，我既做這社會的分子，總要徹底了解他，才不至和共同意識生隔閡。一方面我們應事接物時候，常常仗它給我們的光明，要平日磨得熟，臨時才得著用，我所以有些書希望熟讀成誦者在此。但亦不過一種格外希望而已，並不謂非如此不可。

（上文所述之「中國書、外國書」可泛指各語言類型書籍。）

最低限度之必讀書目

上所列五項（細節可參閱《國學入門書要目及其讀法》完整內容），倘能依法讀之，則國學根柢略立，可以為將來大成之基矣。唯青年學生校課既繁，所治專門別有在，恐仍不能人人按表而讀。

今再為擬一真正之最低限度如下：《四書》、《易經》、《書經》、《詩經》、《禮記》、《左傳》、《老子》、《墨子》、《莊子》、《荀子》、《韓非子》、《戰國策》、《史記》、《漢書》、《後漢書》、《三國志》、《資治通鑑》（或《通鑑紀事本末》）、《宋元明史紀事本末》、《楚辭》、《文選》、《李太白集》、《杜工部集》、《韓昌黎集》、《柳河東集》、《白香山集》。其他詞曲集隨所好選讀數種。以上各書，無論學礦、學工程報……皆須一讀，若並此未讀，真不能認為中國學人矣。

中華民國十二年四月二十六日　啟超作於碧摩岩翠山房

目錄

C·O·N·T·E·N·T·S

目錄

CONTENTS

目錄

CONTENTS

目錄

CONTENTS

目錄

CONTENTS

戰國策

目錄

CONTENTS

目錄

CONTENTS

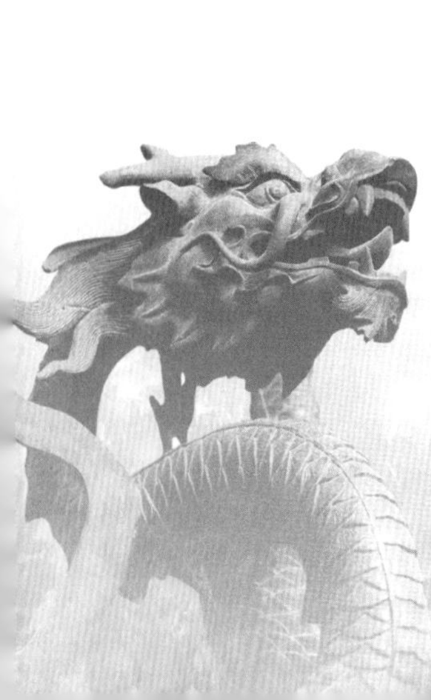

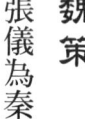

左傳

春秋戰國

隱公

前七二二—前七一二年

魯隱公，姬姓，名息姑，魯國第十四任國君。魯惠公之子，生母是聲子。傳世的魯國史書《春秋》及其三傳（《左傳》、《公羊傳》、《穀梁傳》）的記事都是從魯隱公開始的。

西元前七二二年，魯惠公死，嫡妻所生的公子軌尚年幼，所以國人共立息姑攝政。在位十一年間，隱公始終牢記自己只是攝政，一心等待公子軌長大，將國君之位禪讓於他。因此，當公子翬提出殺死公子軌時，隱公斷然拒絕。但公子翬卻怕消息走漏，反而與公子軌合作，共同刺殺隱公。公子軌即位，是為魯桓公。

隱公攝政期間，重視政治、外交，魯國國力較強。隱公處理政事、軍事謹慎公正，與鄰國修好，所以周圍小國，如滕國、薛國等都到魯國朝拜。亦與鄭國、齊國等強國交好。

元年

初，鄭武公娶於申❶，曰武姜。生莊公及共叔段。莊公寤生❷，驚姜氏，故名曰寤生，遂惡之。愛共叔段，欲立之。亟請於武公❸，公弗許。

及莊公即位，為之請制。公曰：「制，巖邑也，虢叔死焉❹，佗邑唯命。」請京，使居之，謂之「京城太叔❺」。

祭仲曰：「都城過百雉❻，國之害也，先王之制：大都不過三國之一；中，五之一；小，九之一。今京不度❼，非制也，君將不堪。」公曰：「姜氏欲之，焉辟害？」對曰：「姜氏何厭之有！不如早為之所❽，無使滋蔓。蔓，難圖也。蔓草猶不可除，況君之寵弟乎！」公曰：「多行不義，必自斃，子姑待之。」

既而太叔命西鄙、北鄙貳於己。公子呂曰❾：「國不堪貳，君將若之何？欲與太叔，臣請事之；若弗與，則請除之，無生民心。」公曰：「無庸，將自及。」太叔又收貳以為己邑，至於廩延❿。子封曰：「可矣，厚將得眾。」公曰：「不義不暱⓫，厚將崩。」

太叔完聚，繕甲兵，具卒乘⓬，將襲鄭。夫人將啟之。公聞其期，曰：「可矣。」命子封帥車二百乘以伐京。京叛太叔段，段入於鄢⓭，公伐諸鄢。五月辛丑，太叔出奔共。書曰：「鄭伯克段於鄢。」段不弟，故不言弟。如二君，故曰克。稱鄭伯，譏失教也，謂之鄭志，不言出奔，難之也。

遂寘姜氏於城潁⓮，而誓之曰：「不及黃泉，無相見也！」既而悔之。

潁考叔為潁谷封人⓯，聞之，有獻於公。公賜之食。食舍肉，公問之，對曰：「小人有母，皆嘗小人之食矣，未嘗君之羹。請以遺之。」公曰：「爾有母遺，繄我獨無⓰！」潁考叔曰：「敢問何謂也？」公語之故，且告之悔，對曰：「君何患焉？若闕地及泉，隧而相見，其誰曰不然？」公從之。公入而賦：「大隧之中，其樂也融融。」姜出而賦：「大隧之外，其樂也洩洩。」遂為母子如初。

君子曰：「潁考叔純孝也，愛其母，施及莊公。《詩》曰：『孝子不匱，永錫爾類。』其是之謂乎！」

【說文解字】

❶鄭武公：名掘突，鄭國第二位國君，約西元前七七〇—前七四四年在位。申：春秋國名，姜姓。❷寤生：難產，生產時胎兒的腳部先出來。❸亟：屢次。❹虢叔：東虢國君，後東虢被鄭國吞併，虢叔陣亡。虢，西周封國，又被稱為東虢。❺京：鄭國屬地。❻都：諸侯的國都與卿大夫的封邑。雉：量詞，古代計算城牆面積的單位。長三丈、高一丈為一雉。❼度：法度。❽所：地方。❾公子呂：鄭國大夫。❿廩延：鄭國屬地。⓫不暱：意指不能團結其部眾。⓬卒乘：士兵和戰車。⓭鄢：西周時國名，後被鄭武公所滅，今河南鄢陵縣北。⓮寘：通「置」，安置、放置。城潁：鄭國屬地。⓯潁谷：鄭國屬地。封人：鎮守邊疆的地方官吏。⓰繄：位於句首的語助詞，通「維」、「唯」。

三年

鄭武公、莊公為平王卿士，王貳於虢❶，鄭伯怨王。王曰：「無之。」故周、鄭交質，王子狐為質於鄭，鄭公子忽為質於周❷。王崩，周人將畀虢公政❸。四月，鄭祭足帥師取溫之麥❹。秋，又取成周之禾。周鄭交惡。

君子曰：「信不由中❺，質無益也。明恕而行，要之以禮，雖無有質，誰能間之？苟有明信，澗溪沼沚之毛❻，蘋蘩薀藻之菜❼，筐筥錡釜之器❽，潢汙行潦之水❾，可薦於鬼神，可羞於王公。而況君子結二國之信，行之以禮，又焉用質？〈風〉有〈采蘩〉、〈采蘋〉，〈雅〉有〈行葦〉、〈泂酌〉，昭忠信也。」

【說文解字】

❶貳：把輔政權力分給西虢國君。虢：西周封國，指西虢。此處指西虢國君。❷鄭公子忽：鄭莊公的太子。❸畀：賜與、給予。❹溫：東周管轄範圍內的小國。❺中：誠心，通「衷」。❻沼：水池。沚：凸起水面的小塊陸地。❼蘋蘩薀藻：植物名，雜草。❽筐筥錡釜：筐、筥皆竹器，方者為筐，圓者為筥；錡、釜皆烹食之器，有足者為錡，無足者為釜。❾潢：積水池。行潦：匯聚路旁的流水。

成語集錦

❖**言不由衷**：所說的話不是發自於內心，形容言詞與心意相違背。後用以泛指心口不一、虛應敷衍。衷，通「中」，指內心。

典源　君子曰：「信不由中，質無益也。明恕而行，要之以禮，雖無有質，誰能間之？」

01 王語伯彥等曰：「宗澤渡河，方到趣行，言不由衷。」（宋代李心傳《建炎以來繫年要錄》）

02 請詔邊臣謹守疆候，毋得輕舉，俟其眾叛親離，則亡無日矣。（元代脫脫《宋史》）

03 童心既障，於是發而為言語，則言語不由衷；見而為政事，則政事無根柢；著而為文辭，則文辭

不能達。（明代李贄《焚書》）

04 故自隋而之唐，月露風雲未能衰止，而言不由衷、無實不祥者，蓋亦鮮矣，則（蘇）綽實開之先矣。（明代王夫之《讀通鑑論》）

05 不意今日一戰，至於眾叛親離，欲守無人，欲歸無地。（清代褚人獲《隋唐演義》）

四年

四年春，衛州吁弒桓公而立❶。公與宋公為會，將尋宿之盟。未及期，衛人來告亂。

夏，公及宋公遇於清。

宋殤公之即位也，公子馮出奔鄭，鄭人欲納之。及衛州吁立，將脩先君之怨於鄭，而求寵於諸侯，以和其民，使告於宋曰：「君若伐鄭，以除君害，君為主，敝邑以賦，與陳、蔡從，則衛國之願也。」宋人許之，於是陳蔡方睦於衛，故宋公、陳侯、蔡人、衛人伐鄭，圍其東門，五日而還。

公問於眾仲曰：「衛州吁其成乎？」對曰：「臣聞以德和民，不聞以亂。以亂，猶治絲而棼之也❷，夫州吁阻兵而安忍，阻兵無眾，安忍無親，眾叛親離，難以濟矣。夫兵，猶火也，弗戢❸，將自焚也。夫州吁弒其君，而虐用其民，於是乎不務令德，而欲以亂成，必不免矣。」

* * *

州吁未能和其民，厚問定君於石子❹，石子曰：「王覲為可❺。」曰：「何以得覲？」曰：「陳桓公方有寵於王，陳、衛方睦，若朝陳使請，必可得也。」厚從州吁如陳，石碏使告於陳曰：「衛國褊小❻，老夫耄矣❼，無能為也。此二人者，實弒寡君，敢即圖之。」陳人執之，而請涖於衛。九月，衛人使右宰醜，涖殺州吁於濮，石碏使其宰獳羊肩，涖殺石厚於陳。

君子曰：「石碏，純臣也。惡州吁而厚與焉，大義滅親，其是之謂乎。」

【說文解字】

❶州吁：姬姓，名州吁。衛莊公庶子，衛桓公之弟，衛宣公之兄。❷棼：使紊亂。❸戢：止息。❹厚：石厚，衛國大夫石碏之子，與衛桓公弟州吁交好。石子：石碏，衛國賢臣，石姓始祖。❺覲：諸侯朝見天子。❻褊：狹小、狹隘。❼耄：年老。

成語集錦

❖眾叛親離：眾人反叛，親信背離。形容不得人心，處境孤立。

典源 臣聞以德和民，不聞以亂。以亂，猶治絲而棼之也，夫州吁阻兵而安忍，阻兵無眾，安忍無親，眾叛親離，難以濟矣。

01 既乃殘殺老弱，幽土憤怨，眾叛親離，孑然無黨。（西晉陳壽《三國志》）

02 貨賄公行，帑藏損耗，神怒民怨，眾叛親離。（唐代姚思廉《陳書》）

03 他眾叛親離，那裡有至親？（宋代黎靖德《朱子語類》）

04 請詔邊臣謹守疆候，毋得輕舉，俟其眾叛親離，則亡無日矣。（元代脫脫《宋史》）

05 不意今日一戰，至於眾叛親離，欲守無人，欲歸無地。（清代褚人獲《隋唐演義》）

❖ 玩火自焚：玩火的人，反而燒死自己。比喻盲動、蠻幹的人最後將自食惡果。

典源　公問於眾仲曰：「衛州吁其成乎？」對曰：「臣聞以德和民，不聞以亂。以亂，猶治絲而棼之也，夫州吁阻兵而安忍，阻兵無眾，安忍無親，眾叛親離，難以濟矣。夫兵，猶火也，弗戢，將自焚也。」

❖ 無能為力：指沒有能力做好某事。

典源　臣石碏使告於陳曰：「衛國褊小，老夫耄矣，無能為也。」

01 此罪至重，微我難解脫，即釋迦牟尼，亦無能為力也。（清代紀昀《閱微草堂筆記》）

02 伍、浦皆服罪，立置於法，和亦無能為力。（清代昭槤《嘯亭雜錄》）

03 不過輿論未能盡孚，一時尚難實行，我亦無能為力，自覺慚愧得很！（清代張鴻《續孽海花》）

❖ 大義滅親：指為了維護公理正義，不徇私情，讓犯罪的親人接受法律制裁。

典源

九月，衛人使右宰醜，涖殺州吁於濮，石碏使其宰獳羊肩，涖殺石厚於陳。君子曰：「石碏，純臣也。惡州吁而厚與焉。大義滅親，其是之謂乎！」

01 《春秋》之義，大義滅親，故周公誅弟，石碏戮子，季友鴆兄，上為國計，下全宗族。（西晉陳壽《三國志》）

02 皇太子有失惑無常之性，爰自孩乳，至今益章，恐襲其母凶惡之風，不可以奉宗廟，為天下主。大義滅親，況降退乎！今廢慶為清河王。（南朝劉宋范曄《後漢書》）

03 安、抵之於高祖，未有君臣之分，陷其骨肉，使就誅夷，大義滅親，所聞異於此矣。（唐代魏徵《隋書》）

04 周公聖人，豈無情於骨肉？為存社稷，大義滅親。今大王臨機不斷，坐受屠戮，於義何成？（後晉劉昫《舊唐書》）

05 為人子懷逆謀，天地所不容；大義滅親，何可赦也！（宋代司馬光《資治通鑑》）

六年

五月庚申，鄭伯侵陳，大獲。

往歲，鄭伯請成於陳❶，陳侯不許，五父諫曰：「親仁善鄰，國之寶也，君其許鄭。」

陳侯曰：「宋、衛實難，鄭何能為？」遂不許。

君子曰：「善不可失，惡不可長，其陳桓公之謂乎？長惡不悛（ㄑㄩㄢ）❷，從自及也，雖欲救之，其將能乎？《商書》曰：『惡之易也，如火之燎於原，不可鄉邇，其猶可撲滅？』周任有言曰：『為國家者，見惡，如農夫之務去草焉，芟夷蘊崇之❸，絕其本根，勿使能殖，則善者信矣。』」

【說文解字】

❶請成：請和，求和。❷悛：悔改。❸芟夷：斬除雜草，比喻斬除亂賊。蘊崇：積聚、堆積。

成語集錦

❖怙惡不悛：指人作惡多端，不肯悔改。怙，憑恃。悛，悔改。

典源 君子曰：「善不可失，惡不可長，其陳桓公之謂乎？長惡不悛，從自及也，雖欲救之，其將能乎？《商書》曰：『惡之易也，如火之燎於原，不可鄉邇，其猶可撲滅？』」

01 彼若有知，復尋舊好，則又何求。其或怙惡不悛，舉眾討之，顧亦未晚也。（元代脫脫《金史》）

02 若能悔悟首實，則原其罪；若迷謬怙惡不悛，然後繩之以法不少貸。（明代宋濂《元史》）

03 本縣初臨此地，不忍不教而誅，爾可傳諭宋江，即日前來投到。那時本縣或可轉乞上憲，代達天聽，從寬議罪。若再怙惡不悛，哈哈，盧俊義，盧俊義，恐你悔之不及了！（清代俞萬春《蕩寇志・徐虎林臨訓玉麒麟，顏務滋力斬霹靂火》）

❖斬草除根：將雜草連根拔除。比喻除去禍根，不留後患。

典源　周任有言曰：「為國家者，見惡，如農夫之務去草焉，芟夷蘊崇之，絕其本根，勿使能殖，則善者信矣。」

01　何進聽罷，出謂眾官曰：「蹇碩設謀害我，可族滅其家。其餘不必妄加殘害。」袁紹曰：「若不斬草除根，必為喪身之本。」（明代羅貫中《三國演義》）

02　這是「斬草除根，萌芽不發」。若是斬草不除根，春來萌芽再發。官人便去取些砒霜來，我自教娘子下手。（明代施耐庵《水滸傳》）

03　一不做，二不休，若不斬草除根，恐有後患。（清代馮夢龍《醒世恆言》）

04　斬草除根，萌芽不發；斬草若不除根，春至萌芽再發。（清代馮夢龍《警世通言》）

05　再說，假如這時要留他一個，你未必不再受累，又費一番脣舌精神。所以纔斬草除根，不曾留得一個。（清代文康《兒女英雄傳》）

06　這日晚間正在傷心，只見本宮四面火起，秦鳳一見已知是郭槐之計，一來要斬草除根，二來是公報私仇。（清代石玉崑《三俠五義》）

元年

從前，鄭武公從申國娶了一位妻子，名為武姜，武姜後來生了鄭莊公和共叔段。姜氏在生出鄭莊公時，因為逆生而難產，所以就為鄭莊公取名為寤生，並且非常討厭鄭莊公。姜氏喜愛共叔段，希望立他為太子，她屢次向鄭武公請求，但鄭武公都沒有答應。

在鄭莊公繼承君位後，姜氏又請求將「制」分封給共叔段。鄭莊公對她說：「制是個危險的地方，東虢的國君就死在那裡。你可以任意選擇其他地方，我唯命是從。」姜氏又請求以「京」作為封邑，於是，鄭莊公就讓共叔段居住在那裡，被稱為「京城太叔」。

祭仲對鄭莊公說：「若諸侯的城牆超過百雉，那將成為國家的禍害。依據先王的制度，卿大夫所得的最大封邑不能超過國都的三分之一，中等封邑不能超過五分之一，小的不能超過九分之一。現在共叔段的封邑不合法度，違背先王制度，君王您將無法承擔後果。」鄭莊公說：「這就是姜氏想要的，我該如何躲避此禍害呢？」祭仲對鄭莊公說：「您怎麼有辦法滿足姜氏的一切要求呢？不如趁早為共叔段安排他處，不要讓他發展。如果任憑共叔段發展勢力，未來將難以對付。就連蔓延的雜草都難以根除，更何況是君王您尊貴的弟弟呢？」鄭莊公說：「多行不義，必將自取滅亡，你就等待他的滅亡吧！」

不久，共叔段命令鄭國西部和北部的邊地接受他與鄭莊公共同管轄。公子呂對鄭莊公說：「一個國家無法接受兩個人管理，君王您將如何處置呢？如果您想將君位讓給共叔段，那我就服侍他；如果您不讓位給他，那就請您除掉他，以免百姓產生二心。」鄭莊公說：「不用管他，他將自己遭遇禍害。」而後，共叔段便將西部和北部由他和鄭莊公共同管轄的邊地收歸己有，並且延伸至「廩延」。公子呂又對鄭莊公說：「這下可好了，如此一來，共叔段便勢力雄厚並且得到眾多人的支持了。」鄭莊公說：「他不行道義，不團結人心，勢力雄厚只會促使他的崩潰而已。」

之後，共叔段加固京地的城防、聚集糧草、整修鎧甲和兵器、裝備起步兵和戰車，準備襲取鄭國國都。姜氏也作為內應，將為他打開城門。鄭莊公打聽到共叔段襲取國都的日期，說：「現在可以向共叔段進攻了。」於是，他命令公子呂為統帥，率領戰車二百輛，向京地討伐共叔段。最後，京地的百姓都背叛了共叔段，共叔段逃到鄢地，鄭莊公又派兵到鄢地討伐。五月辛丑這天，共叔段逃奔到共國。《春秋》寫道：「鄭伯克段於鄢。」共叔段的所作所為不像個弟弟，所以不稱他為鄭莊公的弟弟，只寫他的名字；鄭莊公和共叔段之間的戰爭就像兩國國君相戰，所以用「克」字；稱鄭莊公為鄭伯，是譏刺他對弟弟不加教誨，也說明鄭莊公原本的動機；不寫共叔段出奔共國，是認為這件事不該只歸罪於共叔段，以至於難以下筆。

鄭莊公將姜氏安置在城潁，並發誓說：「我不到黃泉之下，是不會再見你了。」但在不久之後，他就感到後悔了。

潁考叔是潁谷的地方官吏，他聽聞鄭莊公的所作所為後，就以向鄭莊公進獻為名，請求進見鄭莊公。鄭莊公賜與他飯食，潁考叔在吃飯時將肉都留下來。鄭莊公問他為何不吃肉，潁考叔說：「小人有老母，她嚐遍了我給她的食物，卻從未吃過君王賜與的肉，請您讓我把肉送給她。」鄭莊公說：「你有母親，能饋贈她飯食；但我沒有母親，不能向她饋贈。」潁考叔說：「冒昧請問您說的是什麼意思呢？」鄭莊公便將事情原委告訴他，並說自己感到很後悔。潁考叔說：「有什麼為難呢？您可以向下挖出泉水，再順著泉水鑿開一個隧道，您就與您的母親在隧道裡相見，有誰會說您的不是呢？」後來，鄭莊公按照潁考叔的建議在隧道裡與母親相見。鄭莊公進入隧道，見到他的母親時，賦詩：「在隧道內與母親相見，這樣的樂融融啊！」姜氏走出隧道，也賦詩：「隧道外這樣的樂呵呵啊！」母子和好如初。

君子曰：「潁考叔是一位真正的孝子，他不僅愛他的母親，更將孝道延及鄭莊公。《詩經》說：『孝子是不會讓孝道匱竭的，孝子還會將孝道給予其他人。』這說的正是潁考叔這樣的人。」

三年

鄭武公、鄭莊公都是東周平王時的執政卿士，但平王又同時把執政權交給西虢公，鄭莊公因此埋怨平王。平王對他說：「我沒有讓虢公執政。」為了相互取信，所以周和鄭國交換人質，周平王之子姬狐在鄭國當人質，鄭莊公太子姬忽則到周當人質。在周平王死後，周準備將執政權交給西虢公，這使得鄭莊公更加怨恨。魯隱公三年，四月，鄭國大夫祭足率領軍隊收割周附屬國溫國的小麥。秋天，他又收割了成周地區的莊稼。東周和鄭國自此結下仇怨。

君子曰：「若人不誠實，那交換人質也是沒有用的。若能光明正大、相互體諒地行事，用禮儀加以約束，那就算沒有人質，又有誰能離間他們呢？只要心中有光明正大的信義，山澗、溪流、小池塘中生長的水草，蘋、蘩、薀藻等植物，筐、筥等竹器，錡、釜等炊具，池塘、路面的積水，都可以進獻鬼神，都可以進獻王公。君子締結兩國間的信義，又怎麼需要人質呢？《詩經》的〈國風〉有〈采蘩〉、〈采蘋〉篇章，〈雅〉有〈行葦〉、〈泂酌〉篇章，都是昭示忠誠信義的。」

四年

魯隱公四年春天，衛國的州吁殺害了衛桓公，並自立為國君。魯隱公與宋殤公舉行盟會，重申過去在宿地會盟時的盟約。盟會還未開始，衛國就到訪魯國，報告其國內的戰亂。夏天，魯隱公與宋殤公在衛國的清地倉促相會。

宋殤公即位後，公子馮逃亡鄭國，鄭國大夫準備接納他。衛國州吁自立為國君後，州吁又重提他的先祖對鄭國的仇怨，以求得諸侯對自己的好感，用以討好自己的人民。他派出使者對宋國說：「宋君如果討伐鄭國，就可以消除對你的威脅了。你擔任主帥，我的國家擔負軍需，並和陳國、蔡國跟隨你。這就是衛國最大的心願了啊。」宋殤公同意了這個請求。這時，陳國、蔡國才開始和衛國交好，所以宋殤公、陳國國君、蔡國大夫、衛國大夫便率軍攻伐鄭國，包圍鄭國都城東門，五天之後又回到各國。

魯隱公問大夫眾仲：「衛國的州吁會成功嗎？」眾仲回答：「我聽說過用仁德團結人民，沒聽說過用戰亂團結人民。若運用戰亂，就好像整理絲線一樣，反而會越弄越亂。那個州吁啊，倚仗著兵力強盛，但卻習性殘忍。倚仗兵力，便不會有群眾靠近他；習性殘忍，便不會有人親近他。最後眾叛親離，難以成功。戰亂就像火一樣，不加止息，將會引火燒身。州吁殺害他的君主，又暴虐地使喚他的人民，在這時不致力於建立善德，反而想要以戰亂成功，最終一定無法免於禍患。」

＊＊＊

州吁無法團結百姓，石厚向石碏請教穩定君位的計策。石碏說：「朝見周天子便可穩定君位。」石厚又問：「怎樣才得以朝見天子呢？」石碏回答：「陳國的桓公剛剛獲得周天子的寵信，陳國、衛國又恰巧十分親睦，如果拜見陳桓公，並且讓他前去請求周天子，那一定可以得到朝見的機會。」石厚跟隨州吁前往陳國，石碏派人告訴陳國：「衛國狹小，老夫老了，沒有能做的事了。這兩個人就是殺害我的君主的人，你們就在自己的國土內想辦法除掉他們吧！」而後，陳國大夫抓獲州吁和石厚，並請衛國處置他們。魯隱公四年九月，衛國大夫派右宰醜在濮地殺了州吁，石碏派管家獳羊肩在陳地殺了石厚。

君子曰：「石碏是一個忠實的大臣，他憎恨州吁，連同自己的兒子石厚也一齊殺掉。大義滅親，說的正是石碏吧！」

六年

五月十一日，鄭莊公入侵陳國，大獲全勝。

之前，鄭莊公請求與陳國講和，陳桓公不答應。五父勸諫：「親近仁義而和鄰國友好的特質，是一個國家的寶藏，您就答應鄭國的請求吧！」陳侯說：「宋國和衛國才是真正的禍患，鄭國又能做什麼呢？」最後沒有答應鄭國的請和。

君子說：「善不可丟失，惡不可滋長，說的就是陳桓公吧！如果惡在心中滋長但卻不悔改，馬上就會自取禍害，縱使設法挽救，又如何能輕易辦到啊！《商書》說：『惡的蔓延如同遍地大火，連靠近都無法做到，難道還有辦法撲滅嗎？』周任說：『治理國家的人，見到惡，就要像農夫急於除雜草一樣，鋤掉它用以施肥，挖掉它的根，不再使它生長，那麼善的事物就能發展了。』」

高手過招

1.（　）**有關〈鄭伯克段於鄢〉一文，下列敘述何者錯誤？**

A.鄭莊公言其弟「多行不義必自斃，子姑待之」、「不義不暱，厚將崩」，可知其故意縱容共叔段，且早有準備出兵克段。

B.本文出自《左傳》魯隱公元年，記春秋時代鄭國的內亂。

C.鄭伯克段導因於其母武姜偏愛弟弟，助其叛長，因此鄭莊公後來放逐其母，永遠未與母親和好。

D.此文文末藉《詩經》「孝子不匱，永錫爾類」讚穎考叔對母親的孝心，讓讀者反思親子關係和孝道。

2.（　）**下列有關〈鄭伯克段於鄢〉之敘述，下列何者錯誤？**

A.「鄭伯克段於鄢」一句出自《春秋》隱公元年夏五月，而《左傳》起自魯隱公元年；〈鄭伯克段於鄢〉是《左傳》之首篇，揭開春秋歷史的序幕。

B.孔子據魯史作《春秋》，多所褒諱貶損，左丘明為之作傳，以「明夫子不以空言立說」，意思是指左丘明《左傳》一書是為了證明孔子《春秋》不切實際的言論主張。

C.本篇文辭精鍊，脈絡清晰，井然有序。將一個二十多年的政爭，用最精簡的文字呈現出來。正如明代歸有光評之為「此左氏筆力之最高者」，清代徐學乾亦視之為「傳記之祖」。

D.全文以「既而悔之」為轉折，正如清代金聖歎所云：「以上，一篇地獄文字；以下，一篇天堂文字。」

3.（　）**下列文句中的「惡」字，何者作為動詞使用？**

A.「天下皆知美之為美，斯『惡』已。」（《老子》）

B.「為民父母，行政，不免於率獸而食人，『惡』在其為民之父母也？」（《孟子・梁惠王上》）

C.「先生又『惡』能使秦王烹醢梁王？」（《戰國策・趙策三》）

D.「莊公寤生，驚姜氏，故名曰寤生，遂『惡』之。」（《左傳・隱公元年》）

解答：1. C　2. B　3. D

莊公

前六九三—前六六二年

魯莊公，姬姓，名同，魯國第十六任國君。魯桓公三年，娶齊襄公之妹姜氏。桓公六年，公子同出生，後立為太子。

莊公八年，齊公子糾與管仲逃到魯國。次年，齊桓公發兵擊敗魯國，魯國殺公子糾，《左傳》稱：「齊人取子糾殺之。」後來，齊向魯索回管仲，魯人施伯認為齊欲重用管仲，將會對魯不利，勸莊公殺管仲，莊公不聽，把管仲歸還齊。

齊桓公回國繼位幾年後，對魯國積恨難消，管仲、鮑叔牙等勸不止，遂再次派兵攻擊魯國，爆發「長勺之戰」。這次魯國有所準備，打退來犯齊軍，兩國和解。

六年

六年，春，王人救衛❶。

夏，衛侯入，放公子黔牟（ㄑㄧㄢˊ ㄇㄡˊ）於周❷，放甯跪於秦❸，殺左公子洩、右公子職，乃即位。

君子以二公子之立黔牟，為不度矣。夫能固位者，必度於本末，而後立衷焉。不知其本，不謀；知本之不枝，弗強。《詩》云：「本枝百世。」

冬，齊人來歸衛寶，文姜請之也❹。

楚文王伐申，過鄧，鄧祁侯曰：「吾甥也，止而享之❺。」騅甥、聃甥、養甥請殺楚子❻，鄧侯弗許。三甥曰：「亡鄧國者，必此人也。若不早圖，後君噬齊，其及圖之乎？圖之，此為時矣。」鄧侯曰：「人將不食吾餘。」對曰：「若不從三臣，抑社稷實不血食，而君焉取餘。」弗從。還年，楚子伐鄧。十六年，楚復伐鄧，滅之。

【說文解字】

❶王：周莊王，姓姬，名佗，東周第三代君王，謚號莊王，周桓王的兒子。❷放：流放、放逐。公子黔牟：衛惠公三年，左公子、右公子因衛惠公害死急子和公子壽而作亂，廢衛惠公，立黔牟為君。八年後，齊襄公率領諸侯攻衛，流放黔牟，黔牟僅在位八年。❸甯跪：甯文仲，衛國大夫。❹文姜：魯桓公的夫人，齊僖公之女，齊襄公同父異母之妹，因與齊襄公亂倫而知名於世。❺享：設宴請客。❻楚子：春秋時代的楚王。因楚君始封為子爵，故稱之。

成語集錦

❖噬臍莫及：用嘴咬自己的肚臍，是做不到的事。後來比喻後悔已遲。

典源 騅甥、聃甥、養甥請殺楚子，鄧侯弗許。三甥曰：「亡鄧國者，必此人也。若不早圖，後君噬齊，其及圖之乎？圖之，此為時矣。」

01 宜鑑覆轍，為宗社生靈永遠之謀，失今不圖，噬臍莫及。（明代焦竑《玉堂叢話》）

02 差之毫釐，繆以千里，倘有後悔，噬臍莫及。（明代陸采《懷香記》）

03 若不趁此刻猛省回頭，以後雖欲改圖，噬臍莫及。（清代林則徐《曉諭粵省士商軍民人等速戒鴉片告示稿》）

十年

十年，春，齊師伐我❶，公將戰，曹劌（ㄍㄨㄟˋ）請見❷。其鄉人曰：「肉食者謀之，又何間焉？」劌曰：「肉食者鄙，未能遠謀。」乃入見，問何以戰。公曰：「衣食所安，弗敢專也，必以分人。」對曰：「小惠未遍，民弗從也。」公曰：「犧牲玉帛（ㄅㄛˊ）❸，弗敢加也，必以信。」對曰：「小信未孚，神弗福也。」公曰：「小大之獄，雖不能察，必以情。」對曰：「忠之屬也，可以一戰，戰則請從。」

公與之乘，戰於長勺，公將鼓之，劌曰：「未可。」齊人三鼓，劌曰：「可矣。」齊師敗績❹，公將馳之❺，劌曰：「未可。」下視其轍（ㄔㄜˋ）❻，登軾而望之❼，曰：「可矣。」遂逐齊師。

既克，公問其故。對曰：「夫戰，勇氣也。一鼓作氣，再而衰，三而竭，彼竭我盈，故克之。夫大國難測也，懼有伏焉，吾視其轍亂，望其旗靡，故逐之。」

【說文解字】

❶師：軍隊。❷曹劌：魯國大夫，周文王第六個兒子曹叔振鐸的後人。❸犧牲：祭神用的牲畜。玉帛：玉器和絲織品，古代名貴物品。可用作諸侯朝聘或嫁娶行聘、祭祀的物品。❹敗績：戰敗。❺馳：追逐。❻轍：車輪碾過所留下的痕跡。❼軾：古代車子前面可供憑依的橫木。

成語集錦

❖ **一鼓作氣**：古代作戰時，第一通鼓最能激起戰士們的勇氣。後用以比喻做事時，要趁著初起時的勇氣去做，才容易成功。

典源 既克，公問其故。對曰：「夫戰，勇氣也。一鼓作氣，再而衰，三而竭，彼竭我盈，故克之。夫大國難測也，懼有伏焉，吾視其轍亂，望其旗靡，故逐之。」

01 大抵人之為學，須是一鼓作氣，才有間斷，便非學矣，所謂再而衰也。（宋代呂祖謙《呂東萊先生文集》）

02 贊曰：「曹劌有言：『一鼓作氣，再而衰，三而竭。』夫兵以氣為主，會河堡之役，獨吉思忠、承裕沮喪不可復振，金之亡國，兆於此焉。」（元代脫脫《金史》）

03 原來饒鴻生在兩江制台面前告奮勇的時候，不過是個一鼓作氣，他說要遊歷英、法、日、美四國，不免言大而誇。（清代李伯元《文明小史》）

六年

六年春天，周莊王的屬官子突率軍救援衛國。

夏天，衛惠公返國。他放逐了公子黔牟到成周，放逐了甯跪到秦國，殺了左公子泄、右公子職，這才得以順利即位。

君子認為左、右二公子扶立黔牟為國君，是一種欠缺考慮始終的行為。對於能夠鞏固自己地位的人，必須考慮各個方面，然後用適當的方式輔佐他為國君。若不了解他的根本，就是缺乏謀略；若他有根本卻沒有枝葉，就不要強行輔佐他。《詩經》曾說：「有本有枝，才得以繁衍百世。」

冬天，齊國人因為文姜的請求，所以前來歸還衛國的寶器。

楚文王進攻申國時，經過鄧國，鄧祁侯說：「楚文王是我的外甥，留下他然後設宴招待他吧！」這時，騅甥、聃甥、養甥請求殺掉楚文王，但鄧侯不允許。三甥說：「滅亡鄧國的必定是這個人。如果不趁早決定，恐怕就來不及了。現在下手還來得及，下手吧，現在正是時候！」鄧侯說：「如果這樣做，人們便會唾棄我，甚至不吃我剩下的東西。」三甥回答：「如果您不聽我們三個人的話，鄧國的土地和五穀神明將無法獲得祭祀，君王又到哪裡去取得祭神的剩餘呢？」但是，鄧祁侯還是不答應。楚文王攻打申國後的那一年，進攻鄧國。莊公十六年，楚國再次攻打鄧國，最後滅亡鄧國。

十年

十年春天，齊國的軍隊攻打魯國，莊公準備迎戰，曹劌請求接見。曹劌的同鄉人對他說：「那些每天都吃肉的人在那裡籌謀算計，你又去參與什麼啊！」曹劌說：「那些吃肉的人鄙陋且不靈活，不能長遠考慮。」於是，他便入宮進見莊公。曹劌問莊公：「您打算憑什麼作戰呢？」莊公說：「我不會獨自享受食物和衣服，一定與他人分享。」曹劌說：「這些小恩小惠無法給予所有人，百姓不會因此信服於您。」莊公說：「那些祭祀用的牛羊玉帛，我不會擅自增加，祝史的禱告也一定會反映真實的情況。」曹劌說：「這一點誠心也無法代表一切，神明不會因此降福於您。」莊公說：「那些大大小小的案件，雖然不能完全探明底細，但我一定會合情合理地去辦理。」曹劌說：「這才是為百姓盡力的表現，憑著這個您便可以攻打齊國了。若戰爭發生時，請讓我隨同前往。」

莊公和曹劌同乘一輛兵車，與齊軍在長勺展開大戰。這時，莊公正準備擊鼓開戰，曹劌說：「還不行。」直到齊國人打了三通鼓，曹劌才說：「可以了。」最後齊軍大敗。當莊公準備趁勝追擊時，曹劌說：「還不行。」他下車細看齊軍的車轍，然後登上車前橫木遠望，說：「可以了。」這才下令追擊齊軍。

戰勝之後，莊公問曹劌此次戰役取勝的原因。曹劌回答：「作戰全憑勇氣。第一通鼓振奮勇氣，第二通鼓就少了一些勇氣，到第三通鼓時，就沒有勇氣了。敵方沒有勇氣，而我方才剛剛振奮，自然得以戰勝他們。在最後，因為大國的情況難於捉摸，恐怕還有埋伏，所以我仔細觀察他們的車轍和旗幟，發現痕跡混亂、旗子歪斜，所以才下令追擊他們。」

高手過招（＊為多選題）

1.（　）《左傳》記有魯莊公十年齊師伐魯，曹劌請見莊公論何以戰之事。以下何者為曹劌認同莊公可以深得民心、激勵士氣應戰的憑藉？

A.「衣食所安，弗敢專也，必以分人。」

B.「小大之獄，雖不能察，必以情。」

C.「犧牲玉帛，弗敢加也，必以信。」

D.「仰不愧於天，俯不怍於人。」

＊2.（　）下列關於古書知識的敘述何者正確？

A.《春秋》、《左傳》、《左氏春秋》指的是同一本書。

B.司馬遷、班固、韓愈、柳宗元的寫作，都受《左傳》一書影響。

C.《左傳》著重記事，《公羊傳》、《穀梁傳》則以解釋經義為主。

D.《左傳》依《春秋》編年記事，《公羊傳》、《穀梁傳》則與《史記》同為紀傳體。

E.《左傳》、《公羊傳》、《穀梁傳》都是解《春秋》經之傳，並列於十三經之內。

解答：1. B　2. C E

僖公 前六五九—前六二七年

魯僖公，《史記》作魯釐公，姬姓，名申，魯國第十八任君主。魯莊公庶子，承襲魯閔公擔任魯國君主，在位三十三年。

魯莊公死後，季友立公子般繼位，為魯君子般。後孟慶父勾結私通的魯莊公夫人哀姜，殺死了魯君子般，魯莊公兒子啟方繼位，是為魯閔公，季友逃走。前六六〇年，慶父與哀姜謀殺閔公，想自立為君，魯人不服，要殺慶父，慶父逃到莒國。季友回國，立公子申為魯僖公，並迫使慶父自縊。

五年

五年，春，王正月，辛亥朔❶，日南至❷，公既視朔❸，遂登觀台以望，而書，禮也。凡分、至、啟、閉❹，必書雲物❺，為備故也。

晉侯使以殺太子申生之故來告。初，晉侯使士蔿為二公子築蒲與屈，不慎，寘薪焉❻，夷吾訴之❼，公使讓之❽，士蔿稽首而對曰❾：「臣聞之：『無喪而戚❿，憂必讎焉；無戎而城，讎必保焉。』寇讎之保⓫，又何慎焉？守官廢命，不敬；固讎之保，不忠。失忠與敬，何以事君？《詩》云：『懷德唯寧，宗子唯城⓬。』君其脩德而固宗子，何城如之？三年將尋師焉，焉用慎？」退而賦曰：「狐裘尨茸⑬，一國三公⑭，吾誰適從。」及難，公使寺人披伐蒲⑮。重耳曰：「君父之命不校⑯。」乃徇曰⑰：「校者，吾讎也。」踰垣而走⑱，披斬其袪⑲，遂出奔翟。

＊＊＊

晉侯復假道於虞以伐虢，宮之奇諫曰：「虢，虞之表也⑳。虢亡，虞必從之，晉不可啟，寇不可翫㉑。一之謂甚，其可再乎？諺所謂『輔車相依㉒，脣亡齒寒』者，其虞、虢之謂也。」

公曰：「晉，吾宗也，豈害我哉？」對曰：「大伯、虞仲，大王之昭也㉓。大伯不從，是以不嗣㉔。虢仲、虢叔，王季之穆也，為文王卿士㉕，勳在王室，藏於盟府。將虢是滅，何愛於虞？且虞能親於桓、莊乎？其愛之也，桓、莊之族何罪？而以為戮，不唯偪乎㉖？親以寵偪，猶尚害之，況以國乎？」

公曰：「吾享祀豐絜㉗，神必據我㉘。」對曰：「臣聞之，鬼神非人實親，唯德是依，故《周書》曰：『皇天無親，唯德是輔。』又曰：『黍稷非馨㉙，明德唯馨。』又曰：『民不易物，唯德繄物㉚。』如是則非德，民不和，神不享矣。神所馮依㉛，將在德矣。若晉取虞，而明德以薦馨香，神其吐之乎？」弗聽，許晉使。宮之奇以其族行，曰：「虞不臘矣，在此行也，晉不更舉矣。」

【說文解字】

❶朔：農曆每月初一日。❷南至：冬至，二十四節氣之一。十二月二十一、二十二或二十三日，這天北半球夜最長，晝最短，南半球相反。❸視朔：古代天子、諸侯每月朔日祭告祖廟後，在太廟聽政，稱為「視朔」。❹分、至、啟、閉：分，春分、秋分；至，冬至、夏至；啟，立春、立夏；閉，立秋、立冬。❺雲物：雲氣的色彩，古代據以分辨吉凶水旱。❻寘：安置、放置。❼夷吾：晉惠公，姓姬，名夷吾。恭太子申生，晉文公重耳的弟弟。❽讓：譴責。❾稽首：俯首至地的最敬禮。❿慼：憂傷、悲傷。⓫寇讎：仇敵、敵人。⓬宗子：皇室子弟。⓭狐裘尨茸：比喻國政混亂，也作「狐裘蒙戎」、「狐裘蒙茸」。⓮一國三公：比喻政令出於多門，事權不統一，使人無所適從。⓯寺人：古代稱宮內供使喚的小臣，即宦官、太監。⓰校：違抗。⓱徇：巡行時示眾並宣布號令。⓲踰垣：跳越短牆，指逃跑。⓳袪：衣袖、袖口。⓴表：屏障。㉑寇：凡兵作亂於內爲亂，於外爲寇。翫：輕視、玩忽。㉒輔：車兩旁的夾木。㉓昭：古代宗廟制度，始祖的神位居中，其下則左昭右穆。㉔嗣：繼承王位。㉕卿士：執掌國政的大臣。㉖偪：侵迫。㉗絜：使清淨、乾淨，通「潔」。㉘據我：依從我，即保佑我。㉙黍稷：泛指五穀。㉚繄：語助詞。㉛馮：通「憑」。

成語集錦

❖無所適從：指不知該聽從誰才好，後借以比喻不知怎麼辦才好。適，專主、作主。

典源　退而賦曰：「狐裘尨茸，一國三公，吾誰適從。」

01 從行台蕭寶寅討破宛川，俘其民人為奴婢，以美女十人賞蘭根。蘭根辭曰：「此縣界於強虜，皇

威未接，無所適從，故成背叛。今當寒者衣之，飢者食之，奈何將充僕隸乎？」（唐代李百藥《北齊書》）

02 觀古今諸家海潮之說者多矣，或為天河激湧，亦云地機翕張……源殊派異，無所適從；索隱探微，宜伸確論。（宋代姚寬《西溪叢語》）

03 若今日議不許斬級，明日又議必斬級；今日議徵兵援鳳，明日又議撤兵防河。必至無所適從。（清代張廷玉《明史》）

04 學問從實地上用功，議論自然確有根據；若浮光掠影，中無成見，自然隨波逐流，無所適從。（清代李汝珍《鏡花緣》）

❖ 脣亡齒寒：沒有了嘴脣，牙齒就會感到寒冷。比喻關係密切，利害相關。

典源 晉侯復假道於虞以伐虢，宮之奇諫曰：「虢，虞之表也。虢亡，虞必從之，晉不可啟，寇不可翫。一之謂甚，其可再乎？諺所謂『輔車相依，脣亡齒寒』者，其虞、虢之謂也。」

01 然某等區區，實恐理失於內，事敗於外，豪氂之差，將致千里，使荊蠻乖離，西嵎不守，脣亡齒寒，侵逼無限也。（唐代房玄齡《晉書》）

02 時雖已下荊楚，孟昶有脣亡齒寒之懼，而討之無名。（宋代釋文瑩《玉壺清話》）

03 明上今不相救，恐脣亡齒寒，亦非明上之福也。（明代羅貫中《三國演義》）

04 病藩封太重，疑慮太深，乃至此。夫脣亡齒寒，人人自危。（清代張廷玉《明史》）

七年

夏，鄭殺申侯以說於齊❶，且用陳轅濤塗之譖也❷。

初，申侯，申出也，有寵於楚文王。文王將死，與之璧，使行。曰：「唯我知女❸，女專利而不厭❹，予取予求，不女疵瑕也❺。後之人，將求多於女，女必不免。我死，女必速行，無適小國，將不女容焉。」既葬，出奔鄭，又有寵於厲公。子文聞其死也，曰：「古人有言曰：『知臣莫若君。』弗可改也已。」

【說文解字】

❶申侯：楚文王時期的大夫，受楚文王寵信。但因貪得無厭，結怨甚多。❷譖：毀謗、誣諂。❸女：你，通「汝」。❹專利：獨占利益。❺疵瑕：過失、罪釁。

成語集錦

❖予取予求：從我這裡求索取用。後比喻任意取求、需索無度。

典源　申侯，申出也，有寵於楚文王。文王將死，與之璧，使行，曰：「唯我知女。女專利而不厭，予取予求，不女疵瑕也。後之人，將求多於女，女必不免。我死，女必速行，無適小國，將不女容焉。」

01 貪者訾之，耕者種食之，疾病死喪者處業振贍之，予取予求。（宋代魏了翁《祖妣孺人高氏行狀》）

02 甘言者不可不畏，澡行者予取予求。（宋代范仲淹《淡交若水賦》）

03 力其索香港之賕，要白門之撫，偪天津之潰，怙海淀之驕，予取予求，輸銀輸地。（清代夏燮《中西紀事後序》）

04 於是瞿文懿、高文襄之流，訓辭爾雅，彬彬可觀。久之而增華加厲，鋪張藻飾，予取予求，無復體要。（清代錢謙益《牧齋初學集》）

05 少年代生賃廣廈，先以奩贈萬金畀生，曰：「以此布置，苟有短絀，予取予求，不汝疵也。」（清代王韜《淞隱漫錄》）

十五年

晉侯之入也，秦穆姬屬（ㄓㄨˇ）賈君焉❶，且曰：「盡納群公子。」晉侯烝（ㄓㄥ）於賈君❷，又不納群公子，是以穆姬怨之。晉侯許賂中大夫，既而皆背之；賂秦伯以河外列城五，東盡虢（ㄍㄨㄛˊ）略，南及華山，內及解梁城，既而不與。晉饑，秦輸之粟（ㄙㄨˋ）；秦饑，晉閉之糴（ㄉㄧˊ）❸，故秦伯伐晉。

卜徒父筮之，吉：「涉河，侯車敗。」詰（ㄐㄧㄝˊ）之❹，對曰：「乃大吉也。三敗，必獲晉君，其卦遇蠱（ㄍㄨˇ）❺。曰：『千乘三去，三去之餘，獲其雄狐。』夫狐蠱，必其君也。蠱之貞，風也，其悔，山也。歲云秋矣，我落其實❻，而取其材，所以克也。實落材亡，不敗何待。」

三敗及韓，晉侯謂慶鄭曰：「寇深矣，若之何？」對曰：「君實深之，可若何。」公曰：「不孫❼。」卜右❽，慶鄭吉，弗使，步揚御戎，家僕徒為右。乘小駟，鄭入也。慶鄭曰：「古者大事，必乘其產。生其水土，而知其人心；安其教訓，而服習其道；唯所納之，無不如志。今乘異產以從戎事❾，及懼而變，將與人易。亂氣狡憤❿，陰血周作⓫，張脈僨興，外彊中乾。進退不可，周旋不能，君必悔之。」弗聽。

九月，晉侯逆秦師，使韓簡視師，復曰：「師少於我，鬥士倍我。」公曰「何故？」對曰：「出因其資，入用其寵，饑食其粟，三施而無報，是以來也。今又擊之，我怠秦奮，倍猶未也。」公曰：「一夫不可狃⓬，況國乎？」遂使請戰，曰：「寡人不佞⓭，能合其眾，而不能離也。君若不還，無所逃命。」秦伯使公孫枝對曰：「君之未入，寡人懼之，入而未定列，猶吾憂也。苟列定矣，敢不承命？」韓簡退曰：「吾幸而得囚。」

壬戌，戰於韓原，晉戎馬還濘而止，公號慶鄭，慶鄭曰：「愎諫違卜⓮，固敗是求，又何逃焉？」遂去之。梁由靡御韓簡，虢射為右，輅秦伯，將止之。鄭以救公誤之，遂失秦伯。秦獲晉侯以歸，晉大夫反首拔舍⓯，從之。秦伯使辭焉，曰：「二三子何其慼也。寡人之從君而西也，亦晉之妖夢是踐，豈敢以至？」晉大夫三拜稽首曰：「君履后土而戴皇天⓰，皇天后土，實聞君之言，群臣敢在下風。」

【說文解字】

❶秦穆姬：晉惠公同父異母之姐。屬：託付，通「囑」。賈君：晉惠公之父晉獻公的妻妾，為元妃。❷烝：上淫，與長輩婦女通姦。❸糴：買入穀物，與糶（出售穀物）相對。❹詰：詢問、責問。❺蠱：《易經》卦名，六十四卦之一。❻實：植物的果實。❼孫：謙卑、恭順。❽右：車右，古代執兵器立於車子右邊的武士。❾戎事：軍事、戰事。❿狡憤：狂戾憤懣。⓫陰血：血液。⓬狃：輕侮。⓭不佞：不才，自謙之詞。⓮愎：任性、固執。⓯反首：披頭散髮。⓰后土：大地。

成語集錦

❖外強中乾：形容馬的外表看似強壯，卻氣力衰竭。後用以比喻各種事物外表看似充實強盛，實則空虛衰弱。

典源 今乘異產以從戎事，及懼而變，將與人易。亂氣狡憤，陰血周作，張脈僨興，外彊中乾。進退不可，周旋不能。君必悔之。

01 膚腠營胃，外強中乾，精氣內傷，神沮脈殫。（唐代柳宗元《愈膏肓疾賦》）

02 襲於形貌以為瑰奇，不免外強中乾，不及李翱氏文遠矣。（清代章學誠《皇甫持正文集書後》）

03 無情之辭，外強中乾，其神不傳。（清代黃宗羲《李杲堂先生墓志銘》）

04 他一向手筆大，不解理財之法，今番再幹掉了幾萬，雖不至於像從前吃盡當光光景，然而不免有點外強中乾了。（清代吳趼人《二十年目睹之怪現狀》）

❖**甘拜下風**：指待在下亏，聽候吩咐。後用以表示自認不如，由衷佩服。下風，風所吹向的地方。

典源

秦獲晉侯以歸。晉大夫反首拔舍，從之。秦伯使辭焉，曰：「二三子何其戚也。寡人之從君而西也，亦晉之妖夢是踐，豈敢以至？」晉大夫三拜稽首曰：「君履后土而戴皇天，皇天后土，實聞君之言，群臣敢在下風。」

01 人龍見道：「賢妻出口，句句含藏節義。那李易安、謝道韞甘拜下風矣。』（明代西湖漁隱主人《歡喜冤家》）

02 他若真為此事而來，劣兄甘拜下風，從此後不稱「御貓」，也未為不可。（清代石玉崑《三俠五義》）

03 君神人也，吾等甘拜下風矣。（清代和邦額《夜譚隨錄》）

二十二年

楚人伐宋以救鄭，宋公將戰，大司馬固諫曰❶：「天之棄商久矣❷！君將興之，弗可赦也已。」弗聽。

冬十一月，己巳朔，宋公及楚人戰於泓。宋人既成列，楚人未既濟❸。司馬曰：「彼眾我寡，及其未既濟也，請擊之。」公曰：「不可。」既濟而未成列，又以告。公曰：「未可。」既陳而後擊之，宋師敗績。公傷股❹，門官殲焉。

國人皆咎公。公曰：「君子不重傷，不禽二毛❺。古之為軍也，不以阻隘也。寡人雖亡國之餘，不鼓不成列。」子魚曰：「君未知戰。勍敵之人❻，隘而不列，天贊我也。阻而鼓之，不亦可乎？猶有懼焉。且今之勍者，皆吾敵也。雖及胡耇❼，獲則取之，何有於二毛？明恥教戰，求殺敵也。傷未及死，如何勿重？若愛重傷，則如勿傷；愛其二毛，則如服焉。三軍以利用也，金鼓以聲氣也。利而用之，阻隘可也；聲盛致志，鼓儳可也❽。」

【說文解字】

❶大司馬固：公孫固。宋莊公的孫子，宋襄公的堂兄弟，宋國大司馬。❷商：商王武丁曾分封兒子子宋於宋國，宋國因此自稱商朝後代。❸濟：過河、渡河。❹股：大腿。❺二毛：鬢髮有黑白兩種顏色，指年老的人。❻勍：強勁、強大。❼胡耇：年老的人，亦指年老、高壽。❽儳：雜亂不整齊。

二十三年

晉公子重耳之及於難也❶，晉人伐諸蒲城。蒲城人欲戰，重耳不可，曰：「保君父之命❷，而享其生祿，於是乎得人。有人而校，罪莫大焉，吾其奔也。」遂奔狄，從者狐偃、趙衰、顛頡、魏武子、司空季子。狄人伐廧咎如❸，獲其二女，叔隗、季隗，納諸公子。公子娶季隗，生伯鯈、叔劉，以叔隗妻趙衰，生盾。將適齊，謂季隗曰：「待我二十五年，不來而後嫁。」對曰：「我二十五年矣，又如是而嫁，則就木焉。請待子。」處狄十二年而行。

＊＊＊

及楚，楚子饗之，曰：「公子若反晉國，則何以報不穀❹？」對曰：「子女玉帛，則君有之。羽毛齒革❺，則君地生焉。其波及晉國者，君之餘也，其何以報。」君曰：「雖然，何以報我？」對曰：「若以君之靈，得反晉國，晉楚治兵，遇於中原，其避君三舍。若不獲命，其左執鞭弭（ㄇㄧˇ），右屬櫜鞬（ㄍㄠ ㄐㄧㄢ）❻，以與君周旋。」子玉請殺之。楚子曰：「晉公子廣而儉，文而有禮，其從者肅而寬，忠而能力。晉侯無親，外內惡之。吾聞姬姓，唐叔之後，其後衰者也，其將由晉公子乎？天將興之，誰能廢之？違天必有大咎。」乃送諸秦。

【說文解字】

❶晉公子重耳：晉文公，姬姓，晉氏，名重耳，晉獻公之子，晉國國君，在位九年。在趙衰、狐偃、賈佗、先軫、魏武子、介之推等人的輔佐下，成為春秋五霸之一，開創晉國長達一個多世紀的中原霸權。❷君父：君主之子對其父王的稱呼。❸廧咎如：春秋時狄國名或部落名。❹不穀：古代君侯自稱不善的謙詞。❺羽毛齒革：珍貴稀有動物的鳥羽、獸毛、象牙、皮革等。❻櫜鞬：裝武器的袋子。

成語集錦

❖**行將就木**：將要進棺材。指年紀已大，壽命將盡。

典源

將適齊，謂季隗曰：「待我二十五年，不來而後嫁。」對曰：「我二十五年矣，又如是而嫁，則就木焉。請待子。」處狄十二年而行。

01 今年六十有一，衰病侵凌，行將就木，乃欲變心從俗，以為僥倖俸錢祿米之計，不亦可羞之甚乎！（宋代朱熹《與留丞相劄子三》）

02 老奴豈不作如是想，第恐行將就木，不克見此榮華耳。（清代和邦額《夜譚隨錄》）

03 難得兩位義士，不忘先朝，但老夫行將就木，只求晚年殘喘，與聖朝草木，同沾雨露之春足矣，何敢多事！（清代吳趼人《痛史》）

❖退避三舍：指作戰時，將部隊往後撤退九十里。後用以比喻主動退讓，不與人相爭。舍，古代以三十里為一舍。

典源

若以君之靈，得反晉國，晉楚治兵，遇於中原，其避君三舍。若不獲命，其左執鞭弭、右屬櫜鞬，以與君周旋。

01 仲子生有奇資靈性，……年十三四，不唯盡通舉子業，而且多讀古人書，受學於媿虛易時中，媿虛謂當退避三舍。（明代李開先《遵巖王參政傳》）

02 我笑道：「我說姐姐不過，只得退避三舍了。」（清代吳趼人《二十年目睹之怪現狀》）

03 曾、仲兩個依然是一般盛氣相向，一邊狂態逼人，把個冉望華直嚇得退避三舍。（清代文康《兒女英雄傳》）

04 徐懋功道：「弟前往寨中晤劉文靜兄，盛稱吾兄文章經濟，才識敏達，世所罕有。今日到此，弟當退避三舍矣！」（清代褚人獲《隋唐演義》）

05 賢姪少年如此大才，我等俱要退避三舍矣。（清代吳敬梓《儒林外史》）

二十四年

晉侯賞從亡者，介之推不言祿，祿亦弗及。推曰：「獻公之子九人，唯君在矣。惠、懷無親，外內棄之。天未絕晉，必將有主。主晉祀者，非君而誰？天實置之，而二三子以為己力，不亦誣乎？竊人之財，猶謂之盜，況貪天之功以為己力乎？下義其罪，上賞其奸，上下相蒙，難與處矣。」

其母曰：「盍亦求之❶？以死，誰懟❷？」對曰：「尤而效之❸，罪又甚焉！且出怨言，不食其食。」其母曰：「亦使知之，若何？」對曰：「言，身之文也❹。身將隱，焉用文之？是求顯也。」其母曰：「能如是乎？與汝偕隱❺。」遂隱而死。晉侯求之不獲❻，以綿上為之田。曰：「以志吾過，且旌善人❼。」

【說文解字】

❶盍：何不，表示反問。❷懟：怨恨、埋怨。❸尤：怨恨、責怪。❹文：修飾。❺偕：共同、一起。❻不獲：不得、不能。❼旌：表揚、表彰。

二十六年

夏，齊孝公伐我北鄙❶，衛人伐齊，洮之盟故也。

公使展喜犒師，使受命於展禽❷。齊侯未入境❸，展喜從之，曰：「寡君聞君親舉玉趾❹，將辱於敝邑❺，使下臣犒執事❻。」齊侯曰：「魯人恐乎？」對曰：「小人恐矣❼，君子則否。」齊侯曰：「室如懸罄❽，野無青草❾，何恃而不恐？」對曰：「恃先王之命。昔周公、大公❿，股肱周室⓫，夾輔成王。成王勞之，而賜之盟曰：『世世子孫，無相害也。』載在盟府，大師職之⓬。桓公是以糾合諸侯，而謀其不協，彌縫其闕⓭，而匡救其災，昭舊職也⓮。及君即位，諸侯之望曰：『其率桓之功⓯。』我敝邑用不敢保聚，曰：『豈其嗣世九年，而棄命廢職，其若先君何？君必不然。』恃此以不恐。」齊侯乃還。

【說文解字】

❶北鄙：北方邊地，比喻偏遠的地區。❷受命：請教。展禽：魯國大夫，又稱柳下惠。❸齊侯：齊孝公，齊桓公之子。❹寡君：古代臣民對他國自稱本國君主的謙詞。玉趾：表示禮節，尊稱他人的腳步。❺辱：謙辭，有承蒙之意。❻執事：左右辦事的官員，稱呼對方的敬稱。❼小人：平民百姓。❽懸罄：比喻家境貧窮。❾野無青草：指旱災嚴重。❿大公：太公，齊國始祖姜尚，又稱姜大公。⓫股肱：大腿和手臂，此處意為輔佐。⓬大師：太師，主管盟誓的官吏。職：掌管。⓭彌縫：填滿縫隙，此處意為補救。⓮昭：發揚光大。舊職：指姜大公的舊職。⓯率：遵循。桓：齊桓公。

成語集錦

❖有恃無恐：形容有依靠而無所顧忌。

典源 對曰：「小人恐矣，君子則否。」齊侯曰：「室如懸罄，野無青草，何恃而不恐？」

01 持之以堅，斷之以果，毋為人言所怵，嗜欲所移，則臣秉鉞於外，庶乎有恃無恐。（宋代魏了翁《陛辭奏定國論別人才回天怒圖民怨》）

02 昔者，聖王老老長長幼幼之化行，舉天下之民，自生迄死，皆有恃而無恐。（明代高攀龍《保安寺建養老堂疏引》）

03 必也興屯田，葺廬舍，使民見可趨之利，而又置訓練之將，嚴互援之條，使武備飭而有恃無恐，民誰不欣然而趨之。（明代馮夢龍《增廣智囊》）

04 單太爺道：「現在縣裡有了憑據，所以他們有恃無恐。」（清代李寶嘉《官場現形記》）

二十八年

晉侯圍曹，門焉多死❶。曹人尸諸城上❷，晉侯患之。聽輿人之謀曰❸：「稱舍於墓。」師遷焉，曹人兇懼，為其所得者，棺而出之，因其兇也而攻之。三月，丙午，入曹。數之以其不用僖負羈，而乘軒者三百人也❹，且曰獻狀❺。令無入僖負羈之宮，而免其族，報施也。魏犨(ㄔㄡ)、顛頡(ㄒㄧㄝˊ)怒曰：「勞之不圖，報於何有？」蓺(ㄖㄨㄛˋ)僖負羈氏❻，魏犨傷於胸。公欲殺之，而愛其材，使問，且視之病。將殺之，魏犨束胸，見使者曰：「以君之靈，不有寧也。」距躍三百❼，曲踊(ㄩㄥˇ)三百❽，乃舍之。殺顛頡以徇於師，立舟之僑以為戎右。

宋人使門尹般如晉師告急❾，公曰：「宋人告急，舍之則絕。告楚不許，我欲戰矣，齊秦未可，若之何？」先軫曰：「使宋舍我而賂齊秦，藉之告楚。我執曹君❿，而分曹衛之田，以賜宋人。楚愛曹衛，必不許也。喜賂怒頑，能無戰乎？」公說，執曹伯，分曹衛之田，以畀(ㄅㄧˋ)宋人⓫。

楚人入居於申，使申叔去谷，使子玉去宋，曰：「無從晉師。晉侯在外，十九年矣，而果得晉國。險阻艱難，備嘗之矣；民之情偽，盡知之矣。天假(ㄐㄧㄚˇ)之年⓬，而除其害，天之所置，其可廢乎。《軍志》曰⓭：『允當(ㄉㄤˋ)則歸⓮。』又曰：『知難而退。』又曰：『有德不可敵。』此三志者，晉之謂矣。」子玉使伯棼(ㄈㄣˊ)請戰，曰：「非敢必有功也，願以間執讒(ㄔㄢˊ)慝(ㄊㄜˋ)之口⓯。」王怒，少與之師，唯西廣、東宮，與若敖之六卒，實從之，

【說文解字】

❶門：攻打城門。❷尸：陳屍示眾。❸輿人：眾人。❹乘軒：乘坐大夫的車，後泛指做官。❺獻狀：觀裸狀之罪。相傳晉文公駢脅（肋骨密排相連，宛如一骨），而曹公曾近觀其裸浴，故責其觀裸狀之罪。❻蓺：點燃、放火焚燒。❼距躍：原地跳高。❽曲踴：屈腿前跳。❾門尹般：宋國大夫。如：往、至。❿執：拘捕、捉拿。

⓫畀：給予。⓬假：借。⓭軍志：已失傳的先秦兵書，成書年代約為西周時期，反映中國上古時期的戰爭方法和經驗理論總結。⓮允當：公平適當。⓯讒慝：邪惡的人、邪惡的言論。

成語集錦

❖知難而退：作戰時遇形勢不利就先行退兵，後泛指行事遇到困難就退縮不前或伺機退卻。

典源 《軍志》曰：「允當則歸。」又曰：「知難而退。」又曰：「有德不可敵。」此三志者，晉之謂矣。

01 不如敵人，避之勿疑。所謂見可而進，知難而退也。（《吳子》）

02 且懷祿之士，躭寵之臣，苟患失之，何所不至，若樂毅帥弱燕之眾，東破強齊，收七十餘城，其功盛矣，知難而退，保身全名。（三國王昶《家誡》）

03 夫無難而退，謙也；知難而退，宜也，非謙也。（唐代皇甫湜《答李生第二書》）

04 你看這群賊，要果然得著這位姑娘些底細，就此時認些晦氣走了，倒也未嘗不是知難而退。（清代文康《兒女英雄傳》）

05 我心中本來有點瞧不起這一班人，他既知難而退，正合我的意思。（清代王浚卿《冷眼觀》）

三十年

晉侯、秦伯圍鄭，以其無禮於晉❶，且貳於楚也❷。晉軍函陵，秦軍氾南。

佚之狐言於鄭伯曰❸：「國危矣，若使燭之武見秦君❹，師必退。」公從之。辭曰：「臣之壯也，猶不如人；今老矣，無能為也已。」公曰：「吾不能早用子❺，今急而求子，是寡人之過也。然鄭亡，子亦有不利焉！」許之。

夜縋而出❻，見秦伯。曰：「秦、晉圍鄭，鄭既知亡矣。若鄭亡而有益於君，敢以煩執事❼。越國以鄙遠❽，君知其難也。焉用亡鄭以陪鄰❾？鄰之厚，君之薄也。若舍鄭以為東道主❿，行李之往來⓫，共其乏困⓬，君亦無所害。且君嘗為晉君賜矣，許君焦、瑕，朝濟而夕設版焉⓭，君之所知也。夫晉，何厭之有⓮？既東封鄭⓯，又欲肆其西封⓰。若不闕秦⓱，將焉取之？闕秦以利晉，唯君圖之。」秦伯說⓲，與鄭人盟。使杞子、逢孫、楊孫戍之，乃還。

子犯請擊之⓳，公曰：「不可！微夫人之力不及此⓴。因人之力而敝之㉑，不仁；失其所與㉒，不知㉓；以亂易整㉔，不武。吾其還也。」亦去之㉕。

【說文解字】

❶以：因為。❷貳：有貳心，此為依附之意。❸佚之狐：鄭大夫。❹燭之武：鄭大夫。❺子：古代對男子的尊稱。❻縋：繩索。此處指用繩子綁住身體，從城牆上往下放。❼執事：左右辦事的人。此處為敬詞，指秦

穆公。❽鄙：邊疆。此處作動詞使用，以……為疆界。❾陪：增厚、增強。鄰：晉國。❿東道主：鄭國作為東路上的主人招待來往的秦國使者。因鄭國在秦國東面，故稱之。後泛稱接待或宴請賓客的主人。⓫行李：使者。⓬共：通「供」。⓭設版：指築城備戰。版，古時築牆所用的木夾板。⓮厭：通「饜」，滿足。⓯封：疆界。此處作動詞使用，以……為疆界。⓰肆：放肆，指極力擴張。⓱闕：損害。⓲說：通「悅」。⓳子犯：即狐偃。晉大夫，晉文公的舅父。⓴微：非、沒有。夫人：指秦穆公。㉑敝：敗壞、損害。㉒所與：同盟者。㉓知：通「智」。㉔亂：指秦、晉兩國同盟破裂，互相征戰。整：指秦、晉兩國和睦相處。易：代替。㉕去：離去。

三十二年

冬，晉文公卒。庚辰，將殯於曲沃❶，出絳❷，柩有聲如牛❸，卜偃使大夫拜曰❹：「君命大事❺，將有西師過軼我❻，擊之必大捷焉。」

杞子自鄭使告於秦曰❼：「鄭人使我掌其北門之管❽，若潛師以來❾，國可得也❿。」穆公訪諸蹇叔⓫。蹇叔曰：「勞師以襲遠，非所聞也。師勞力竭，遠主備之⓬，無乃不可乎。師之所為，鄭必知之，勤而無所⓭，必有悖心⓮，且行千里，其誰不知？」公辭焉，召孟明⓯、西乞⓰、白乙⓱，使出師於東門之外，蹇叔哭之曰：「孟子，吾見師之出，而不見其入也。」公使謂之曰：「爾何知？中壽，爾墓之木拱矣⓲。」蹇叔之子與師，哭而送之曰：「晉人禦師必於殽，殽有二陵焉⓳。其南陵，夏后皋之墓也⓴，其北陵，文王之所避風雨也。必死是間，余收爾骨焉。」秦師遂東。

【說文解字】

❶殯：停喪。曲沃：晉國舊都，晉國祖廟所在地。❷絳：晉國國都。❸柩：裝有屍體的棺材。❹卜偃：掌管晉國卜筮的官員，姓郭，名偃。❺大事：指戰爭。古時戰爭和祭祀皆是大事。❻西師：西方的軍隊，指秦軍。過軼：越過。❼杞子：秦國大夫。❽掌：管理、主持。管：鑰匙。❾潛：秘密地。❿國：國都。⓫訪：詢問，徵求意見。蹇叔：秦國老臣。⓬遠主：指鄭君。⓭勤：勞苦。無所：一無所得。⓮悖心：違逆之心，反感。⓯孟明：秦國大夫。姓百里，名視，字孟明，秦國元老百里奚之子。⓰西乞：秦國大夫。姓西乞，名術。⓱白乙：秦國大夫。姓白乙，名丙。⓲拱：兩手合抱。⓳陵：大山。⓴夏后皋：夏代第十五任君主，名皋，夏桀的祖父。

三十三年

三十三年，春，晉秦師過周北門，左右免胄(ㄓㄡˋ)而下❶，超乘者三百乘❷。王孫滿尚幼❸，觀之，言於王曰：「秦師輕而無禮，必敗。輕則寡謀，無禮則脫❹。入險而脫，又不能謀，能無敗乎？」

及滑，鄭商人弦高，將市於周，遇之。以乘韋先❺，牛十二，犒師，曰：「寡君聞吾子❻，將步師出於敝邑，敢犒從者；不腆敝邑❼，為從者之淹❽，居則具一日之積，行則備一夕之衛。」且使遽告於鄭❾。

鄭穆公使視客館❿，則束載、厲兵、秣(ㄇㄛˋ)馬矣。使皇武子辭焉，曰：「吾子淹久於敝邑，唯是脯(ㄈㄨˇ)資⓫、餼(ㄒㄧˋ)牽竭矣⓬。為吾子之將行也，鄭之有原圃(ㄆㄨˇ)⓭，猶秦之有具囿(ㄧㄡˋ)也；吾子取其麇鹿，以閒敝邑，若何？」杞子奔齊，逢孫、楊孫奔宋。孟明曰：「鄭有備矣，不可冀也。攻之不克，圍之不繼，吾其還也。」滅滑而還。

＊＊＊

狄伐晉，及箕。八月，戊子，晉侯敗狄於箕，郤缺獲白狄子⑭。先軫曰⑮：「匹夫逞志於君，而無討，敢不自討乎？」免冑入狄師，死焉。狄人歸其元⑯，面如生。

初，臼季使過冀，見冀缺耨⑰，其妻饁之⑱，敬，相待如賓。與之歸，言諸文公曰：「敬，德之聚也。能敬必有德，德以治民，君請用之。臣聞之，出門如賓，承事如祭，仁之則也。」公曰：「其父有罪，可乎？」對曰：「舜之罪也，殛鯀⑲，其舉也興禹。管敬仲⑳，桓之賊也，實相以濟。《康誥》曰：『父不慈，子不祇㉑，兄不友，弟不共㉒，不相及也。』《詩》曰：『采葑采菲㉓，無以下體。』君取節焉可也。」文公以為下軍大夫。反自箕，襄公以三命命先且居將㉔，中軍，以再命命先茅之縣賞胥臣㉕，曰：「舉郤缺，子之功也。」以一命命郤缺為卿，復與之冀，亦未有軍行。

【說文解字】

❶免冑：脫下頭盔，古代將士的行禮方式。❷超乘：跳躍上車。❸王孫滿：姬姓，名滿。周襄王的孫子。❹脫：疏略、輕慢。❺韋：去毛加工製成的柔軟獸皮。❻寡君：此處指鄭國國君。❼不腆：不豐厚，為贈人禮物的謙詞。❽淹：滯留、停留。❾遽：驛車。❿客館：招待賓客休息、居住的房舍。⓫脯資：乾肉與穀類，

泛指糧食或旅費。⑫餼牽：牛、羊、豬之類的牲口。⑬原圃：鄭國畜養禽獸用以狩獵的地方。⑭郤缺：晉國大夫。因隨父食邑於冀，故又稱冀缺。⑮先軫：晉國大夫。⑯元：頭。⑰冀缺：郤缺，晉國大夫。耨：除草。⑱饁：送飯給在田裡工作的人吃。⑲鯀：夏禹的父親，堯封於崇伯，後因治水無功，被舜殺於羽山。⑳管敬仲：管仲，姬姓，管氏，名夷吾，字仲，諡敬。被稱為管子、管夷吾、管敬仲。㉑祇：恭敬的。㉒共：恭敬，通「恭」。㉓葑：植物名，即蕪菁，根和嫩葉可供食用。也稱「蔓菁」。㉔先且居：先軫之子。㉕胥臣：由於封地於白，曾任司空，所以又稱白季、司空季子。

成語集錦

❖厲兵秣馬： 磨利兵器，餵飽馬匹，指完成作戰前的準備。後用以比喻完成事前準備工作。

典源 曰：「寡君聞吾子，將步師出於敝邑，敢犒從者；不腆敝邑，為從者之淹，居則具一日之積，行則備一夕之衛。」且使遽告於鄭。鄭穆公使視客館，則束載、厲兵、秣馬矣。

01 願布德行仁，招賢納士，厲兵秣馬，以候天機。（唐代房玄齡《晉書》）

02 昌平巡撫何謙失陷諸陵，罪亦當按。都城既陷，守土臣宜皆厲兵秣馬，以報國讎，乃賊塵未揚，輒先去以為民望。（清代張廷玉《明史》）

03 我利速戰，但慮彼不出耳。今既出，平原廣野，可一鼓擒也！舍此不戰，厲兵秣馬，何為乎來？（民國趙爾巽《清史稿》）

❖相敬如賓：形容夫妻間相處融洽，互相敬愛。

典源 初，臼季使過冀，見冀缺耨，其妻饁之，敬，相待如賓。

01 龐公者，南郡襄陽人也。居峴山之南，未嘗入城府。夫妻相敬如賓。（南朝劉宋范曄《後漢書》）

02 夫妻交拜，相敬如賓。務要上和下睦，夫唱婦隨。（明代朱權《荊釵記》）

03 自此夫妻和順，相敬如賓。（清代馮夢龍《警世通言》）

04 劉奇成親之後，夫婦相敬如賓，掙起大大家事，生下五男二女。（清代馮夢龍《醒世恆言》）

05 鳳姐在地下站著，笑道：「你兩個那裡像天天在一處的，倒像是客一般，有這些套話，可是人說的『相敬如賓』了。」（清代曹雪芹《紅樓夢》）

白話翻譯

五年

僖公五年春天，周王朝曆法的正月初一，冬至。魯僖公在太廟聽政後，就登上觀台遠望雲霧，並且加以記載，這是合於禮的。凡是春分秋分、夏至冬至、立春立夏、立秋立冬，王都必定要記載望遠的結果，這是為了災荒做準備。

（春秋時，晉獻公十分寵愛驪姬，立她為夫人。後來，驪姬想立自己的兒子奚齊為太子，於是設計陷害太子申生和兩位公子重耳與夷吾。驪姬慫恿獻公命令申生守曲沃、重耳守蒲、夷吾守屈，只把奚齊和她妹妹與獻公生的兒子卓子留在身邊。）

晉獻公派遣使者報告殺害太子申生的原因。當初，晉獻公在驪姬的說服之下，又派遣士蔿去築蒲城和屈城。士蔿知曉驪姬離間獻公父子的陰謀，在城築了一半就停工，把柴薪放置在城牆上。公子夷吾知道此事後，就向獻公控告士蔿辦事不力。士蔿說：「臣聽說：『如果沒有喪事卻悲傷，憂愁必然接著到來；如果沒有兵患卻築城，必然會被敵人據守。』既然會被敵人據守，又何必完成城牆呢？擔任官職而不服從君命，是不敬；將敵人將來據守的城池築得堅固，是不忠。《詩經》提到：『心存德行就是安寧，宗室子弟就如同城池。』君王只要修養德行，並使同宗子弟的地位鞏固，又怎麼需要城池鞏固呢？三年以後就需要用兵，哪裡需要謹慎呢？」士蔿退下後，感慨地賦詩明志：「如今國家混亂的情勢，就像破舊狐裘上的毛一樣紛亂。一個國家有好多位君主，我真不知該聽從誰的命令才好。」之後，發生戰亂時，晉獻公派遣寺人披攻打蒲城。重耳說：「國君和父親的命令都不能違抗。」並通告：「抵抗的人就是我的敵人。」而後，重耳越牆逃走，寺人披砍掉他的袖口，最後重耳逃亡至翟國。

＊＊＊

晉侯再度向虞國借道攻打虢國，宮之奇進諫：「虢，是虞的屏障；虢亡，虞一定跟著滅亡。我們不能引起晉國侵略的野心，更不能輕忽引進外國的軍隊。第一次已經太過分了，怎麼可以再有第二次呢？有諺語說：『頰骨和牙床互相依存，就像沒有了嘴脣，牙齒就會寒冷。』這裡指的就是虞國和虢國的情況啊！」

虞公說：「晉國是我的同宗，難道還會害我嗎？」宮之奇回答：「大伯、虞仲都是太王的兒子。大伯不在太王身邊，所以沒有繼位。虢仲、虢叔都是王季的兒子，做過文王的卿士，對王室有功，盟府都有記載。晉國將要滅亡虢國，又怎麼會愛惜虞國呢？而且虞國難道會比桓叔、莊伯更親近嗎？如果晉國愛惜他們，那桓叔、莊伯的子孫又怎麼會有罪呢？但是，最後他們還是全被晉侯殺了，就只因為害怕兩家強大、侵逼公室。對於侵逼公室的親族，晉國都會加以殺害，更何況是國家呢？」

虞公又說：「我祭祀的供品豐盛又潔淨，神一定會依從於我。」宮之奇回答：「臣聽說，鬼神並非親近哪個人，而是依從有德之人。《周書》說：『皇天無私親，只輔佐有德的人。』又說：『黍稷不算馨香，美德才是馨香。』又說：『人民不能改變祭物，唯有德行足以成為祭物。』照這麼說，那君王沒有德行，人民就不和諧，神明就不會接受他的祭祀，神明所依從的就是德行了。如果晉國占領虞國，並且以美德作為馨香祭祀神明，那神明難道還會反悔嗎？」虞公不聽，依然答應了晉國使者的借道要求。於是，宮之奇帶著族人離開虞國，離開前說：「虞國過不了今年的臘祭了。這就是最後一次，晉國不必再發兵了。」

（冬天，晉國滅了虢。而後，軍隊返國，駐紮在虞國，並且趁機襲擊虞，將虞滅了，活捉虞公。）

七年

僖公七年夏天，鄭文公殺死申侯以討好齊國，同時也是因為陳國轅濤塗的誣陷。

當初，因為申侯是申氏所生，所以受到楚文王寵信。文王將死之時，將璧玉交給申侯並且命他離開楚國。文王說：「我最了解你了。你壟斷財貨且永不滿足，從我這裡取，又從我這裡求。我雖不加罪於你，但後來的人必將向你索取，最終將不免於罪。我死了之後，你一定要趕快離開，千萬不要前往小國，他們不會收留你的。」安葬楚文王後，申侯逃至鄭國，獲得厲公寵信。子文聽到他的死訊後，說：「古人說：『沒有人比國君更了解臣子。』這句話千真萬確、無法改變啊！」

十五年

晉惠公回國繼承君位時，秦穆姬將賈君囑託於他，並說：「把公子們都接回國內吧。」晉惠公和賈君通姦，但又不接納公子們回國，穆姬因此怨恨於他；晉惠公也曾答應送禮給中大夫，但後來又都反悔不給；還答應將黃河以西和以南的五座城池送給秦穆公，東到虢略鎮，南到華山，還有黃河內的解梁城，後來都沒有實現。晉國有饑荒時，秦國運送糧食給晉國；但秦國有饑荒時，晉國卻拒絕秦國買糧，所以秦穆公憤而攻打晉國。

卜徒父用筮草占卜，占卜的結果為：「渡過黃河，毀壞侯的車子。」秦穆公仔細追問，卜徒父回答：「這是大吉大利之意。晉軍連敗三次，晉國國君必然被俘獲。這一卦得到「蠱」，爻辭說：『連敗對方三次後，便可以消滅一千輛兵車。三次之後，便可以獲得那隻雄狐。』雄狐指的一定是他們的國君。「蠱」的內卦是風，外卦是山。秋天時，我方的風吹過敵方的山脈，吹落他們果實，還取得他們的木材，所以我方能戰勝。敵方果實落地且丟失木材，難道還不會打敗仗嗎？」

晉軍三次戰敗後，退至韓地。晉惠公對大臣慶鄭說：「敵人已深入我方，該怎麼辦呢？」慶鄭說：

「是君王容許他們如此的，能夠怎麼辦呢？」晉惠公斥責：「放肆無禮！」而後，占卜車右的人選，慶鄭得吉卦，但晉惠公不用他，反而讓步揚駕馭戰車，家僕徒作為車右。晉惠公以小駟馬駕車，小駟馬是從鄭國引進的。慶鄭說：「古代發生戰爭時，一定要用本國的馬駕車。因為牠們出生在本國，了解主人的心意；牠們安於接受主人調教，熟悉本國的道路；牠們隨你放在哪裡，都不會不如意。但現在您用外國出產的馬駕車、從事戰鬥，當牠們因為害怕而失去控制時，就不會聽從您的指揮了。牠們鼻子裡亂噴粗氣表示狡猾和憤怒，血液在全身奔流，使血管擴張突起，外表強壯但內部枯竭。到時後進也不能，退也不是，旋轉也不能，君王必然會後悔。」但晉惠公不聽他的勸告。

九月，晉惠公將迎戰秦軍，他先派遣韓簡視察軍隊。韓簡說：「對方人數比我們少，但奮力作戰的人卻倍於我們。」晉惠公說：「為什麼？」韓簡說：「您之前得以逃離晉國，是因為秦國資助；得以回國，也是因為秦國的幫忙；當晉國發生饑荒時，我們又吃秦國的粟米。秦國三次給予我們恩惠，但我們卻沒有報答。秦軍是基於以上種種向我們宣戰，這時我們又要迎擊他們，我方懈怠，秦國奮發，雙方鬥志相差豈止一倍啊！」晉惠公說：「一個人尚且不能輕侮，更何況國家呢？」於是派遣韓簡前去宣戰，說：「寡人不才，可以集合我的部下但卻不能解散他們。秦軍如果不回去，那我們也不能逃避。」秦穆公派公孫枝回答：「晉君沒有回國，我為他憂懼；回國後沒有安定之位，這也是我所擔心的。如果君位已定，寡人豈敢不接受晉國宣戰？」韓簡說：「我如果最後只被俘囚禁，那就是幸運的了。」

十四日，秦、晉兩軍在韓原作戰。晉惠公的小駟馬陷在爛泥之中，晉惠公向慶鄭求救。慶鄭說：「您不聽勸諫，違抗占卜，本就是自取失敗，為什麼又要逃走呢？」於是就離開了。梁由靡駕著韓簡的戰車，號射作為車右，迎戰秦穆公的戰車，企圖俘虜他。但是，因為慶鄭命他們救援晉惠公而耽誤，秦穆公得以趁機脫逃。最後，秦國俘虜了晉惠公。晉國大夫披頭散髮，走出帳篷，跟隨晉惠公。秦穆公派遣使者辭謝說：「你們為什麼那麼憂愁啊！寡人跟隨晉國國君往西，只不過是實現晉國昔日的夢罷了，難道會做得太過分嗎？」晉國大夫三拜叩頭：「君王踩著土地、頂著皇天，皇天后土都聽到了您的話，臣等甘拜下風。」

二十二年

楚人攻打宋國以救援鄭國，宋公準備應戰，大司馬公孫固進諫：「上天拋棄商國已經很久了！若君王還想復興，這是無法得到上天寬恕的。」但宋公不聽。

十一月，己巳朔日，宋公和楚人於泓水交戰。宋軍已列陣，但楚軍尚未全部渡河。司馬說：「敵眾我寡，趁著他們尚未完全渡河，請馬上下令攻擊。」宋公說：「不可以。」當楚軍已全部過河但還未列陣時，司馬又請求攻擊。宋公說：「還不行。」待楚軍列陣後，宋公才攻擊。最後，宋軍大敗，宋公大腿受傷，左右衛士全部陣亡。

宋國人都埋怨宋公。宋公說：「君子不傷傷者，不抓頭髮花白之人。古人打仗時，不在險隘處扼阻敵人。我雖是亡國後代，但還不至於攻打尚未列陣的敵人。」子魚說：「君王不了解戰略。強敵因地形險隘而未列陣，這是老天幫助我們阻止對方攻擊，這不是很好嗎？還怕不會戰勝呢！況且這些強悍的楚兵都是我們的敵人，就算是老頭子也要抓回來，更何況是那些頭髮花白的人呢？讓士兵知恥，教他們作戰，就是要拚死殺敵。受傷而還沒死的敵人，為何不能再殺他呢？如果不忍心殺害受傷的敵人，那一開始就不該殺他；如果同情年長的敵人，那就該向他們投降。三軍是用以打勝戰的，金鼓是用以激勵士氣的。為求勝戰而出動軍隊，可以在險隘的地方阻扼敵人；鼓聲大作士氣高昂，可以攻擊不整齊的敵軍。」

二十三年

晉公子重耳遭到禍難的時候，晉獻公的軍隊在蒲城攻打他。蒲城人想要迎戰，重耳不肯，說：「我仰仗著國君父親的恩寵，享有奉養自己的俸祿，得到百姓的擁護。但如今卻因百姓的擁護而遭到反抗，沒有比這更大的罪過了，我還是逃亡吧。」於是就逃亡到狄人之處，跟隨他的還有狐偃、趙衰、顛頡、魏武子、司空季子。狄人攻打廧咎如時，俘虜了廧咎如的兩個女兒叔隗、季隗，並送給公子重耳。重耳娶了季隗，生下伯儵、叔劉。又把叔隗嫁給趙衰，生下盾。重耳要到齊國時，對季隗說：「等我二十五年吧！如果那時我還沒有回來，你就改嫁。」季隗說：「我已經二十五歲了，過二十五年再改嫁就要進棺材了。我等你回來吧。」後來，重耳在狄國住了十二年才離開。

＊＊＊

重耳抵達楚國後，楚成王設宴款待他，說：「公子回到晉國之後，要用什麼報答我呢？」重耳說：「子、女、玉、帛都是君王您已經擁有的，鳥羽、皮毛、象牙、犀革也都是從君王您的土地所生長的。那些晉國的特產都是君王所剩餘的了，我還能用什麼報答您呢？」楚成王說：「就算這樣，那你究竟要用什麼報答我呢？」重耳說：「托君王的福，如果我能回到晉國，當晉、楚兩國軍事演習時，在中原相遇，那我就自動後退九十里。如果這還得不到君王的寬恕，那我就左手執鞭執弓，右邊掛著弓袋箭袋，跟君王一較高下。」子玉請求楚王殺掉重耳，楚成王說：「晉公子志向遠大且生活儉約，文辭華美且合乎禮儀。他的隨從嚴肅且寬大，忠誠且有能力。晉侯沒有親近的人，國內國外都討厭他。我聽說姬姓是唐叔的後代，最後將會衰亡，這恐怕是從晉公子為君以後的緣故吧！上天將使他興起，又有誰能夠廢掉他呢？違背上天，必有大災。」於是就把重耳送回秦國了。

二十四年

晉侯賞賜跟隨他流亡的人，介之推從不提及賞賜，因此晉侯也從沒給過他賞賜。介之推說：「獻公的九個兒子，只剩晉侯在世了。惠公、懷公沒有親近的人，國內外都離棄他們。如果上天不滅絕晉國的話，那必定會有君主。將來主持晉國祭祀的君主，除了晉侯以外還有誰呢？這是天意，天意將立晉侯為王，而那幾個人卻自以為是自己的功勞，這難道不是欺騙嗎？偷別人的財物，就稱為『盜』，更何況是冒取上天功勞作為自己的呢？在下的人把他們的罪過當作是正義行徑，在上的國君亦獎賞他們的欺詐行為，上下互相矇騙，我很難和他們相處下去。」

介之推的母親說：「你何不主動去討賞呢？如果你不主動，那就算這樣死，又能怨誰呢？」介之推回答：「既然我已責備他們的罪過，如果我還效法他們，那我的罪過就更加深重了。況且我已口出怨言，就不該再受他的俸祿。」介之推的母親說：「那若讓他知曉此事，如何？」介之推回答：「言語，是身體的裝飾。既然身體都要隱遁了，哪裡還需要裝飾呢？若我再去裝飾，那就是尋求功名利祿了。」介之推的母親說：「你真的能做到嗎？那我和你一起隱遁吧。」於是兩人隱居到死。後來，晉侯找不到介之推，就把緜上作為他的祭田，說：「這是用以表示我的過失，並且表彰善人。」

二十六年

夏天，齊孝公領兵攻打我國北部邊境，衛國人攻打齊國，這是因為春天時僖公尋求洮之盟約的關係。魯僖公派遣展喜犒勞齊國軍隊，並命他先向展禽請教犒賞的辭令。齊孝公還沒進入魯國國境時，展喜就出境迎接齊孝公，對他說：「我們國君聽說您親勞大駕，屈尊光臨敝國，特派臣下犒勞您的侍從們。」齊孝公說：「魯國人害怕嗎？」展喜回答：「平民百姓害怕，大人不害怕。」齊孝公說：「魯國百姓家中空空蕩盪像掛起來的磬，田野裡光禿禿地連青草都沒有，你們憑什麼不害怕呢？」展喜回答：「憑藉著先王的命令。從前周公和齊大公共同輔佐周王室，在成王左右協助。成王慰勞他們，還賜與他們盟約，盟約上寫道：『世世代代的子孫都不要互相殘害。』這個盟約還保存在盟府裡，由太史保管。後來，齊桓公集合諸侯，商討解決他們的糾紛，彌補他們的過失，救助他們於禍難，這都是為了發揚齊大公的舊職。等到您當上國君後，諸侯們都盼望著說：『他會繼承齊桓公的功業。』我們因此不敢保城聚眾，人們會說：『難道他繼承齊桓公之位才九年，就丟棄使命、放棄職責嗎？那他要怎麼對先君交待呢？君王一定不會這樣做的。』人們憑藉著這一點就不會恐懼於您。」於是，齊孝公就領兵回國了。

二十八年

晉文公率軍包圍曹國，攻打曹國國都的城門，造成許多晉軍士卒陣亡。曹國軍士將晉軍戰死的士卒屍體堆到城牆上，晉文公遂感到害怕起來。他聽從跟隨隊伍眾人的計謀，這計謀是讓晉軍駐紮在曹國宗族的墓地裡。於是，晉軍遷移到曹國宗族的墓地上。晉軍掘開墓地，將棺材挖出來，利用曹國人害怕挖掉祖墳的恐慌情緒，向曹國進攻。三月丙午日，晉軍打進曹國國都。晉文公指責曹共公不任用僖負羈，而濫施爵賞，讓數百人享受乘坐軒車的上大夫待遇。並說到曹共公當年偷窺他的裸體，等於讓他獻出容貌。晉文公下令不讓任何人進入僖負羈的宮院，並赦免他的族人，報答僖負羈施予他飯食。魏犨、顛頡對此很生氣，說：「晉文公不報答有功勞的人，報答這些人有什麼用呢？」於是兩人就放火燒了僖負羈的宗族，魏犨因放火而傷及胸部。晉文公想要殺掉魏犨，但卻又愛惜他的才能，所以派人送給他食品並查看他的病情。如果傷得嚴重，就要殺掉他。魏犨包紮好胸部後，接見來人，說：「憑著國君福靈保佑，我不會因病死而感到安寧。」他離地高跳數百下，屈腿前跳數百下，以示自己還可以打仗，於是晉文公就赦免了他。最後，晉文公殺死顛頡以警告將士，再命舟之僑擔任他的車右。

宋國派門尹般到晉國報告國家危急。晉文公說：「宋國人來報告危急，若捨棄而不去援救宋國，就會斷絕兩國之間的關係，但請楚國撤圍，楚國也不會同意。我們若與楚國開戰，齊國、秦國又不會答應，該怎麼辦呢？」先軫說：「請宋國不要與我們來往，轉而賄賂齊國、秦國，藉此請楚國退兵。之後，我們再拘拿曹國國君，將曹國、衛國的土地畫分給宋國。楚國愛護曹國、衛國，一定不會允許我們這樣做，如此一來，我們和楚國難道還不會開戰嗎？」晉文公聽後很高興，馬上拘拿曹共公，將曹國、衛國的土地分送給宋國。

楚成王從圍宋的軍隊中回到申縣，又派申叔去谷地、令尹子玉去宋國。楚成王告訴他們：「不要追擊晉國軍隊了。晉文公在外流浪十九年，最終還是能得到晉國。險阻艱難，他都已經歷；民情真偽，他都已了解。上天賜與他年歲，命他除掉禍害，這都是上天所安排的，怎麼能拋棄呢？《軍志》上說：『在恰當的時機就可以回師。』又說：『知難而退。』又說：『有仁德的人是無法勝過的。』這三個要點說的正是晉國。」子玉派伯棼向楚成王請戰，說：「不敢說一定要立下汗馬功勞，只希望透過這次戰爭，堵住說我壞話的人。」楚成王聽後十分不滿，沒有派給他更多軍隊，只有西廣、東宮太子和若敖生前的親兵六部跟隨著他。

三十年

晉文公、秦穆公率軍圍攻鄭國，因為鄭文公曾經對晉文公無禮，而且又依附楚國。當時晉軍進駐函陵，秦軍進駐氾南。

佚之狐對鄭文公說：「國家情勢告急，若派燭之武去見秦穆公，一定能使敵人的軍隊撤退。」鄭文公於是採納他的建議。然而燭之武卻推辭道：「我年輕力壯時，尚且比不上別人；如今老了，更辦不好事了。」鄭文公說：「我不能及早重用您，直到危急的關頭才來求您，這是我的過錯。但如果鄭國滅亡了，對您也沒有好處啊！」燭之武聽了覺得也有道理，便答應了他。

夜裡，燭之武用繩子縛住自己，從城上吊了下來，到秦軍營拜見秦穆公。燭之武說：「秦、晉兩國圍攻鄭國，鄭國人知道自己就要滅亡了。如果滅亡鄭國對您有好處，那還得麻煩您呢！越過他國占領遙遠的國家作為自己的邊境，您一定知道其中的困難。何必滅掉鄭國來增強鄰國的實力呢？鄰國實力的增強，就等於是秦國實力的削弱啊！若您放棄攻打鄭國，並把它視為東方道路上為秦國準備食宿的主人，貴國的使者經過這裡，供應他們缺乏的東西，這對您也沒有什麼害處。再說，您曾經協助晉惠公回國繼位，他答應把焦、瑕兩地送給您作為酬謝，可是他早晨才剛渡過黃河，傍晚就修築城牆來防備您，這是您知道的。晉國怎麼可能會滿足呢？等到晉國東邊的疆土擴展到鄭國，勢必會接著擴張西部的疆土。如果不侵犯秦國，那他要從哪裡獲得土地呢？如此損害秦國而牟利晉國之事，希望您能好好考慮。」秦穆公聽後非常高興，於是和鄭國聯盟。派杞子、逢孫、楊孫守衛鄭國，自己率軍回國。

子犯請求出兵襲擊秦軍。晉文公說：「不行！如果沒有秦穆公的幫助，我也不會有今天。受過人家的幫助卻反過頭來危害人家，這是不講仁義；失去自己的盟友，這是不明智；用交戰來代替結盟，這是不勇武。我們還是回去吧。」於是晉軍也撤離了鄭國。

三十二年

冬天，晉文公去世了。十二月十二日，棺木將要送往曲沃停放待葬。剛走出絳時，棺材裡發出了像是牛的叫聲。卜官郭偃命大夫們向棺材下拜，並說：「這是國君要發布軍事命令的徵兆。將有西方軍隊越過我們的國境，若我們襲擊他，一定能大獲全勝。」

秦國大夫杞子從鄭國派人向秦國報告：「鄭國人讓我掌管他們國都北門的鑰匙，若您悄悄派兵前來，就可以神不知鬼不覺地占領他們的國都。」秦穆公向秦國老臣蹇叔徵求意見，蹇叔說：「我從沒聽說過，讓軍隊辛勤勞苦地偷襲遠方的國家。這樣一來，不僅軍隊精疲力竭，遠方國家的君主又有防備，這麼做恐怕是不行的吧？鄭國必定知道我方軍隊的一舉一動，而軍隊辛勤勞苦又一無所得，一定會產生反叛聲浪。再說行軍千里，又有誰不知道呢？」秦穆公沒有聽從蹇叔的意見。他召見了孟明視、西乞術和白乙丙三位將領，讓他們從東門外面出兵。蹇叔哭著說：「孟明啊，我看著大軍出發，卻看不見他們回來了！」秦穆公派人對蹇叔說：「你知道什麼啊？你的年壽滿了，等到軍隊回來，你墳上種的樹都長到兩手合抱粗了！」蹇叔的兒子也在出征的隊伍中，他哭著送兒子離開，說：「晉國人必定在崤山抗擊我軍。崤有兩座山頭，南面的山頭是夏王皋的墳墓，北面的山頭是周文王避過風雨的地方。你們一定會戰死在這兩座山之間，我會在那裡收拾你的屍骨。」而後，秦國軍隊向東進發。

三十三年

三十三年春天，秦國軍隊經過周王城的北門時，戰車上除了御者以外，車左、車右皆拿下頭盔，下車致敬，而不遵守禮法隨意跳上車的有三百輛戰車的將士。此時，王孫滿年紀還小，他看到這個景象，對周襄王說：「秦國軍隊不莊重又沒有禮貌，一定會失敗。不莊重就是缺少計謀，不禮貌就是不嚴肅。進入險地而滿不在乎，又沒有計謀策略，這樣還能夠不打敗仗嗎？」

秦軍抵達滑國時，鄭國的商人弦高準備到周國貿易，恰巧碰上秦軍。於是，他便送給秦軍四張熟牛皮作為引禮，再送上十二頭牛犒勞軍隊。弦高說：「寡君聽說您準備行軍經過敝邑，謹來犒賞您的隨從。

敝邑貧乏，為了您的隨從得以在此處停留，若您住下，那敝邑就預備一天的供應；若您將離開，那敝邑就準備一夜的保衛。」同時，弦高又派遣傳車緊急向鄭國報告情況。

（杞子、逢孫、楊孫氏「燭之武退秦師」之後，秦鄭結盟所留下防守鄭國的將領，後來負責率兵協防鄭國北門，這些人變成秦國準備攻打鄭國的內應。）鄭穆公派人去查看杞子等人的館舍，發現他們已裝束完畢、磨利武器、餵飽馬匹了。而後，鄭穆公派皇武子辭謝他們，說：「大夫們久住於此，敝邑的肉乾、糧食、牲口都已竭盡了。鄭國有一個畜養禽獸以狩獵的地方，就如同秦國的具囿，大夫們可以自己獵取獵物，使敝邑得有閒空，你們覺得怎麼樣呢？」於是，杞子轉而逃到齊國，逢孫、楊孫則逃到宋國。孟明說：「鄭國有所準備了，不能存有勝利的希望。攻打鄭國不能取勝，包圍它又沒有後援，我還是回去吧！」於是，孟明在滅亡滑國之後，就回去了。

＊＊＊

狄軍預備攻打晉國，率先抵達箕地。八月二十二日，晉襄公在箕地打敗狄軍，郤缺俘虜了白狄子。先軫說：「一個普通人在國君面前放肆而沒有受懲罰，怎麼敢不自己懲罰自己呢？」於是，先軫就脫下頭盔衝入狄軍中，最後死在戰陣上。狄人送回他的腦袋時，先軫的面色就像活著一樣。

當初，臼季出使，經過冀國時，看到冀缺在鋤田除草。他的妻子為他送飯，彼此很恭敬，就像對待客人一樣尊重。臼季和冀缺一起回到國都後，對文公說：「恭敬是德行的表現，能夠恭敬就必定有德行。德行可以用以治理百姓，請君王任用他。臣聽說：『出門就像會見賓客，承擔事情就像參加祭祀，這就是仁愛的準則。』」晉文公說：「但他的父親冀芮有罪，這樣可以嗎？」臼季回答：「舜懲辦罪人，流放鯀，但舉拔人材時卻起用鯀的兒子禹。管敬仲是桓公的敵人，但卻任命他為相而得到成功。《康誥》說：『父親不慈愛，兒子不誠敬，哥哥不友愛，弟弟不恭敬，這是與他人無關的。』《詩經》說：『採蔓菁、採蘿蔔時，不要因為根有苦味，而連葉子也不採。』您可以挑冀缺好的地方就可以了。」於是，晉文公命冀缺擔任下軍大夫。從箕地回來後，晉襄公以諸侯大臣中最高級別的命令，命先且居率領中軍，用次級別的命令將先茅縣賞給胥臣，說：「推舉郤缺都是你的功勞。」再用三等級別的命令，命郤缺為卿，並贈與冀地給他，但沒有軍職。

高手過招

（＊為多選題）

＊1.（　）「一分耕耘，一分收穫」之語意關係可以是「如有一分耕耘，則得一分收穫」，下列文字前後句具有相同語意關係的選項是：【一〇六年學測試題】

A. 怨不在大，可畏唯人。

B. 聞道有先後，術業有專攻。

C. 若亡鄭而有益於君，敢以煩執事。

D. 斧斤以時入山林，材木不可勝用也。

E. 人之不廉而至於悖禮犯義，其原皆生於無恥也。

2.（　）下列各組「」內的字，讀音相同的選項是：【一〇五年學測試題】

A.惺「忪」／弦聲錚「鏦」
B.「酖」毒／夫子「哂」之
C.眼「瞼」／乘「蹇」驢來
D.「掇」拾／夜「縋」而出

*3.（　）**下列各組文句「」內的字，前後意義相同的選項是：【一〇五年指考試題】**
A.之推不得已而仕「於」亂世／以其無禮「於」晉，且貳於楚
B.於是飲酒樂甚，「扣」舷而歌之／娘以指「扣」門扉曰：兒寒乎
C.則漢「室」之隆，可計日而待也／或取諸懷抱，晤言一「室」之內
D.大行不「顧」細謹，大禮不辭小讓／乘驢而去，其行若飛，回「顧」已遠
E.惑之不解，「或」師焉，或不焉／「或」勸以少休，公曰：吾上恐負朝廷，下恐愧吾師也

4.（　）**下列選項「」中的字義解釋，何者錯誤？**
A.民不易「物」，唯德繄「物」：第一個「物」是「享用祭物」，第二個「物」是「祭物」。（《左傳・宮之奇諫假道》）
B.願陛下託臣以討賊興復之「效」，不「效」，則治臣之罪：第一個「效」是「任務」，第二個「效」是「成功」。（三國諸葛亮《出師表》）
C.愛其子，擇「師」而教之，於其身也，則恥「師」焉：第一個「師」是「老師」，第

二個「師」是「學習」。（唐代韓愈《師說》）

D. 陳相見許行而大悅，盡棄其「學」而「學」焉：第一個「學」是「學問」，第二個「學」是「學習」。（《孟子・滕文公上》）

***5.（　）《左傳》是一部說話的經典，下列選項中的文字都選自《左傳》，『』處何者表示說話者不卑不亢的態度？**

A.（楚成王）曰：「雖然，何以報我？」對曰：「『若以君之靈，得反晉國，晉楚治兵，遇於中原，其避君三舍。若不獲命，其左執鞭弭，右屬櫜鞬，以與君周旋。』」

B.（祭仲）對曰：「姜氏何厭之有！不如早為之所，無使滋蔓，蔓，難圖也。蔓草猶不可除，況君之寵弟乎！」（鄭莊）公曰：「『多行不義，必自斃。子姑待之。』」

C.（佚之狐向鄭文公推薦燭之武）公從之。辭曰：「『臣之壯也，猶不如人；今老矣，無能為也已。』」

D.（鄭莊公請穎考叔吃飯，穎考叔捨不得吃肉）公問之，對曰：「小人有母，皆嘗小人之食矣，未嘗君之羹，請以遺之。」公曰：「『爾有母遺，繄我獨無！』」

E.（春秋秦晉崤之戰，孟明等人被俘，晉襄公因文嬴之故，將孟明等人釋回，先軫怒，派陽處父追到河邊，陽處父假借晉襄公之命，要將左邊的馬送給孟明，孟明）則在舟中矣。……孟明稽首曰：「『君之惠，不以纍臣釁鼓，使歸就戮於秦，寡君之以為戮，死且不朽。若從君惠而免之，三年將拜君賜。』」

6.（　）請依照《左傳》解經的特性，選出最可能為《左傳》經文的選項？

A. 僖公五年，春，晉侯殺其世子申生。
B. 目晉侯斥殺，惡晉侯也。
C. 曰：「子其行乎？」太子曰：「君實不察其罪，被此名也以出，人誰納我？」十二月戊申，縊於新城。
D. 曷為直稱晉侯以殺？殺世子、母弟，直稱君者，甚（責備）之也。

7.（　）**關於《燭之武退秦師》一文，下列敘述何者正確？**
A. 佚之狐曰：「國危矣！若使燭之武見秦君，師必退。」足以顯現其料事如神，善觀局勢。
B. 燭之武基於「道、義」二字而言利害，處處為秦謀，切中要害，終能打動秦穆公之心。
C. 本文由《春秋》經文「晉人、秦人圍鄭」六字鋪衍而成，足以顯現《左傳》詳於記事之特色。
D. 選自《左傳》僖公三十年，記載燭之武與佚之狐聯手抗秦，以解鄭危之事。

*8.（　）**「天下之事以利而合者，亦必以利而離。秦、晉聯兵而伐鄭，鄭將亡矣。燭之武出說秦穆公，立談之間存鄭於將亡。不惟退秦師，而又得秦置戍而去，何移之速也？燭之武一言使秦穆背晉親鄭，棄強援，附弱國；棄舊恩，召新怨；棄成功，犯危難。非利害深中秦穆之心詎能若是乎秦穆之於晉相與之久也，相信之深也，相結之厚也，一怵於燭之武之利，棄晉如涕唾，亦何有於鄭乎？他日利有大於燭之武者，吾知秦穆必翻然從之矣。」（清代呂祖謙《東萊左傳博議》）上面的一段短文是古人對《燭之武退秦師》的讀後感，請選出敘述正確的選項：**

A. 本文旨在評論晉文公退兵的無奈。

B. 上文中的正確斷句為「非利害深中，秦穆之心詎能？若是乎秦穆之於晉，相與之久也」。

C. 作者認為，當年秦穆公為了與鄭結盟，甚至不惜和晉國把關係鬧僵，是出於對秦國利益的考量。

D. 文中指出，秦穆公是個利慾薰心的政治野心家，一但有人開出比燭之武更誘人的條件，他就會立刻和燭之武翻臉斷交，全然不顧兩人多年的交情。

E. 秦晉合兵而來，分兵而去，正是「天下之事以利而合者，亦必以利而離」的證明。而日後秦穆公發兵襲鄭，與晉國 大戰於崤山，又是一證明。

解答：1. CD 2. C 3. BE 4. A 5. ACE 6. D 7. D 8. CE

文公

前六二六—前六〇九年

魯文公，姬姓，名興，魯國第十九任君主，在位十八年。在位期間，執政為孟穆伯、東門襄仲、叔孫莊叔、季文子、臧文仲。西元前六一八年，周襄王病逝，周朝王室財政窘迫，無法安葬襄王。周頃王派遣毛伯衛向魯國討錢，後來魯文公派使者送錢到都城，這才順利安葬周襄王。

五年

晉陽處父聘於衛❶，反過甯，甯嬴（ㄧㄥˊ）從之。及溫而還，其妻問之。嬴曰：「以剛。《商書》曰：『沉漸剛克，高明柔克。』夫子一之，其不沒乎？天為剛德，猶不於時，況在人乎！且華而不實，怨之所聚也。犯而聚怨，不可以定身。余懼不獲其利，而離其難，是以去之。」

晉趙成子、欒貞子、霍伯、臼季❷，皆卒。

【說文解字】

❶陽處父：晉國大夫，因封邑於陽地，遂以陽為氏。❷晉趙成子：趙衰，或稱趙衰，字子餘，亦稱成季，孟子餘。春秋時期晉國晉文公大夫。欒貞子：欒枝，姬姓，欒氏，名枝，諡貞，又被稱為欒貞子。春秋時期晉國下軍將。臼季：胥臣。由於封地於臼，曾任司空，所以又稱臼季、司空季子。

❖華而不實：只開花而不結果，比喻虛浮而不切實際。

典源　夫子一之，其不沒乎？天為剛德，猶不於時，況在人乎！且華而不實，怨之所聚也。

01 景公謂晏子曰：『東海之中，有水而赤，其中有棗，華而不實。（《晏子春秋》）

02 若僕所聞，華而不實；先生之言，信而有徵。（漢代張衡《東京賦》）

03 夫人有文質乃成，物有華而不實，有實而不華者。（漢代王充《論衡．書解》）

04 吾觀魏諷，不脩德行，而專以鳩合為務，華而不實，此直攪世沽名者也。（劉宋裴松之《三國志注》注引《廙別傳》）

05 文豔質寡，何似上林？華而不實，將同桂樹。（南朝陳徐陵《答李顒之書》）

06 論曰：「太宗敏叡過人，神采秀發，多聞博達，富贍詞藻，然文豔用寡，華而不實。」（唐代李延壽《南史》）

07 苟華而不實，以比周鼓譽者，不為君子腹誹，鮮矣！（五代漢王定保《唐摭言》）

08 竊懷匹夫不奪之心，庶幾君子難進之節，是古之學勤而無功，自好之文，華而不實，然賤而多藝，乃孔子之不為。（宋代陳師道《謝徐州教授啟》）

十七年

晉侯蒐於黃父❶，遂復合諸侯於扈，平宋也。公不與會，齊難故也。書曰❷：「諸侯。」無功也。

於是晉侯不見鄭伯，以為貳於楚也❸。鄭子家使執訊而與之書❹，以告趙宣子❺，曰：「寡君即位三年，召蔡侯而與之事君。九月，蔡侯入於敝邑以行，敝邑以侯宣多之難，寡君是以不得與蔡侯偕。十一月，克減侯宣多❻，而隨蔡侯以朝於執事。十二年，六月，歸生佐寡君之嫡夷❼，以請陳侯於楚，而朝諸君。十四年，七月，寡君又朝，以蕆陳事❽。十五年，五月，陳侯自敝邑往朝於君。往年正月，燭之武往朝夷也。八月，寡君又往朝。以陳蔡之密邇於楚❾，而不敢貳焉，則敝邑之故也。雖敝邑之事君，何以不免？在位之中，一朝於襄，而再見於君，夷與孤之二三臣，相及於絳。

「雖我小國，則蔑以過之矣❿。今大國曰：『爾未逞吾志。』敝邑有亡，無以加焉。古人有言曰：『畏首畏尾，身其餘幾？』又曰：『鹿死不擇音。』小國之事大國也，德，則其人也；不德，則其鹿也。鋌而走險，急何能擇。命之罔極⓫，亦知亡矣，將悉敝賦，以待於鯈，唯執事命之。文公二年，六月，壬申，朝於齊。四年，二月，壬戌，為齊侵蔡，亦獲成於楚。居大國之間，而從於強令，豈其罪也，大國若弗圖，無所逃命。」

晉鞏朔行成於鄭⓬，趙穿、公婿池⓭，為質焉。

【說文解字】

❶蒐：聚集。黃父：晉地，亦名黑壤。❷書：此處指《春秋》。❸貳：違背、叛離。❹子家：公子歸生，春秋時期鄭國公子，字子家。執訊：通訊的官吏。❺趙宣子：趙盾，又稱趙宣子、趙孟。春秋時期晉國大夫。❻克減：剪除、滅絕。❼嫡：嫡子的簡稱。❽蕆：解決、完成。❾邇：接近、親近。❿蔑：輕侮。⓫罔極：無窮。⓬鞏朔：春秋晉國的新上軍將。行成：求和、議和。⓭趙穿：晉國大夫，趙盾的堂弟（一說姪子），晉襄公之婿。公婿池：晉靈公之婿。

成語集錦

❖畏首畏尾：前也畏懼，後也畏懼。後用以形容疑慮顧忌，膽小怕事。

典源

今大國曰：「爾未逞吾志。」敝邑有亡，無以加焉。古人有言曰：「畏首畏尾，身其餘幾？」又曰：「鹿死不擇音。」小國之事大國也，德，則其人也；不德，則其鹿也。鋌而走險，急何能擇。命之罔極，亦知亡矣，將悉敝賦，以待於儵，唯執事命之。

01 皮將弗睹，毛將何顧？畏首畏尾，身凡有幾？（《淮南子．說林》）

02 孤軍輕進，不足使勒畏首畏尾，則懷舊之士欲為內應，無由自發故也。（唐代房玄齡《晉書》）

03 史臣曰：「賞不可以有功求，刑不可以無罪免，畏首畏尾，進退維谷。」（唐代魏徵《隋書》）

04 史臣曰：「司馬叡之竄江表，竊魁帥之名，無君長之實，跼天蹐地，畏首畏尾，對之李雄，各一方小盜，其孫皓之不若矣。」（北齊魏收《魏書》）

05 若今人恁地畏首畏尾，瞻前顧後，粘手惹腳，如何做得事成！（宋代黎靖德《朱子語類》）

06 軍師往日用兵，怕那個來！今日為何一遇天彪匹夫，卻這般畏首畏尾？（清代俞萬春《蕩寇志》）

07 妹子平日但凡遇見吃酒行令，最是高興，從不畏首畏尾；剛才聽了這些不入耳之言，不但興致索然，連頭都要疼了。（清代李汝珍《鏡花緣》）

❖ 鋌而走險：指在窮途末路或受逼迫時，採取冒險行動或不正當的行為。鋌，快速奔逃。走險，採取冒險的行動。

典源 小國之事大國也，德，則其人也；不德，則其鹿也。鋌而走險，急何能擇。命之罔極，亦知亡矣，將悉敝賦，以待於鯈，唯執事命之。

01 畿輔、山東、山西、河南，比歲旱饑。民間賣女鬻兒，食妻啖子，鋌而走險，急何能擇？一呼四應，則小盜合群，將為豪傑之藉，此民情可慮也。（清代張廷玉《明史》）

02 論者謂難端發自乙，甲勢不兩立，乃鋌而走險。不過自救之兵，其罪不在甲。（清代紀昀《閱微草堂筆記》）

03 碰了荒年，也少不了這班人，不然，鬧出那鋌而走險的，更是不得了了。（清代吳趼人《二十年目睹之怪現狀》）

五年

晉國的陽處父出使到衛國，回國時路過甯地，甯嬴願意跟隨著他。但是，在抵達溫地時，甯嬴又折返回到甯地。他的妻子問他為什麼，甯嬴說：「因為陽處父太過於剛強了。《商書》說：『深沉的人要以剛強克服，爽朗的人要以柔弱克服。』陽處父只具備其中之一，恐怕不得善終吧！上天純陽，是為剛強的德行。上天尚且不輕易觸犯寒暑四時運行的次序，更何況是人呢？而且陽處父華而不實，容易招致怨恨。觸犯別人且招致怨恨，無法安定自身。我害怕接近他無法得到利益，反而遭遇禍害，因此離開。」

十七年

晉靈公在黃父舉行大型軍事訓練，藉此機會召集各國諸侯在鄭國扈地會合，目的是要與宋國談和。但是魯文公沒有來參加，因為齊國曾經侵伐魯國。《春秋》記載此次會合為「諸侯」，並沒有指明各個諸侯的名字，就是因為此次會合沒有效果。

當時，晉靈公拒絕與鄭穆公見面，因為晉靈公認為，鄭國既服從晉國又投靠楚國。鄭國大夫子家派遣官員送了一封寫給趙盾的信到晉國，信中寫道：「我們君主即位的第三年，便邀請蔡莊公一起服從晉國君主。今年九月，蔡莊公來到我國準備與我們國君一起前往晉國，但因為我國發生了侯宣多恃寵專權的危難，我國國君因此無法與蔡莊公一同前去。今年十一月，在滅絕了侯宣多之後，我們君主就與蔡莊公一同朝見服事於晉國君主。我們君主即位後的第十二年六月，輔佐我們君主的太子夷，為了請求楚國前去與陳靈公講和，特地朝見了你們君主。十四年七月，我們君主又以完成陳國事務之由朝見晉國。十五年五月，陳靈公從我國前去朝見你們君主。去年正月，燭之武陪同太子夷前去朝見晉國。八月，我們君主又前往貴國。作為陳、蔡兩國，我們與楚國如此親密相近，卻又不敢投靠楚國，那是有我們的緣故。但我們如此對待貴國，卻還是不免遭受你們的責罰。貴國在位的君主當中，我們朝見過晉襄公一次，也朝見過在位君主兩次。太子夷與我國國君的許多部下也一個接一個地前往貴國絳都。

「雖然我們是小國，但也沒有哪個國家能做到如此了吧。現在你們作為大國，說：『你們做得還不夠，沒有達到我們的要求。』若我國必須被這麼要求，那就只有滅亡一途了，再不能有什麼了。古人說：『頭也害怕，尾也害怕。只留下身軀，還剩下多少不害怕呢？』又說：『鹿將死亡，也就不管自己的聲音了。』小國服從大國，大國以仁德對待，小國就是人；不以仁德對待，小國就是一隻鹿，著急了就會走入險境，危急時刻難道還能選擇嗎？當大國無準則地下命令，我們就知道自己要滅亡了，只能把我國的軍資集中在鯈地等待，任憑你命令我們吧。我國文公即位的第二年六月壬申，他到齊國朝見。四年二月壬戌，因為齊國侵伐，我們只好與楚國談和。我們處在大國之間，雙方都要求我們服從強者的命令，難道這還變成我們的罪過了嗎？你們大國如果不考慮這些，那我們就無處逃避了。」

趙盾看到信後，隨即派遣鞏朔到鄭國和談，趙穿、公婿池也到鄭國作為人質。

1.（　）詩有別才，不必讀書，此欺人語爾。少陵為詩中宗匠，猶曰：「讀書破萬卷，下筆如有神」，今人讀過一本《香草箋》，便欲作詩，出而應酬，何其容易！余意欲學詩者，經史雖不能讀破，亦須略知二、三，然後取唐人名家全集讀之，沉浸穠郁，含英咀華，俟有所得。乃有所得，乃可旁及，自不至紊亂無序，而下筆可觀矣。（清代連橫《雅堂文集》）連橫認為學詩須讀書以立根基，下列選項的閱讀次第，何者符合上文中的觀點？

【一〇七年指考試題】

A.《香草箋》→《王右丞集》→《詩經》

B.《詩經》→《黃山谷詩集》→《香草箋》

C.《杜工部集》→《左傳》→《王右丞集》

D.《左傳》→《杜工部集》→《黃山谷詩集》

2.（　）閱讀古文，尤其是先秦時期的古文，如果完全不依靠古代傳注的幫助，而想讀懂它，那幾乎是不可能的。由於語言發展和社會變化造成的隔閡，不同程度地阻礙了後人對古書的理解。周秦時代的作品，西漢人讀起來就已感到困難。漢文帝時，訪求一個能講解《尚書》的，都很不容易。秦丞相李斯編的兒童識字課本《倉頡篇》，至漢宣帝時，竟使「俗師失其讀」。漢人閱讀古書，主要依靠師傅，為了適應越來越多人讀經的需要，就有人開始把前人傳授的古訓記錄下來，或加上自己對經文的理解，寫成專書。這就是最早的

古書傳注。（鮑善淳《怎樣閱讀古文》）請閱讀上文，選出敘述正確的選項。【一〇五年指考試題】

A.周秦時《尚書》的傳注已亡佚殆盡，漢代僅能口耳相傳解說其義。

B.《倉頡篇》為兒童解說六書的造字原則，在漢代須依賴師傳才能閱讀。

C.《左傳》採紀傳體，可讓原採編年紀事的《春秋》經減少理解上的隔閡。

D.後人的《詩經》傳注不僅保存前賢的訓解，也呈現作者個人對義理的體會。

3.（　）**關於《春秋》三傳的比較，下列何者正確？**

A.《左傳》、《公羊傳》是古文經，《穀梁傳》是今文經。

B.三傳的起訖時間為魯隱公元年至哀公二十七年，計二百五十五年。

C.《左傳》長於敘事，《公羊傳》、《穀梁傳》多釋義例。

D.《穀梁傳》解釋義例最為豐富，故被視為最能闡發《春秋》的微言大義。

E.《左傳》，亦名《春秋左氏傳》、《左氏春秋》，又稱《春秋外傳》，相傳為春秋時代魯國太史左丘明所撰。

解答：1. D　2. D　3. C

宣公 前六〇八—前五九一年

魯宣公，姬姓，名俀，魯國第二十代君主，承襲魯文公，在位十八年。

魯文公庶子，母敬嬴。西元前六〇九年二月，魯文公去世，魯國的正卿東門襄仲和他的母親敬嬴勾結，意圖立公子俀為君，但遭到太子傅叔仲惠伯反對。六月，東門襄仲和叔孫莊叔出使齊國，東門襄仲請求齊惠公立公子俀為國君。齊惠公新即位，想親近魯國，便同意了他的請求。襄仲回國後，在十月殺了太子惡和公子視，立公子俀為國君。魯文公的夫人出姜兩子皆死，只好大歸（婦人遭丈夫離棄，永歸娘家）齊國，再也不回來。臨走的時候，她哭泣著經過市集，說：「天啊！襄仲橫行無道，殺死嫡子，擁立庶子。」市集上的人都哭了。公子俀，就是魯宣公。

二年

二年，春，鄭公子歸生受命於楚，伐宋。宋華元❶、樂呂，御之❷。二月，壬子，戰於大棘，宋師敗績❸。囚華元，獲樂呂，及甲車四百六十乘，俘二百五十人，馘百人❹。

狂狡輅鄭人，鄭人入於井，倒戟而出之，獲狂狡。君子曰：「失禮違命，宜其為禽也。戎昭果毅以聽之，之謂禮。殺敵為果，致果為毅，易之戮也。」將戰，華元殺羊食士，其御羊斟不與❺。及戰，曰：「疇昔之羊❻，子為政；今日之事，我為政。」與入鄭師，故敗。君子謂：「羊斟非人也，以其私憾，敗國殄民，於是刑孰大焉。詩所謂：『人之無良者。』其羊斟之謂乎，殘民以逞。」

【說文解字】

❶華元：春秋宋國政治人物，擔任右師。歷事宋昭公、宋文公、宋共公、宋平公。❷御：抵擋、阻止，通「禦」。❸敗績：戰敗。❹馘：古代戰爭時，割取敵人左耳以獻功。❺御：駕車的人。❻疇昔：昔日、從前。

成語集錦

❖各自為政：各依自己的主張行事，不顧全整體。

典源 將戰，華元殺羊食士，其御羊斟不與。及戰，曰：「疇昔之羊，子為政；今日之事，我為政。」與入鄭師，故敗。

01 當此之時，虜述矯號於益州，隗囂擁兵於隴、冀，豪傑盱睢，各自為政。（晉代袁宏《後漢紀》）

02 醝茗竹漆，有無、多寡，任土增損，必得其宜。夫然，故遠近、利害、少多、治亂各自為政，有不煩於上之屑屑。京都內史，特亦不過勤卹幾甸，脩其禮樂。（宋代羅泌《路史》）

03 今七政既與天同體，而非另為一物，則七政之東升西沒，即其本天之東升西沒也。且使各天之

行，各自為政，則其性豈無緩急，而自外至內舒亟之次，如是其有等乎？（清代秦蕙田《五禮通考》）

04 諸侯世封，即已各自為政。況要荒曠絕，所云「來享來王」，僅以虛名相結，安得奉法遵軌，風流令行。（清代楊鶴《皇清睿略神功定萬世太平頌》）

十二年

夏，六月，晉師救鄭。荀林父將中軍，先縠佐之；士會將上軍，郤克佐之；趙朔將下軍，欒書佐之。趙括、趙嬰齊，為中軍大夫；鞏朔、韓穿，為上軍大夫；荀首、趙同，為下軍大夫；韓厥為司馬。及河，聞鄭既及楚平，桓子欲還，曰：「無及於鄭，而勦民❶，焉用之。楚歸而動，不後。」

隨武子曰❷：「善。會聞用師觀釁而動❸，德、刑、政、事、典、禮，不易，不可敵也，不為是征。楚軍討鄭，怒其貳而哀其卑❹，叛而伐之，服而舍之，德刑成矣。伐叛，刑也，柔服，德也，二者立矣。昔歲入陳，今茲入鄭，民不罷勞，君無怨讟❺，政有經矣，荊尸而舉❻，商農工賈，不敗其業。而卒乘輯睦❼，事不奸矣。

「蔿敖為宰，擇楚國之令典。軍行，右轅，左追蓐，前茅慮無❽，中權，後勁。百官象物而動，軍政不戒而備，能用典矣，其君之舉也。內姓選於親，外姓選於舊，舉不失德，賞不失勞，老有加惠，旅有施舍，君子小人，物有服章，貴有常尊，賤有等威，禮不逆矣。德立刑行，政成事時，典從禮順，若之何敵之？見可而進，知難而退，軍之善政也，兼弱攻昧，武之善經也，子姑整軍而經武乎，猶有弱而昧者，何必楚？仲虺有言曰❾：『取亂侮亡。』兼弱也。《酌》曰❿：『於鑠王師⓫，遵養時晦⓬。』耆昧也。《武》曰⓭：『無競唯烈。』撫弱耆昧，以務烈所，可也。」

彘子曰：「不可。晉所以霸，師武臣力也。今失諸侯，不可謂力，有敵而不從，不可謂武，由我失霸，不如死。且成師以出，聞敵強而退，非夫也。命有軍師，而卒以非夫，唯群子能，我弗為也。」以中軍佐濟。

＊＊＊

楚子北師次於郔⓮，沈尹將中軍，子重將左，子反將右，將飲馬於河而歸。聞晉師既濟，王欲還，嬖人伍參欲戰⓯，令尹孫叔敖弗欲，曰：「昔歲入陳，今茲入鄭，不無事矣。戰而不捷，參之肉，其足食乎？」參曰：「若事之捷，孫叔為無謀矣。不捷，參之肉，將在晉軍，可得食乎？」

令尹南轅反旆⓰，伍參言於王曰：「晉之從政者新，未能行令。其佐先穀，剛愎不仁⓱，未肯用命。其三帥者，專行不獲，聽而無上，眾誰適從？此行也，晉師必敗。且君而逃臣，若社稷何？」王病之，告令尹，改乘轅而北之，次於管以待之。

＊＊＊

潘黨既逐魏錡，趙旃夜至於楚軍，席於軍門之外，使其徒入之。楚子為乘，廣三十乘，分為左右。右廣，雞鳴而駕，日中而說；左則受之，日入而說。許偃御右廣，養由基為右；彭名御左廣，屈蕩為右。乙卯，王乘左廣，以逐趙旃，趙旃棄車而走林，屈蕩搏之，得其甲裳。晉人懼二子之怒楚師也，使軘車逆之⑱，潘黨望其塵，使騁而告曰：「晉師至矣。」楚人亦懼王之入晉軍也，遂出陳，孫叔曰：「進之，寧我薄人⑲，無人薄我。《詩》云：『元戎十乘⑳，以先啟行。』先人也。《軍志》曰㉑：『先人有奪人之心。』薄之也。」遂疾進師，車馳卒奔，乘晉軍。桓子不知所為，鼓於軍中，曰：「先濟者有賞。」中軍下軍爭舟，舟中之指可掬也㉒。

＊＊＊

是役也，鄭石制，實入楚師，將以分鄭，而立公子魚臣。辛未，鄭殺僕叔及子服。君子曰：「史佚所謂：『毋怙亂者㉓。』謂是類也。《詩》曰：『亂離瘼矣，爰其適歸。』歸於怙亂者也夫。」

鄭伯、許男如楚。

秋，晉師歸，桓子請死，晉侯欲許之，士貞子諫曰：「不可。城濮之役，晉師三日穀，文公猶有憂色。左右曰：『有喜而憂，如有憂而喜乎？』公曰：『得臣猶在㉔，憂未歇也。困獸猶鬥，況國相乎。』及楚殺子玉，公喜而後可知也，曰：『莫余毒也已。』是晉再克，而楚再敗也，楚是以再世不競，今天或者大警晉也，而又殺林父以重楚勝，其無乃久不競乎？林父之事君也，進思盡忠，退思補過，社稷之衛也，若之何殺之？夫其敗也，如日月之食焉，何損於明？」晉侯使復其位。

【說文解字】

❶勤：勞動、勞累。❷隨武子：士會，祁姓、士氏，名會。因被封於隨、范，以邑為氏，別為范氏，謚武，又被稱為士季、隨會、隨季、范子、范會、武季、隨武子、范武子。士蔿之孫，成伯缺之子，春秋晉國中軍將、太傅。❸觀釁：等待機會，有所企圖。❹貳：違背、叛離。❺怨讟：怨恨毀謗。❻荊尸：春秋時代楚國兵陣。❼卒乘：士兵和戰車，泛指軍隊。輯睦：和睦，也作「輯穆」。❽前茅：稱軍中的斥候。古代斥候以茅為旌識，看到前方的敵人，則舉茅以報告在後面的軍隊戒備。❾仲虺：商湯左相，奚仲之後。湯王歸夏，至大坰時，仲虺作誥以告湯。❿酌：《詩經．周頌》的篇名。根據〈詩序〉，〈酌〉指歌頌武王之詩。⓫於：嘆詞。鑠：美盛貌。⓬遵養時晦：在時局昏闇不明之際，明哲保身，養精蓄銳，不輕舉妄動，以待成熟的時機。遵，循、順。時，是、此。晦，謂商紂。⓭武：《詩經．周頌》的篇名。根據〈詩序〉，〈武〉指周公所作歌頌武王武功之詩。⓮次：臨時駐紮或止宿。⓯嬖人：地位卑微而受到寵幸的人。⓰反旆：將帥旋歸。⓱剛愎不仁：固執己見，而且沒有仁德。⓲軘車：兵車。⓳薄：迫近、接近。⓴元戎：兵車。㉑軍志：已失傳的先秦兵書，成書年代可能為西周時期，反映中國上古時期的戰爭方法和理論總結，佚文散見於《左傳》、《孫子兵法》、《吳子》等書。㉒掬：用兩手捧取。㉓怙亂：趁情況混亂時謀奪利益。㉔得臣：成得臣，成氏，名得臣，字子玉。楚成王時令尹，楚晉城濮之戰時戰敗，率殘部歸國途中受責，於連谷引咎自殺。

成語集錦

❖ **名列前茅**：指其名列於隊伍前面。後用以比喻成績優異，名次排在前面。茅，通「旄」，旄牛。前茅，古代行軍打仗時，前行的兵士所拿的竿頂用旄牛尾裝飾的指揮旗幟。

典源

蔿敖為宰，擇楚國之令典。軍行，右轅，左追蓐，前茅慮無，中權，後勁，百官象物而動，軍政不戒而備，能用典矣。

01 汝初冒北籍，名列前茅，恐招人忌耳。（清代吳熾昌《續客窗閒話》）

❖ **剛愎自用**：指性情倔強，自以為是。愎，任性、固執。

典源

令尹南轅反旆，伍參言於王曰：「晉之從政者新，未能行令。其佐先縠，剛愎不仁，未肯用命。其三帥者，專行不獲，聽而無上，眾誰適從？此行也，晉師必敗。且君而逃臣，若社稷何？」王病之，告令尹，改乘轅而北之，次於管以待之。

01 君子剛愎自用，小人行險僥倖。（宋代陳摶《心相編》）

02 論曰：「曲端剛愎自用，輕視其上，勞效未著，動違節制，張浚殺之雖冤，蓋亦自取焉爾。」（元代脫脫《宋史》）

03 徐州行樞密院石盞女魯歡剛愎自用，詔桓端以本官權簽樞密院事，往代之。（元代脫脫《金史》）

04 「各堂上官不從臣言，而都御史高明，剛愎自用，十三道御史豈無一人可斥？高明心懷不公。（明代沈德符《萬曆野獲編》）

05 疏既上，綸復獨奏給事中王讓不赴考察，且言明剛愎自用，己言多不見從，乞與明俱罷。（清代張廷玉《明史》）

06 洪（素人）在部時，某相國問：「汝向人說我剛愎自用，有之乎？」（清代袁枚《隨園詩話》）

07 盛宣懷剛愎自用，不洽輿情，已可概見，應如何懲處，以儆將來。（民國趙爾巽《清史稿》）

❖ 先聲奪人：先張大聲威，以挫敗敵人士氣。

典源

晉人懼二子之怒楚師也，使軘車逆之，潘黨望其塵，使騁而告曰：「晉師至矣。」楚人亦懼王之入晉軍也，遂出陳，孫叔曰：「進之，寧我薄人，無人薄我。《詩》云：『元戎十乘，以先啟行。』先人也。《軍志》曰：『先人有奪人之心。』薄之也！」遂疾進師，車馳卒奔，乘晉軍。

01 行兵之道，果是先聲可以奪人之氣。（煙水散人《後七國志樂田演義》）

02 寄姐平素潑惡，未免也甚膽寒。家人媳婦丫頭養娘唬得面無人色，斗戰篩糠，正是先聲奪人之魄，岳動山搖。（清代西周生《醒世姻緣傳》）

03 殿下自領精銳，速據成皋，養威蓄銳，以逸待勞，出奇計一鼓而即可破建德。建德既破，先聲奪人，世充聞之，當不戰而自縛麾下矣！（清代褚人穫《隋唐演義》）

❖ **困獸猶鬥**：被圍困的野獸尚且作最後的搏鬥。比喻處於絕境，仍然奮力抵抗。

典源

城濮之役，晉師三日穀，文公猶有憂色。左右曰：『有喜而憂，如有憂而喜乎？』公曰：『得臣猶在，憂未歇也。困獸猶鬥，況國相乎。』及楚殺子玉，公喜而後可知也。

01 文公猶有憂色，曰：「子玉猶存，憂未歇也。困獸猶鬥，況國相乎？」（漢代劉向《說苑》）

02 今我追國，是迫歸眾，追窮寇也。困獸猶鬥，蜂蠆有毒，況大眾乎！（南朝劉宋范曄《後漢書》）

03 今司馬鄴君臣自以逼僭王畿，雄劣不同，必致死距我，將軍宜整陣案兵以擊之，弗可輕也。困獸猶鬥，況於國乎！（唐代房玄齡《晉書》）

十五年

十五年，春，公孫歸父會楚子於宋。

宋人使樂嬰齊告急於晉，晉侯欲救之，伯宗曰：「不可，古人有言曰：『雖鞭之長，不及馬腹。』天方授楚，未可與爭，雖晉之彊，能違天乎？諺曰：『高下在心。』川澤納汙，山藪（ㄙㄡˇ）藏疾❶，瑾瑜匿瑕，國君含垢，天之道也，君其待之。」乃止，使解揚如宋，使無降楚，曰：「晉師悉起，將至矣。」鄭人囚而獻諸楚，楚子厚賂之，使反其言，不許。三而許之，登諸樓車❷，使呼宋而告之，遂致其君命。

楚子將殺之，使與之言曰：「爾既許不穀，而反之，何故？非我無信，汝則棄之，速即爾刑。」對曰：「臣聞之，君能制命為義，臣能承命為信。信載義而行之為利，謀不失利，以衛社稷。民之主也，義無二信，信無二命，君之賂臣，不知命也，受命以出，有死無霣❸，又可賂乎。臣之許君，以成命也，死而成命，臣之祿也，寡君有信臣，下臣獲考，死又何求。」楚子舍之以歸。

＊＊＊

夏，五月，楚師將去宋❹，申犀稽首於王之馬前，曰：「毋畏知死，而不敢廢王命，王棄言焉❺。」王不能答，申叔時僕曰❻：「築室反耕者❼，宋必聽命。」從之，宋人懼，使華元夜入楚師，登子反之床，起之曰：「寡君使元以病告❽，曰：『敝邑易子而食，析骸以爨❾。雖然，城下之盟，有以國斃，不能從也。去我三十里，唯命是聽。』」子反懼，與之盟，而告王。退三十里，宋及楚平❿，華元為質。盟曰：「我無爾詐⓫，爾無我虞⓬。」

【說文解字】

❶藪：密生雜草的湖澤、沼澤。❷樓車：古代攻城的用具。形似雲梯，上設有望樓，可以下瞰敵情。❸霣：降落、墜落。❹去：離開。❺棄言：背棄諾言。❻申叔時：楚國大夫。僕：駕車。❼反：通「返」。❽病：困乏、困難。❾析骸以爨：分解人的骨骸以燒火做飯，後用以形容戰亂或災荒時因糧盡援絕的悲慘困境。❿平：講和。⓫無：不。詐：欺詐、欺騙。⓬虞：欺騙。

❖鞭長莫及：馬鞭雖長，但距離太遠，打不到馬腹。比喻力量有所不及。

典源　不可，古人有言曰：「雖鞭之長，不及馬腹。」天方授楚，未可與爭。

01 則脈絡相連，可以應援，邈在鄂渚，豈無鞭不及腹之慮。（元代脫脫《宋史》）

02 況且又有家事在心，鞭長莫及，不免有此悶悶。（清代李綠園《歧路燈》）

03 滇、黔、蜀、粵地方邊遠，今將滿兵遽撤，恐一旦有變，有鞭長莫及之虞。再荊、襄為天下腹心，請設滿兵駐防，以一重臣督之。（清代昭槤《嘯亭雜錄》）

04 除掉腹地裡幾省，外國人鞭長莫及，其餘的雖然沒有擺在面子上瓜分，暗地裡都各有了主兒了。（清代李寶嘉《官場現形記》）

05 他未曾明白，隔了一省，就是鞭長不及馬腹了。（清代吳趼人《二十年目睹之怪現狀》）

06 僅於永昌城駐兵，沿邊一帶，有鞭長莫及之虞。（民國趙爾巽《清史稿》）

❖爾虞我詐：彼此互相詐騙。後用以形容人與人之間的互相猜疑，玩弄欺騙手段。

典源　子反懼，與之盟，而告王。退三十里，宋及楚平，華元為質。盟曰：「我無爾詐，爾無我虞。」

二年

二年春季，鄭國公子歸生接受楚國的命令，攻打宋國。宋國華元、樂呂帶兵抵禦。二月十日，雙方在大棘開戰，宋軍大敗。鄭國囚禁了華元、帶回樂呂的屍首，並繳獲敵方戰車共四百六十輛、俘虜了二百五十人、割下一百個被打死敵人的耳朵。

狂狡迎戰某個鄭國人，但那個鄭國人卻逃進井裡。狂狡把戟柄放下井，拉他上來，那個人出井以後反而俘虜了狂狡。君子說：「丟棄禮而違背命令，狂狡活該被俘。在戰爭之中，發揚果敢剛毅的精神以服從命令，稱為禮。殺死敵人就是果敢，達到果敢就是剛毅。反過來，就要被殺戮。」準備開戰的時候，華元殺羊犒賞士兵，但他的車夫羊斟沒有吃到。在打仗的時候，羊斟說：「前天的羊，是你作主；今天的打仗，是我作主。」隨即驅車進入鄭軍，最後導致宋軍失敗。君子認為：「羊斟不像人，由於私怨而使國家戰敗、百姓受害，還有比這應當受到更重的刑罰嗎？《詩經》所謂：『存心不良。』指的就是羊斟這種人吧！他藉由殘害百姓，以使自己感到快樂。」

十二年

夏天，六月，晉國的軍隊前去救援鄭國。荀林父率領中軍，先縠輔佐；士會率領上軍，郤克輔佐；趙朔率領下軍，欒書輔佐。趙括、趙嬰齊擔任中軍大夫，鞏朔、韓穿擔任上軍大夫，荀首、趙同擔任下軍大夫，韓厥擔任司馬。眾人抵達黃河時，得知鄭國已與楚國講和，荀林父想要回去，說：「沒有趕到鄭國，又勞動百姓，出兵又有什麼用呢？待楚軍回去以後，我軍再出兵進攻鄭國，也還不算晚。」

士會說：「好。聽從用兵之道；觀察敵人的可趁之隙而後行動；德行、刑罰、政令、事務、典則、禮儀合乎常道，符合以上條件的國家就是不可抵擋的，不能進攻這樣的國家。楚國的軍隊討伐鄭國，因為厭惡鄭國有二心，但又可憐鄭國的卑下。鄭國背叛就討伐他，鄭國順服就赦免他，德行、刑罰都完成了。討伐背叛，這是刑罰；安撫順服，這是德行，這二者都樹立起來了。往年進入陳國，如今進入鄭國，百姓並不感到疲勞，國君沒有受到怨恨，政令就合於常道了。楚軍擺成荊尸之陣而後發兵，井井有條，商販、農民、工匠、店主都不廢時失業，步兵、車兵關係和睦，事務就互不相犯了。

「蔿敖作為令尹，選擇實行楚國優秀的法典。軍隊出動時，右軍跟隨主將的車轅，左軍徵集草蓐作為歇息準備，前軍以旄旌開路以防意外，中軍斟酌謀畫，後軍以精兵押陣。各級軍官根據象徵自己的旌旗指示而採取行動，軍事政務不必等待命令就得以完備，這就是能夠運用典則了。他們的國君選拔人材，同姓中選擇親近的支系，異姓中選擇世代舊臣。提拔時，不遺漏有德行的人；賞賜時，不遺漏有功勞的人。優待老人，賞賜旅客。君子和小人，各有規定的服飾。對尊貴的人有規定的禮節以示尊重，對低賤的人有規定的等級以示威嚴，沒有禮節不順的。樹立德行，施行刑罰，政事成就，事務合時，典則執行，禮節順當。我們怎能抵擋這樣強大的楚國呢？看到勝算就前進，遇到困難就後退，這是治軍的好辦法。兼併衰弱，進攻昏暗，這是用兵的好原則。您姑且整頓軍隊、籌謀武備吧！弱小而昏暗的國家，為什麼一定要進攻楚軍呢？仲虺說：『占取動亂之國，欺侮滅亡之國。』說的就是兼併弱小。《詩經》說：

『天子的軍隊多麼神氣，率領他們占取昏昧的國家。』說的就是進攻昏昧。《詩經》又說：『武王的功業無比偉大強盛。』意思是安撫衰弱，進攻昏暗，以致力於功業所在，這樣就可以了。」

先穀說：「不行。晉國之所以可以稱霸諸侯，就是因為軍隊勇敢、臣下得力。現在失去了諸侯，不能說是得力；有了敵人不去追逐，不能說是勇敢。由於我們而丟掉霸主的地位，不如去死。而且晉國整頓軍隊卻不出動，聽到敵人強大就退卻，這不是大丈夫之舉。任命為軍隊的統帥，而做出不是大丈夫所做的事，這只有你們能辦到，我是不會做的。」說完，他就帶領著中軍副帥所屬軍隊渡過黃河。

＊＊＊

楚莊王率軍北上，軍隊駐紮在郔地。沈尹率領中軍，子重率領左軍，子反率領右軍，在黃河喂馬喝水後就回國。楚莊王聽聞晉國軍隊已經渡過黃河，便想要回去，寵臣伍參想打仗，但令尹孫叔敖不想。孫叔敖說：「往年進入陳國，今年進入鄭國，不是沒有戰爭。打仗之後無法得勝，難道讓眾人吃伍參的肉，就夠了嗎？」伍參說：「如果作戰得勝，就證明孫叔敖沒有謀略。如果無法得勝，那我的肉就在晉軍那裡，哪裡還吃得上呢？」

令尹回車向南，倒轉旌旗。伍參對楚莊王說：「晉國參政的是新人，無法行使命令。他的副手先穀剛愎不仁，不肯聽從命令。他們的三個統帥想要專權行事，但皆無法辦到。想要聽從命令而沒有上級，那大軍該聽從誰的命令呢？這一次，晉軍一定失敗。而且國君逃避臣下，國君怎能蒙受這種恥辱呢？」楚莊王聽了非常不高興，隨即命令尹把戰車改而向北，駐紮在管地等待晉軍。

＊＊＊

潘黨趕走了魏錡，趙旃在夜裡抵達楚軍駐地，鋪開席子坐在軍門外，派遣他的部下率先進入軍門。楚莊王的戰車一廣三十輛，共分為左右兩廣。右廣在早晨雞叫的時候套車，太陽到了中天才卸車；左廣接替右廣，太陽下山時才卸車。許偃駕著右廣的指揮車，養由基作為車右；彭名駕著左廣的指揮車，屈盪作為車右。六月十四日，楚莊王乘坐左廣的指揮車，追趕趙旃。趙旃丟棄車子跑進樹林裡，屈盪與他在樹林裡搏鬥，奪得他的鎧甲和下衣。晉國人懼怕這兩個人激怒楚軍，便讓駐守的兵車前來接他們。潘黨遠望揚起的塵土，派戰車奔馳報告：「晉國的軍隊來了。」楚國人害怕楚莊王深陷晉軍之中，於是出兵迎戰。孫叔敖說：「前進！寧可我們迫近敵人，也不要讓敵人迫近我們。《詩經》說：『大兵車十輛，衝在前面開道。』意思就是要搶在敵人前面。《軍志》說：『搶在敵人前面，可以奪去敵人的鬥志。』意思就是要主動迫近敵人。」而後，就迅速進軍，戰車奔馳，士卒奔跑，圍攻晉軍。荀林父不知所措，在軍中擊鼓宣布：「先過河的有賞。」之後，中軍、下軍互相爭奪船隻，爭先恐後，先上船的人用刀砍斷後者攀著船舷的手指，船中砍斷的指頭多得可以用手捧起。

＊＊＊

這次戰役，是鄭國的石制把楚國軍隊引進來的，楚國企圖分割鄭國，並且立公子魚臣為國君。七月二十九日，鄭國人殺死魚臣和石制。君子說：「史佚所謂：『不要依仗動亂。』說的就是這一類人。《詩經》說：『動亂離散如此厲害，哪裡才是歸宿呢？』這就是歸罪於靠動亂謀私利的人吧！」

鄭襄公、許昭公前往楚國。

秋天，晉國軍隊回國，荀林父自己請求處以死罪，晉景公打算答應他。士貞子勸諫：「不行。那一次城濮戰役，晉軍連著三天吃楚軍留下的糧食，文公依然面帶憂色。左右的人說：『您有了喜事而憂愁，那如果有了憂事反倒喜悅嗎？』文公說：『得臣還在，憂愁就還不算結束。被困的野獸尚且還會爭鬥，更何況是一國的宰相呢？』直到楚國殺了得臣後，文公便喜形於色，說：『沒有人來與我們作對了。』這是晉國的再次勝利，也是楚國的再次失敗，楚國由此兩世都無法強盛。現在上天要大大地警戒晉國了，但您卻又殺了荀林父以增加楚國的勝算，這恐怕會使晉國長久無法強盛吧？荀林父事奉國君，進，想著竭盡忠誠；退，想著彌補過錯。他是個捍衛國家的人，怎麼能殺他呢？他的失敗就如同日蝕月蝕，又怎麼會損害日月的光明呢？」而後，晉景公隨即命荀林父官復原位。

十五年

十五年，春天，魯國的公孫歸父在宋國會見楚莊王。

宋國人派樂嬰齊到晉國報告急難，晉景公想要救援宋國。伯宗說：「不行。古人說：『鞭子雖長，但達不到馬肚。』上天正在保佑楚國，所以不能和他競爭。晉國雖然強盛，但難道還能違背上天嗎？俗話說：『高高下下，自在心中。』河流湖泊裡容納污泥濁水，山林草野裡暗藏毒蟲猛獸，美玉裡也藏匿著斑痕，國君也必許忍受恥辱，這就是上天的常道。君王還是等著吧！」於是，晉景公便停止發兵救宋，派遣解揚到宋國，命宋國不要投降楚國。解揚對宋國說：「晉國的軍隊都已經出發，將要抵達了。」解揚路過鄭國時，鄭國人將他囚禁起來獻給楚國。楚莊王賄賂他，讓他把話反過來說，但解揚不答應。在經過三次勸說後，解揚才勉強答應。楚國人讓解揚登上樓車，向宋國人喊話，將楚國人要說的話告訴他們，但解揚卻乘機傳達晉君的命令。

楚莊王準備殺死他，派人對他說：「你既已答應我，現在又反悔，是什麼原因呢？不是我沒有信用，而是你丟失了它，快去受你的刑罰吧！」解揚回答：「臣聽說，國君能制定命令就是道義，臣下能接受命令就是信用，信用貫徹了道義然後去做，就是利益。謀畫時不失去利益，以保衛國家，這就是百姓的主人。道義不能有兩種信用，信用不能接受兩種命令。您賄賂下臣，就是不懂得命令的意義。我接受了我國國君的命令而出訪，寧可一死也不能廢棄命令，豈能用財富輕易收買我呢？下臣之所以答應您，那是為了藉機完成國君的使命。死而能完成使命，這是下臣的福氣。寡君有守信的下臣，下臣死得其所，又有什麼可追求的呢？」最後，楚莊王赦免了解揚，放他回去。

＊＊＊

夏天五月，楚國軍隊將要撤離宋國，申犀在楚莊王的馬前叩頭：「父親是明知會死也不敢背棄君王的命令，但如今君王卻背棄了諾言。」楚莊王無法回答。楚臣申叔時正為楚王駕車，他說：「在此建造營戶，讓種田的人都回來，這樣宋國人必然會聽從君王的命令。」楚王照他的話去做之後，宋人果然開始害怕。宋人派遣華元在夜裡潛入楚營，上了子反的床，把他叫起來，說：「我們國君派我來把宋國的困難告訴你，他說：『敝國人已經在交換孩子殺了吃，劈開屍骨燒火做飯了。但是，寧可國家滅亡，我們也不會答應那些兵臨城下被逼簽訂的盟約。但如果撤離我們三十里，那宋國就一切聽從你們調遣。』」子反很害怕，於是就與華元定下盟誓，並報告楚莊王。而後，楚軍退兵三十里，宋國與楚國講和，並派華元到楚國當人質。兩國盟誓上說：「從今以後，我不欺騙你，你也不欺騙我。」

高手過招

1.（　）晉靈公不君。厚斂以彫牆。從台上彈人，而觀其辟丸也。宰夫胹熊蹯不孰，殺之，寘諸畚，使婦人載以過朝。趙盾、士季見其手，問其故而患之。將諫，士季曰：「諫而不入，則莫之繼也。會請先，不入，則子繼之。」三進及溜，而後視之。曰：「吾知所過矣，將改之。」稽首而對曰：「人誰無過？過而能改，善莫大焉。《詩》曰：『靡不有初，鮮克有終。』夫如是，則能補過者鮮矣。君能有終，則社稷之固也，豈唯群臣賴之。又曰：『衮職有闕，唯仲山甫補之。』能補過也。君能補過，衮不廢矣。」猶不改，宣子驟諫。公患之，使鉏麑賊之。晨往，寢門闢矣。盛服將朝，尚早，坐而假寐。麑退，嘆而言曰：「不忘恭敬，民之主也。賊民之主，不忠；棄君之命，不信。有一於此，不如死也。」觸槐而死。（《左傳・宣公二年》）以下有關鉏麑「觸槐而死」的敘述，何者正確？

A. 鉏麑不屑於宣子（趙盾）的作為。
B. 鉏麑違背了宣子（趙盾）的託付。
C. 鉏麑感動於宣子（趙盾）的忠諫。
D. 鉏麑牴觸了宣子（趙盾）的規定。

2.（　）宣子田於首山，舍於翳桑，見靈輒餓，問其病。曰：「不食三日矣！」食之，舍其半。問之，曰：「宦三年矣，未知母之存否，今近焉，請以遺之。」使盡之，而為之簞食與肉，寘諸橐以與之。既而與為公介，倒戟以御公徒而免之。問何故，對曰：「翳桑之餓人也。」（《左傳・宣公二年》）文中之「寘」在此音義為何？

A.音ㄓㄣˋ，廢棄。

B.音ㄓˋ，隔閡。

C.音ㄓˋ，放置。

D.音ㄓㄣˋ，盡出。

3.（　）**「我無爾詐，爾無我虞。」（《左傳．宣公十五年》）上述所言及的道德修養與下列何者相近？**

A.言忠信，行篤敬。（《論語．衛靈公》）

B.君子成人之美，不成人之惡。（《論語．顏淵》）

C.小人閒居，為不善，無所不至。（《禮記．大學》）

D.吉人之辭寡，躁人之辭多。（南朝宋劉義慶《世說新語．品藻》）

解答：1.C　2.C　3.A

成公

前五九〇——前五七三年

魯成公，姬姓，名黑肱，魯國第二十一代君主，承襲父親魯宣公，在位十八年。

魯成公七年，吳國攻打鄰近魯國的郯國，郯國被納入吳國的領土，季孫行父因此向魯國國君發出警告：「中國不振旅，蠻夷（此處指吳國）來伐。」魯成公十六年，魯成公的夫人定姒產下兒子姬午。魯成公十八年，魯成公薨，姬午即位。

七年

楚圍宋之役，師還，子重請取於申、呂，以為賞田，王許之。申公巫臣曰：「不可，此申、呂所以邑也，是以為賦，以御北方。若取之，是無申、呂也，晉、鄭必至於漢。」王乃止，子重是以怨巫臣。子反欲娶夏姬，巫臣止之，遂娶以行，子反亦怨之。及共王即位，子重、子反，殺巫臣之族子閻、子蕩，及清尹弗忌，及襄老之子黑要，而分其室。子重取子閻之室，使沈尹，與王子罷，分子蕩之室，子反取黑要，與清尹之室。巫臣自晉遺二子書曰：「爾以讒慝貪惏事君❶，而多殺不辜，余必使爾罷於奔命以死。」

巫臣請使於吳，晉侯許之。吳子壽夢說之，乃通吳於晉，以兩之一卒適吳，舍偏兩之一焉，與其射御，教吳乘車，教之戰陳，教之叛楚，寘其子狐庸焉❷，使為行人於吳。吳始伐楚、伐巢、伐徐，子重奔命。馬陵之會，吳入州來，子重自鄭奔命。子重、子反，於是乎一歲七奔命。蠻夷屬於楚者，吳盡取之，是以始大，通吳於上國❸。

【說文解字】

❶讒慝：邪惡的人，或邪惡的言論。貪惏：貪婪、不知足。惏，通「婪」。❷寘：安置、放置。❸上國：舊時南方吳、楚諸國對中原諸侯國的稱呼。

成語集錦

❖**疲於奔命**：不斷接到命令而忙碌奔走，精疲力盡。後形容事情繁多，奔波勞累。

典源 巫臣自晉遺二子書，曰：「爾以讒慝貪惏事君，而多殺不辜，余必使爾罷於奔命以死。」

01 史臣曰：「夫然則敵有餘力，我無寧歲，將士疲於奔命，疆埸苦其交侵。」（唐代令狐德棻《周書》）

02 然敵兵雖退，未大懲創，安知其秋高馬肥，不再來擾我疆埸，使疲於奔命哉？（元代脫脫《宋史》）

03 更挑精悍者為遊徼，乘間掠零騎，擾耕牧，更番迭出，使敵疲於奔命，然後相機進剿。（清代張廷玉《明史》）

八年

晉欒(ㄌㄨㄢˊ)書侵蔡❶，遂侵楚，獲申驪(ㄌㄧˊ)❷。楚師之還也，晉侵沈，獲沈子揖，初從知、范、韓也❸。君子曰：「從善如流，宜哉。《詩》曰：『愷(ㄎㄞˇ)悌(ㄊㄧˋ)君子❹，遐不作人。』求善也夫，作人斯有功績矣。」是行也，鄭伯將會晉師，門於許東門，大獲焉。

【說文解字】

❶欒書：姬姓，欒氏，謚曰武，人稱欒武子，晉景公、晉厲公時期人物。❷申驪：芈姓，名驪，申氏，春秋時期楚國人物。❸知：荀首，子姓，荀氏，名首，因被封於知，以邑為氏，別為知氏，謚莊，又稱知季、知莊子。范：士燮，祁姓、士氏。封地名為范，諱燮，謚號文。士會之子，又稱范文子。韓：韓厥，姬姓、韓氏，諱厥，謚號獻，史稱韓獻子。❹愷悌：和樂平易。

成語集錦

❖從善如流：聽從好的意見，就像流水般自然順暢。比喻樂於接受別人好的意見。

典源　晉欒書侵蔡，遂侵楚，獲申驪。楚師之還也，晉侵沈，獲沈子揖，初從知、范、韓也。君子曰：「從善如流，宜哉。」

01 臣之所言當也，願時速施行；非也，登加罪戮，使天下知朝廷從善如流，罰惡不淹。王憲、劉

明，忠臣也，願宥忤鱗之愆，收其藥石之效。（唐代房玄齡《晉書》）

02 聽覽政事，從善如流。哀矜百姓，恆思所以濟益。（唐代李延壽《北史》）

03 跡其聽斷不惑，從善如流，千載可稱，一人而已！（後晉劉昫《舊唐書》）

04 改過不吝，從善如流，此堯舜禹湯之所勉強而力行，秦漢以來之所絕無而僅有。（宋代蘇軾《上神宗皇帝書》）

05 親任賢能，從善如流，精勤庶務，朝夕不倦。（宋代司馬光《資治通鑑》）

十年

晉侯夢大厲❶，被髮及地❷，搏膺而踊曰❸：「殺余孫不義，余得請於帝矣。」壞大門及寢門而入，公懼，入於室，又壞戶。公覺，召桑田巫，巫言如夢。公曰：「何如？」曰：「不食新矣。」公疾病，求醫於秦，秦伯使醫緩為之❹，未至，公夢疾為二豎子曰❺：「彼良醫也，懼傷我，焉逃之。」其一曰：「居肓之上❻，膏之下❼，若我何。」醫至，曰：「疾不可為也，在肓之上，膏之下，攻之不可，達之不及，藥不至焉，不可為也。」公曰：「良醫也。」厚為之禮而歸之。

六月，丙午，晉侯欲麥，使甸人獻麥❽，饋人為之❾，召桑田巫，示而殺之。將食，張，如廁，陷而卒。小臣有晨夢負公以登天，及日中，負晉侯出諸廁，遂以為殉。

【說文解字】

❶大厲：惡鬼。❷被髮：本指披散著頭髮。因披髮為夷狄習俗，故亦比喻被夷狄所同化。此處意指披散著頭髮。❸搏膺：拍打著胸膛，表示憤怒。踊：跳、躍。❹醫緩：傳說春秋時期秦國的醫家。其姓不可考，名緩，因其職，人稱醫緩。❺豎子：兒童。❻肓：人體心臟下、橫膈膜上的部位，古代認為是藥力無法到達的地方。❼膏：古代稱心臟與橫膈膜間的部位。❽甸人：古官名，掌田野之事及公族死刑。❾饋人：廚夫。

成語集錦

❖ **病入膏肓：**原指病位深隱難治，病情危重，無藥可救。後用以比喻人、事已到無可挽回的程度。膏，心下脂肪。肓，心臟和橫膈膜之間。膏肓，指心之下，膈之上的部位，相傳是身體內藥力所不及的地方。

典源 公疾病，求醫於秦，秦伯使醫緩為之，未至，公夢疾為二豎子曰：「彼良醫也，懼傷我，焉逃之。」其一曰：「居肓之上，膏之下，若我何。」醫至，曰：「疾不可為也，在肓之上，膏之下，攻之不可，達之不及，藥不至焉，不可為也。」

01 請足下多服續命之散，數加益智之丸，無令病入膏肓，坐親斧鑕也。（宋代王讜《唐語林》）

02 吾觀劉琦過於酒色，病入膏肓，見今面色羸瘦，氣喘嘔血；不過半年，其人必死。（明代羅貫中《三國演義》）

03 譬一人之身，元氣羸然，疽毒並發，厥症固已甚危，而醫則良否錯進，劑則寒熱互投，病入膏

盲，而無可救，不亡何待哉。（清代張廷玉《明史》）

04 感承夫人好意，只是氏兒病入膏肓，眼見得上天遠，入地便近，不能報答夫人厚恩，來生當效犬馬之報。（清代馮夢龍《醒世恆言》）

05 熱腸動處真難默，冷眼覷時便欲暗；病入膏肓嗟已矣，願奉宣聖失言箴。（清代李綠園《歧路燈》）

06 如今再說天后在宮中淫亂，見高宗病入膏肓，歡喜不勝。（清代褚人穫《隋唐演義》）

07 病入膏肓，實無救法。姑來永訣，以明非妒。（清代蒲松齡《聊齋志異》）

08 賤妾之恙，雖得女兒取參略延殘喘，奈病入膏肓，不啻風中之燭。（清代李汝珍《鏡花緣》）

十三年

夏，四月，戊午，晉侯使呂相絕秦❶，曰：「昔逮我獻公，及穆公相好，戮力同心❷，申之以盟誓❸，重之以昏姻❹，天禍晉國❺。文公如齊，惠公如秦，無祿❻，獻公即世❼，穆公不忘舊德，俾我惠公，用能奉祀於晉❽。又不能成大勳，而為韓之師❾。亦悔於厥心❿，用集我文公，是穆之成也。

「文公躬擐（ㄏㄨㄢˋ）甲胄（ㄓㄡˋ）⓫，跋履山川⓬，踰（ㄩˊ）越險阻，征東之諸侯，虞夏商周之胤（ㄧㄣˋ）⓭，而朝諸秦，則亦既報舊德矣⓮。鄭人怒君之疆埸⓯，我文公帥諸侯及秦圍鄭，秦大夫不詢於我寡君⓰，擅及鄭盟，諸侯疾之⓱，將致命於秦⓲。文公恐懼，綏（ㄙㄨㄟ）靜諸侯⓳，秦師克還無害，則是我有大造於西也[20]，無祿。

「文公即世，穆為不弔[21]，蔑死我君，寡我襄公[22]，迭我殽地[23]，奸絕我好[24]，伐我保城[25]，殄滅我費滑[26]，散離我兄弟[27]，撓亂我同盟[28]，傾覆我國家。我襄公未忘君之舊勳，而懼社稷之隕，是以有殽之師，猶願赦罪於穆公[29]，穆公弗聽，而即楚謀我[30]。天誘其衷，成王隕命，穆公是以不克逞志於我。

「穆、襄即世[31]，康、靈即位[32]，康公我之自出[33]，又欲闕翦我公室[34]，傾覆我社稷，帥我蝥賊[35]，以來蕩搖我邊疆。我是以有令狐之役，康猶不悛[36]，入我河曲[37]，伐我涑川[38]，俘我王官[39]，翦我羈馬[40]，我是以有河曲之戰。東道之不通，則是康公絕我好也。

「及君之嗣也[41]，我君景公，引領西望曰[42]：『庶撫我乎[43]！』君亦不惠稱盟[44]，利吾有狄難[45]，入我河縣[46]，焚我箕郜[47]，芟夷我農功[48]，虔劉我邊陲[49]，我是以有輔氏之聚[50]。君亦悔禍之延，而欲徼福於先君獻穆，使伯車來命我景公曰[51]：『吾與女同好棄惡，復脩舊德，以追念前勳。』言誓未就，景公即世，我寡君是以有令狐之會[52]。君又不祥[53]，背棄盟誓。白狄及君同州[54]，君之仇讎，而我之昏姻也[55]，君來賜命曰：『吾與女伐狄。』寡君不敢顧昏姻，畏君之威，而受命於吏[56]。君有二心於狄，曰：『晉將伐女。』狄應且憎，是用告我[57]。楚人惡君之二三其德也[58]，亦來告我曰：『秦背令狐之盟，而來求盟於我。』昭告昊天上帝[59]、秦三公、楚三王曰：『余雖與晉出入[60]，余唯利是視，不穀惡其無成德，是用宣之，以懲不壹[61]。』

「諸侯備聞此言，斯是用痛心疾首，暱就寡人62。寡人帥以聽命63，唯好是求。君若惠顧諸侯，矜哀寡人，而賜之盟，則寡人之願也。其承寧諸侯以退64，豈敢徼亂，君若不施大惠，寡人不佞(ㄋㄧㄥˋ)65，其不能諸侯退矣。敢盡布之執事，俾執事實圖利之66。」

【說文解字】

1晉侯：晉厲公。呂相：魏氏、呂氏，諡號呂宣子。魏犨的孫子，魏錡之子。絕：絕交。2戮力：合力、併力。3申：申明。4重：加重、加深。昏姻：婚姻，秦、晉兩國有聯姻關係。5天禍：天降災禍，指驪姬之亂。6無祿：沒有福祿，此處指不幸。7即世：去世。8用：因為。奉祀：主持祭祀，此處指立為國君。9韓之師：韓地的戰爭，指秦晉韓原之戰。10厥：其，指秦穆公。11躬：親身。擐：穿上。12跋履：跋涉。13胤：後代，東方諸侯國的國君大多是虞、夏、商、周的後代。14舊德：過去的恩惠。15怒：侵犯。疆埸：邊疆。16詢：商量。17疾：憎惡、憎恨。18致命於秦：與秦國拼命。19綏靜：安定、安撫。20大造：大功。西：秦國。21不弔：不善。22寡：輕視。23迭：通「軼」。越過，此處指侵犯。24奸絕：斷絕。我好：同我友好。25保：通「堡」，城堡。26殄滅：滅絕。費：滑國的都城，費滑即滑國。27散離：拆散。28撓亂：擾亂。同盟：同盟國家，指鄭國和滑國。29猶願：還是希望。30即楚：親近楚國。謀我：謀算我晉國。31穆、襄：秦穆公和晉襄公。32康、靈：秦康公和晉靈公。33我之自出：秦康公是穆姬所生，是晉文公的外甥，所以說「自出」。34闕翦：損害、削弱。35蝨賊：本指吃莊稼的害蟲，此處指晉國公子雍。36悛：悔改。37河曲：晉國地名。38涑川：水名。39俘：劫掠。王官：晉國地名。40羈馬：晉國地名。41君：秦桓公。42引：伸長。領：脖子。43庶：大概、或許。撫：撫恤。44稱盟：舉行盟會。45狄難：晉國與狄人打仗。46河縣：晉國臨河的縣邑。47箕：晉國地名。郜：晉國地名。48芟：割除。夷：傷害。農功：莊稼。49虔劉：殺害、屠殺。邊陲：邊境。50輔氏：晉國地名。聚：聚眾抗敵。51伯車：秦桓公之子。52寡君：晉厲公。53不祥：不善。54白狄：狄族的一支。及：與。同州：同在古雍州。55昏姻：指晉文公在狄娶季隗。56吏：指秦國傳令的使臣。57是用：因此。58二三其德：三心二意，反覆無常。59昭：明。昊：廣大。60出入：往來。61不壹：不專一。62昵就：親近。63帥以聽命：率領諸侯聽侯君王的命令。64承寧：安定。65不佞：不敏、不才。66圖：考慮。利之：對秦國有利。

成語集錦

❖痛心疾首：心中痛恨到頭都痛了，比喻痛恨到極點。疾首，頭痛。

典源 楚人惡君之二三其德也，亦來告我曰：「秦背令狐之盟，而來求盟於我。」昭告昊天上帝、秦三公、楚三王曰：「余雖與晉出入，余唯利是視，不穀惡其無成德，是用宣之，以懲不壹。」諸侯備聞此言，斯是用痛心疾首，暱就寡人。寡人帥以聽命，唯好是求。

01 臨命忘身，顧戀慈母。哀哀慈母，痛心疾首。（晉代潘岳《楊仲武誄并序》）

02 比年不登，百姓虛匱。京師去冬無宿雪，今春無澍雨，黎民流離，困於道路。朕痛心疾首，靡知所濟。（南朝劉宋范曄《後漢書》）

03 臣每念聖化中有此事，未嘗不痛心疾首。（南朝梁沈約《宋書》）

04 不知顛有餘責，獨負殊恩，為朝廷急於時務，不暇論及？此臣所以痛心疾首，重用哀嘆者也。（唐代房玄齡《晉書》）

05 往者國家草創，突厥強梁，太上皇以百姓之故，稱臣於頡利，朕未嘗不痛心疾首，志滅匈奴，坐不安席，食不甘味。（唐代吳兢《貞觀政要》）

06 最切害處，是輕德行，毀名節，崇智術，尚變詐，讀之使人痛心疾首。（宋代黎靖德《朱子語類》）

07 金人多詐，和不可信。且二聖遠狩沙漠，百姓肝腦塗地，天下痛心疾首。（元代脫脫《宋史》）

08 金以臣屬，逼我國家，殘我黎庶，屠翦我州邑，使我天祚皇帝蒙塵於外，日夜痛心疾首。（元代脫脫《遼史》）

09 有血氣者，宜痛心疾首而食不下咽也，更有何說！（明代焦竑《玉堂叢語》）

十六年

六月，晉楚遇於鄢(ㄧㄢ)陵❶，范文子不欲戰❷，郤(ㄒㄧˋ)至曰：「韓之戰，惠公不振旅❸，箕之役，先軫不反命❹，邲(ㄅㄧˋ)之師❺，荀伯不復從❻，皆晉之恥也。子亦見先君之事矣，今我辟楚，又益恥也。」文子曰：「吾先君之亟戰也有故❼，秦、狄、齊、楚皆彊，不盡力，子孫將弱。今三彊服矣，敵楚而已，唯聖人能外內無患。自非聖人❽，外寧必有內憂。盍(ㄏㄜˊ)釋楚以為外懼乎？」

甲午，晦❾，楚晨壓晉軍而陳，軍吏患之，范匄(ㄍㄞˋ)趨進曰❿：「塞井夷灶⓫，陳於軍中而疏行首⓬，晉楚唯天所授，何患焉？」文子執戈逐之，曰：「國之存亡，天也，童子何知焉？」欒書曰：「楚師輕窕⓭，固壘而待之，三日必退。退而擊之，必獲勝焉。」郤至曰：「楚有六間⓮，不可失也，其二卿相惡⓯，王卒以舊⓰，鄭陳而不整，蠻軍而不陳⓱，陳不違晦⓲，在陳而囂⓳，合而加囂，各顧其後，莫有鬥心，舊不必良，以犯天忌，我必克之。」

楚子登巢車以望晉軍⓴，子重使大宰伯州犁侍於王後㉑。王曰：「騁而左右，何也？」曰：「召軍吏也。」「皆聚於中軍矣。」曰：「合謀也。」「張幕矣。」曰：「虔卜於先君也㉒。」「徹幕矣。」曰：「將發命也。」「甚囂且塵上矣。」曰：「將塞井夷灶而為行也。」「皆乘矣，左右執兵而下矣。」曰：「聽誓也㉓。」「戰乎？」曰：「未可知也。」「乘而左右皆下矣。」曰：「戰禱也。」伯州犁以公卒告王。

苗賁皇在晉侯之側㉔，亦以王卒告，皆曰：「國士在㉕，且厚㉖，不可當也。」苗賁皇言於晉侯曰：「楚之良㉗，在其中軍王族而已。請分良以擊其左右，而三軍萃於王卒㉘，必大敗之。」公筮之，史曰：「吉，其卦遇復㉙，曰：『南國蹙(ㄘㄨˋ)㉚，射其元，王中厥目。』國蹙王傷，不敗何待。」公從之。

【說文解字】

❶鄢陵：鄭國地名。❷范文子：士燮。❸不振旅：軍旅不振，意指戰敗。❹先軫：箕之戰中的晉軍主帥。不反命：不能回國復君命。❺泌：鄭國地名。❻荀伯：荀林父，泌之戰中的晉軍主帥。不復從：不能從原路退兵，

即戰敗逃跑。❼亟：多次。❽自：如果。❾晦：夏曆每月的最後一天。❿范匄：范文子士燮的兒子，又稱范宣子。趨進：快步向前。⓫塞：填。夷：平。⓬疏行首：把行列間的通道疏通。行首，行道。⓭輕窕：輕佻，指軍心輕浮急躁。⓮間：缺陷。⓯二卿：子重和子反。相惡：不和。⓰王卒以歸：楚王的親兵都用貴族子弟。⓱蠻軍：指楚國帶來的南方少數民族軍隊。⓲違晦：避開晦日，古人認為月末那天不適宜用兵。⓳囂：喧嘩。⓴楚子：楚共王。巢車：一種有瞭望台的兵車，用以望遠。㉑伯州犁：晉國大夫伯宗的兒子，伯宗死後他逃到楚國擔任太宰。㉒虔：誠。卜：占卜。㉓聽誓：聽主帥發布誓師令。㉔苗賁皇：楚國令尹鬬椒的兒子。㉕國士：國家精選的武士。㉖厚：指人數眾多。㉗良：精兵。㉘萃：集中。㉙復：《周易》的卦名。㉚南國：指楚國。蹴：窘迫。

成語集錦

❖甚囂塵上：喧譁嘈雜，塵沙飛揚，原指軍隊作戰前的準備情況。後用以形容傳聞四起，議論紛紛；或指極為猖狂、囂張。

典源

楚子登巢車以望晉軍，子重使大宰伯州犁侍於王後。王曰：「騁而左右，何也？」曰：「召軍吏也。」「皆聚於中軍矣。」曰：「合謀也。」「張幕矣。」曰：「虔卜於先君也。」「徹幕矣。」曰：「將發命也。」「甚囂且塵上矣。」曰：「將塞井夷灶而為行也。」「皆乘矣，左右執兵而下矣。」曰：「聽誓也。」「戰乎？」曰：「未可知也。」「乘而左右皆下矣。」曰：「戰禱也。」伯州犁以公卒告王。

01 自此功名之心頓淡，顧以逆旅甚囂塵上，非養痾所宜，適相識之友有別墅在城南，精舍數椽，頗

有泉石花木之勝，堪以養靜，遂移居焉。（清代王韜《淞隱漫錄》）

02 故凡皆仰先覺者之嚮導，皆賴政府之指揮，其人民不肯妄作聰明，以致甚囂塵上，而亦以學術政治皆務覈名實，故一切矯誣浮夸之言行，不能見容於社會。（清代梁啟超《說國風上》）

03 常肅道：「我才剛說的，因為時世艱難，風潮震盪，內憂外患，相逼而來，瓜分之聲，甚囂塵上。」（清代張鴻《續孽海花》）

十八年

十八年，春，王正月，庚申，晉欒書、中行偃使程滑弒厲公❶，葬之於翼東門之外，以車一乘。使荀罃、士魴逆周子於京師而立之❷，生十四年矣，大夫逆於清原，周子曰：「孤始願不及此，雖及此，豈非天乎？抑人之求君，使出命也，立而不從，將安用君？二三子用我今日，否亦今日，共而從君，神之所福也。」對曰：「群臣之願也，敢不唯命是聽。」庚午，盟而入，館於伯子同氏。辛巳，朝於武宮，逐不臣者七人。周子有兄而無慧，不能辨菽麥，故不可立。

【說文解字】

❶中行偃：荀偃。荀氏，因祖父官名又氏中行，名偃，字伯游，謚號獻。荀林父之孫，荀庚之子。又稱中行伯、中行偃、中行獻子。聽說厲公要聯合胥氏誅滅中行氏、欒氏，遂與欒書弒殺厲公，立晉襄公之孫孫周為晉

悼公。❷荀罃：荀氏，按封地又為智氏，名罃，字子羽，謚號武。荀林父之弟荀首之子，史稱智武子。士魴：彘季、彘共子，士會之子。逆：迎接。

成語集錦

❖不辨菽麥：指無法分別豆子與麥子，形容人愚昧無知、缺乏常識。菽，豆子。

典源 庚午，盟而入，館於伯子同氏。辛巳，朝於武宮，逐不臣者七人。周子有兄而無慧，不能辨菽麥，故不可立。

01 或穎慧若神，僅至齠齔；或不辨菽麥，更保黃耇。（南朝梁陶弘景《相經序》）

02 不知薡董者，豈不辨菽麥意乎？（明代董斯張《吹景集》）

03 士不遇患難，智慮何由全？……苟不辨菽麥，何足攬大權？（明代楊基《感懷》）

04 經年餘，生一子，視如拱璧，名之珠兒。兒漸長，魁梧可愛。然性絕癡，五六歲尚不辨菽麥；言語蹇澀。（清代蒲松齡《聊齋志異》）

白話翻譯

七年

楚國包圍宋國的那一次戰役，楚軍回國後，子重請求取得申邑、呂邑兩塊土地作為賞田，楚共王答應了。申公巫臣說：「不行。申、呂兩地是非常重要的城邑，因為我們必須從這裡徵發兵賦，以抵禦北方。如果私自占有，就無法成為申邑和呂邑了，晉國和鄭國也可以輕易攻佔至漢水。」於是楚莊王就不給了，子重因此怨恨巫臣。另一方面，子反想娶夏姬，但巫臣阻止他，最後巫臣反而自己娶了夏姬逃到晉國，子反也因此怨恨巫臣。待楚共王即位時，子重、子反殺了巫臣的族人子閻、子蕩和清尹弗忌，以及襄老的兒子黑要，並且瓜分他們的家產。子重取得子閻的家產，讓沈尹和王子罷瓜分子蕩的家產，子反則取得黑要和清尹弗忌的家產。巫臣從晉國寫信給子反、子重兩個人，說：「你們以邪惡貪婪事奉國君，殺了很多無辜的人，我一定要讓你們疲於奔命而死。」

巫臣請求出使到吳國，晉景公允許了。吳子壽夢喜歡他，於是巫臣就使吳國和晉國交好，帶領楚國三十輛兵車到吳國成為教練，留下十五輛車給吳國。又送吳國射手和禦者，教吳國人使用兵車，教他們安排戰陣，教他們背叛楚國。之後，巫臣又把自己的兒子狐庸留在那裡，讓他在吳國做外交官。而後，吳國開始進攻楚國、進攻巢國、進攻徐國，子重奉命前往。在馬陵會見的時候，吳軍進入州來，子重從鄭國奉命前去救援。在這種情況下，子重、子反在一年之中七次奉命抵禦吳軍。吳國占取了屬於楚國的全部蠻夷，吳國因此變得非常強大，得以和中原諸國往來。

八年

晉國欒書率軍侵襲蔡國，接著又侵襲楚國、俘虜申驪。楚軍返國的時候，晉軍侵襲沈國，俘虜沈子揖初，這都是因為聽從了知莊子、范文子、韓獻子等人的意見。君子說：「聽從好主意就像流水一樣，這是多麼恰當啊！《詩經》說：『恭敬隨和的君子，為什麼不起用這些人材呢？』這就是強調求取善人啊！起用人材，就足以稱為一大功績了。」這次行動，鄭成公準備會合晉軍。經過許國時，攻打許國的東門，俘獲了很多戰利品。

十年

晉景公夢見一個厲鬼，他披著拖到地上的長髮，搥胸跳躍，說：「你殺了我的子孫，這是不義。我請求為子孫復仇，已經得到天帝的允許了！」厲鬼毀掉宮門、寢門，逐漸走了進來。晉景公非常害怕，隨即躲進內室，厲鬼又毀掉內室的門。晉景公醒來後，召見桑田的巫人，巫人所說的和晉景公夢見的情況一模一樣。晉景公說：「怎麼辦？」巫人說：「君王恐怕將死，您吃不到新收的麥子了！」而後，晉景公一病不起。眾人到秦國請醫生，秦桓公派醫緩為晉景公診病。醫緩還沒有抵達晉國，晉景公就又夢見疾病變成兩個小童，一個說：「他是個好醫生，恐怕會傷害我們，該往哪裡逃才好呢？」另一個說：「我們待在肓的上面，膏的下面，他不能拿我們怎麼辦。」醫緩診斷後說：「這病沒有辦法治了。病在肓的上面，膏的下面，不能用灸，針也達不到，藥物的力量也無法控制，無法治了。」晉景公說：「真是好醫生啊！」於是賞賜豐厚的禮物讓他回去。

六月初六，晉景公想吃新的麥子，命管食物的人獻麥，廚師烹煮。景公召見之前的桑田巫人，將煮好的新麥給他看，然後殺了他。但在景公將要進食時，突然肚子發脹，上廁所時，跌進廁所裡死了。有一個宦官早晨夢見背著晉景公登天，中午時，他背著晉景公從廁所出來，於是就以他為景公殉葬了。

十三年

夏天四月初五，晉厲公派呂相去秦國斷交，說：「從前我們先君獻公與穆公交好，戮心合力，並以盟約誓言證明，又互通婚姻加深兩國關係。上天降禍晉國，文公逃亡齊國，惠公逃亡秦國。晉獻公去逝後，秦穆公不忘從前交情，使我們惠公能繼承晉國王位。但是始終不能完成援助惠公的大功，對我們發動了韓原之戰。事後穆公心裡感到後悔，因此成全了我們文公回國為君，這都是穆公的功勞。

「文公親自戴盔披甲，跋山涉水，經歷艱難險阻，征討東方諸侯國虞、夏、商、周的後代，使他們一起朝見秦國君王，這就已經報答秦國過去的恩德了。鄭國人侵擾您的邊疆，我們文公率諸侯和秦國軍隊一起包圍鄭國。但你們的大夫不詢問我們國君的意見，就私自與鄭國訂立盟約，諸侯都痛恨這件事，打算與秦國拼命。文公擔心秦國受害，馬上安撫諸侯，使秦國軍隊平安回國而沒有受到危害，這都是我們對秦國的重大恩德啊。

「文公不幸去逝，穆公卻不來弔唁，輕視我們去世的君主，欺侮我們襄公的孤弱，並且襲擊我們淆地，斷絕與我國的友好關係，攻打我們的城邑，滅絕我們的同姓滑國，離間我們兄弟國的關係，擾亂我們的同盟，傾覆我們的國家。我們襄公沒有忘記秦君以往的功勞，卻又害怕國家滅亡，所以才有淆地之戰。即使如此，我們仍希望與穆公和解，但穆公不同意，反而親近楚國以謀害我們。老天有眼，楚成王被暗殺，秦穆公侵犯我國的陰謀因此未能得逞。

「秦穆公、晉襄公去世，秦康公和晉靈公即位。康公是我國女子所生，但他不只想削弱我們王室，傾覆我們國家，還帶公子雍回國爭位，讓他擾亂我們的邊境，因此才會發生令狐之戰。而後，康公依然不肯改過，入侵我們的河曲，攻打我們的涑川，劫掠我們的王官，奪走我們的羈馬，因此才又發生了河曲之戰。秦晉兩國不往來，正是因為康公斷絕了和我們的友好關係所造成。

「等到您即位之後，我們景公伸長脖子望著西邊說：『秦國也許會來安撫我們吧！』但您依舊不願施恩與我國結為盟友，反而乘我國赤狄之戰，入侵我們臨河的縣邑，焚燒我國的箕、郜兩地，搶割毀壞莊稼，屠殺我們的邊疆人民，因此才有輔氏的集兵設防。

「您也後悔不該使戰禍延長，想要向先君獻公和穆公求福，派遣伯車來吩咐我們景公說：『我要和你們重新和好，拋棄怨恨，恢復過去的友好關係，以此來追念先君的功績！』。盟誓還沒有完成，我們景公就去世了，因此才有了令狐的會盟。但您又不懷善意，背棄了盟約。白狄和你們同處雍州，是君王的仇敵，卻是我們的親戚。您派人來吩咐說：『我和你們一起討伐白狄。』我君不敢顧念親戚關係，畏懼您的威嚴，於是接受了您的命令。但您又討好白狄，對他們說：『晉國將要攻打你們了。』狄人表面上答應，心裡卻憎恨你們的做法，因此告訴了我們。楚國人同樣憎恨君王的反覆無常，也來告訴我們說：『秦國背叛了令狐的盟約，來向我們要求結盟。』他們還向皇天上帝、秦國的三位先公和楚國的三位先王發誓：『我們雖然和晉國有來往，但只不過是唯利是圖。我們楚王討厭秦國沒有道德，因此把這件事公開，以便懲戒那些言行不一的人。』

「諸侯們全都聽到了這些話，因此感到痛心疾首，都來和我們親近。現在我們國君率領諸侯前來聽候您的答覆，完全是為了請求交好。如果君王肯開恩顧念諸侯們，並且憐憫我們，跟諸侯訂立盟誓，那是我們國君最大的願望。我們也會承受秦君的命令，安撫諸侯退去，哪裡敢來擾亂您呢？如果君王還是不肯施行大恩，我們國君沒有什麼本事，恐怕就不能讓諸侯退兵了，我斗膽把話都告訴您，請您權衡得失利弊吧。」

十六年

夏六月，晉國軍隊和楚國軍隊在鄢陵相遇。士燮不想與楚軍交戰，郤至說：「秦、晉韓原之戰，惠公未能勝利歸來；狄萁之戰，主帥先軫犧牲，不能回來復命，晉、楚泌之戰，主帥荀林父兵敗潰逃。這些都是晉國的奇恥大辱！你也知道這些戰事，如果我們再躲避楚軍，只會增加恥辱。」士燮說：「我們先君多次作戰是有原因的。秦、狄、齊、楚都是強國，如果我們不盡力，子孫後代將被削弱。現在秦、狄、齊三個強國已經屈服了，敵人只有一個楚國。只有聖人才能做到既無內憂又無外患，而我們都不是聖人，一旦消除了外患，安定後就容易產生內憂。為何不放過楚國，使晉國對外保持警惕呢？」

六月二十九日，月末的最後一天，楚軍一大早就逼近晉軍，並擺開陣勢，晉軍軍官感到非常害怕。范匄快步走上前來說：「把井填上，把灶鏟平，擺開陣勢，放寬隊列之間的距離。晉、楚誰勝誰敗，都是上天決定的，我們只要盡力做好自己的事，有什麼可擔心的呢？」士燮聽了氣得拿戈趕他出去，並說：「國家的存亡在於天意，你這個小孩子知道什麼？」欒書說：「楚軍輕浮急躁，我們只要堅守營壘等待，三天之後楚軍一定會撤退。趁他們撤退時我們再出擊，一定可以大獲全勝。」郤至說：「楚軍有六個弱點，我們不要放過機會。他們的兩個統帥彼此不和；楚王的親兵盡用貴族子弟；鄭國軍隊列陣但軍容不整；蠻人軍隊無法布陣；月末這天不宜列陣作戰；楚軍士兵在陣中喧鬧不安，遇上交戰一定更加吵鬧；各軍都在相互觀望，只注意自己退兵的路線。既沒有鬥志，貴族子弟也並非精兵，月末用兵又犯了天忌，我們一定能戰勝他們。」

楚共王登上巢車觀望晉軍的動靜，子重派太宰伯州犁在楚王後面陪著。楚王問道：「晉軍正駕著兵車左右奔馳，這是怎麼回事？」伯州犁回答：「這是在召集軍官。」楚王說：「那些人都到中軍集合了。」伯州犁說：「這是在商量戰略。」楚王說：「他們搭起帳幕了。」伯州犁說：「這是晉軍虔誠地向先君占卜吉凶。」楚王說：「他們撤去帳幕了。」伯州犁說：「這是準備發布戰令了。」楚王說：「非常喧鬧，而且塵土飛揚起來了。」伯州犁說：「這是準備填井平灶，擺開陣勢了。」楚王說：「都登上了戰車，可是將領和左右又拿著武器下車了。」伯州犁說：「這是要聽取軍令了。」楚王問道：「要開戰了嗎？」伯州犁說：「還不知道。」楚王說：「又上了戰車，但左右兩邊的人又都下來了。」伯州犁說：「這是戰前向神祈禱。」伯州犁把晉厲公軍隊的狀況告訴了楚共王。

苗賁皇在晉厲公身旁，也把楚共王軍隊的狀況告訴了晉厲公。晉厲公左右的將士都說：「楚國有伯州犁這樣出色的人才在那裡，而且軍隊陣容強大，恐怕無人能擋。」苗賁皇對晉厲公說：「楚國的精兵，只有中軍的王族而已。請分出一些精兵來攻擊楚國的左右兩軍，再集中三軍攻打楚王的中軍，這樣一定能把他們打得落花流水。」晉厲公卜筮問吉凶，卜官說：「大吉。得的是個『復』卦，卦辭說：『南國窘迫，用箭射他的國王，射中他的眼睛。』國家窘迫，國君受難，除了失敗還有什麼呢？」於是，晉厲公聽從了卜官的話。

十八年

十八年春天，周王朝曆法正月初五日，晉國的欒書、中行偃派程滑殺死晉厲公，僅僅草率地用了一輛車子，葬在翼地的東門外。而後，派遣荀罃、士魴到京師迎接周子，立他為國君，這時周子才十四歲。大夫在清原迎接，周子說：「我一開始的願望並非如此，現在雖然到了這地步，但這難道不是上天的意志嗎？人們要求有國君，是為了讓他發布命令；立下國君後卻又不聽他的，哪裡還需要國君呢？您們幾位用得上我，在今天；用不上，也在今天。恭敬而聽從國君，這是神靈所保佑的人。」大夫們回答：「這也是下臣們的願望，豈敢不唯命是聽。」十五日，周子結盟以後進入國都，住在伯子同氏家裡。二十六日，周子在武宮朝見，驅逐了不適合做臣的七個人。周子有一個哥哥是傻子，不能辨別豆子和麥子，因此不能立為國君。

高手過招

1.（　）東安一士人「善」畫，作鼠一軸，獻之邑令。令初不知愛，「漫」懸於壁。旦而過之，軸必墜地，屢懸屢墜。令怪之，黎明物色，軸在地而貓蹲其旁。「逮」舉軸，則踉蹌逐之。以試群貓，莫不「然」者。於是始知其畫為逼真。上列文章中「」內的字詞，與下列選項中「」內的字詞相比較，意思相同的選項是：

A. 亦余心之所「善」兮，雖九死其猶未悔。（戰國屈原《離騷》）

B. 羅敷獨向東方去，「漫」學他家作使君。（唐代張謂《贈趙使君美人詩》）

C.昔「逮」我獻公及穆公相好，戮力同心。（《左傳．成公十三年》）

D.劉焉「然」其說，隨即出榜招募義兵。（明代羅貫中《三國演義》）

2.（　）或謂欒武子曰：「聖人與眾同欲，是以濟事，子盍從眾？子為大政，將酌於民者也。子之佐十一人，其不欲戰者三人而已，欲戰者可謂眾矣！《商書》曰：『三人占，從二人。』眾故也。」武子曰：「善鈞從眾。夫善，眾之主也。三卿為主，可謂眾矣！從之，不亦可乎？」（《左傳．魯成公六年》）下列選項何者最切合上文意旨？

A.欒武子從善如流，察納雅言。

B.三人須同時占卜，才可做出決定。

C.宴席中飲酒，比較容易說服他人。

D.世上無絕對好的事，最好能少數服從多數。

解答：1.C　2.A

前五七二—前五四二年

襄公

魯襄公，姬姓，名午，魯國第二十二代君主，魯成公之子，於魯成公十六年誕生。魯成公十八年，魯成公去世，由四歲的太子午即君主之位，是為魯襄公。

十一年

鄭人賂晉侯以師悝、師觸、師蠲，廣車、軘車❶，淳十五乘❷，甲兵備，凡兵車百乘，歌鐘二肆，及其鎛磬❸，女樂二八❹。晉侯以樂之半賜魏絳❺，曰：「子教寡人，和諸戎狄，以正諸華。八年之中，九合諸侯，如樂之和，無所不諧，請與子樂之。」辭曰：「夫和戎狄，國之福也。八年之中，九合諸侯，諸侯無慝，君之靈也，二三子之勞也，臣何力之有焉？抑臣願君安其樂而思其終也。《詩》曰：『樂只君子，殿天子之邦；樂只君子，福祿攸同，便蕃左右，亦是帥從。』夫樂以安德，義以處之，禮以行之，信以守之，仁以厲之，而後可以殿邦國。同福祿，來遠人，所謂樂也。《書》曰：『居安思危。』思則有備，有備無患，敢以此規。」公曰：「子之教，敢不承命。抑微子，寡人無以待戎，不能濟河。夫賞，國之典也，藏在盟府，不可廢也，子其受之。」魏絳於是乎始有金石之樂，禮也。

【說文解字】

❶廣車、軘車：兵車。❷淳：相配對。❸鎛：樂器名，大鐘，古代的一種打擊樂器。磬：樂器名。❹女樂：歌舞妓，古代侍候統治者的女性樂工及舞者。❺魏絳：姬姓，魏氏，名絳，諡號昭、莊。魏犨之孫，魏悼子之子。歷仕晉悼公、晉平公。史稱魏昭子，又稱魏莊子。

成語集錦

❖ 居安思危：處於安樂的時候，就要想到危險可能會隨時出現。

典源

「……《書》曰：『居安思危。』思則有備，有備無患，敢以此規。」公曰：「子之教，敢不承命。抑微子，寡人無以待戎，不能濟河。夫賞，國之典也，藏在盟府，不可廢也，子其受之。」魏絳於是乎始有金石之樂，禮也。

01 於時仲春垂澤，華葉甚茂；炎夏既戒，忽乎零落。是以君子居安思危，在盛慮衰，可無懼哉！（晉代庾儵《石榴賦》）

02 然臣之慺慺，亦竊願陛下居安思危，無曰高高在上，常念臨深之義，不忘履冰之戒。（唐代房玄齡《晉書》）

03 臣聞開撥亂之業，其功既難；守已成之基，其道不易。故居安思危，所以定其業也；有始有卒，所以崇其基也。（唐代吳兢《貞觀政要》）

04 雖時啟於延英，從容四輔；慮稍稀於聽政，廢失萬機。居安思危，不可忽也。（後晉劉昫《舊

唐書》）

05 假令居安思危，以備不虞，自可阨害之地，俾置屯禦，悉休其餘，以糧儲扉屨之資充疲人貢賦，歲可以減國租半。（宋代歐陽脩《新唐書》）

06 陛下自膺人望，歲時豐稔，亦淳化所致也。更願居安思危。（宋代薛居正《舊五代史》）

07 張戒見高宗。高宗問：「幾時得見中原？」戒對曰：「古人居安思危，陛下居危思安。」（宋代黎靖德《朱子語類》）

08 陛下當居安思危，熟計所長，必待事至而後圖之，殆矣。（元代脫脫《宋史》）

09 陛下居安思危，當遠群小，節燕遊，以防一朝之患。（清代張廷玉《明史》）

十四年

夏，諸侯之大夫從晉侯伐秦，以報櫟（ㄌㄧˋ）之役也。晉侯待於竟，使六卿帥諸侯之師以進。及涇，不濟❶，叔向見叔孫穆子❷，穆子賦《匏有苦葉》。叔向退而具舟，魯人、莒人先濟。鄭子蟜（ㄐㄧㄠˇ）見衛北宮懿子，曰：「與人而不固，取惡莫甚焉，若社稷何？」懿子說。二子見諸侯之師，而勸之濟，濟涇而次❸。秦人毒涇上流，師人多死。鄭司馬子蟜（ㄐㄧㄠˇ）帥鄭師以進，師皆從之，至於棫（ㄩˋ）林，不獲成焉。荀偃令曰：「雞鳴而駕，塞井夷灶❹，唯余馬首是瞻。」欒（ㄌㄨㄢˊ）黶（ㄧㄢˇ）曰：「晉國之命，未是有也，余馬首欲東。」乃歸，下軍從之。左史謂魏莊子曰：「不待中行伯乎？」莊子曰：「夫子命從帥，欒伯吾帥也，吾將從之，從帥所以待夫子也。」伯游曰：「吾今實過，悔之何及，多遺秦禽。」乃命大還，晉人謂之遷延之役。

欒鍼曰：「此役也，報櫟之敗也，役又無功，晉之恥也。吾有二位於戎路，敢不恥乎？」與士鞅馳秦師死焉，士鞅反。欒黶謂士匄曰：「余弟不欲往而子召之，余弟死而子來，是而子殺余之弟也，弗逐，余亦將殺之。」士鞅奔秦。

於是齊崔杼、宋華閱、仲江會伐秦，不書，惰也。向之會，亦如之。衛北宮括不書於向，書於伐秦，攝也❺。

秦伯問於士鞅曰：「晉大夫其誰先亡？」對曰：「其欒氏乎。」秦伯曰：「以其汏乎❻？」對曰：「然，欒黶汏虐已甚，猶可以免，其在盈乎。」秦伯曰：「何故？」對曰：「武子之德在民❼，如周人之思召公焉，愛其甘棠❽，況其子乎？欒黶死，盈之善未能及人，武子所施沒矣，而黶之怨實章，將於是乎在。」秦伯以為知言，為之請於晉而復之。

【說文解字】

❶濟：過河、渡河。❷叔向：姬姓，羊舌氏，名肸，字叔向，又稱叔肸、楊肸、楊譽。他不曾擔任晉國執政的六卿，但以正直和才識著稱於世。叔孫穆子：叔孫豹姬姓，叔孫氏，名豹，諡穆，又被稱為穆叔、叔孫穆子。❸次：臨時駐紮或止宿。❹塞井夷灶：填井平灶，意謂做好布陣準備。表示決心戰鬥，義無反顧。❺攝：輔佐、幫助。❻汏：過分的。❼武子：欒書，姬姓，欒氏，諡曰武，人稱欒武子。兒子有欒黶、欒鍼，又有孫子

欒盈。❽甘棠：指周代召公行德政，人民感戴，後對召公憩息過的甘棠樹亦愛護有加。也作「甘棠之惠」、「甘棠之愛」、「甘棠有蔭」，後用以表示對賢官廉吏的愛戴或懷念。

二十五年

衛獻公自夷儀使與甯喜言❶，甯喜許之。大叔文子聞之曰：「嗚呼！《詩》所謂：『我躬不說，皇恤我後者❷。』甯子可謂不恤其後矣。將可乎哉？殆必不可，君子之行，思其終也，思其復也。《書》曰：『慎始而敬終，終以不困。』《詩》曰：『夙夜匪解，以事一人。』今甯子視君，不如弈棋，其何以免乎？弈者舉棋不定，不勝其耦❸，而況置君而弗定乎？必不免矣。九世之卿族，一舉而滅之，可哀也哉。」

傳會於夷儀之歲，齊人城郟。其五月，秦、晉為成，晉韓起如秦蒞盟❹，秦伯車如晉蒞盟，成而不結。

【說文解字】

❶衛獻公：即姬衎，衛定公的兒子。前五五九年，國內發生政變，他奔齊國避難，前五四六年回國復位。甯喜：甯悼子，春秋時期衛國的卿。❷恤：憂心、顧慮。❸耦：對方。❹如：往、至。蒞盟：兩國修好，相約至某地會盟。

❖**舉棋不定**：本指拿著棋子，不能決定下一步該如何下子。後用以比喻做事猶豫不決，拿不定主意。

典源 今甯子視君，不如弈棋，其何以免乎？弈者舉棋不定，不勝其耦，而況置君而弗定乎？必不免矣。九世之卿族，一舉而滅之，可哀也哉。

01 承乾既廢，立高宗為太子，又欲立恪。長孫無忌諫曰：「晉王仁厚，守文之良主也。且舉棋不定，前哲所戒，儲位至重，豈宜數易。」（唐代劉肅《大唐新語》）

02 （長孫）无忌曰：「晉王仁厚，守文之良主。且舉棋不定則敗，況儲位乎？」（宋代歐陽脩《新唐書》）

03 弈者舉棋不定猶且不可，況謀國而無定規乎？（清代畢沅《續資治通鑑》）

二十六年

楚子、秦人侵吳❶，及雩婁❷，聞吳有備而還，遂侵鄭。五月，至於城麇❸，鄭皇頡戍之❹，出與楚師戰，敗，穿封戌囚皇頡❺，公子圍與之爭之❻，正於伯州犁。伯州犁曰：「請問於囚。」乃立囚，伯州犁曰：「所爭，君子也，其何不知？」上其手曰❼：「夫子為王子圍，寡君之貴介弟也❽。」下其手曰❾：「此子為穿封戌，方城外之縣尹也，誰獲子？」囚曰：「頡遇王子，弱焉[10]。」戌怒，抽戈逐王子圍，弗及，楚人以皇頡歸。

＊＊＊

初，楚伍參與蔡太師子朝友[11]，其子伍舉與聲子相善也[12]，伍舉娶於王子牟[13]，王子牟為申公而亡，楚人曰：「伍舉實送之。」伍舉奔鄭，將遂奔晉，聲子將如晉，遇之於鄭郊，班荊相與食[14]，而言復故[15]。聲子曰：「子行也，吾必復子。」

及宋向戌將平晉、楚[16]，聲子通使於晉，還如楚，令尹子木與之語[17]，問晉故焉，且曰：「晉大夫與楚孰賢？」對曰：「晉卿不如楚，其大夫則賢，皆卿材也。如杞、梓、皮革[18]，自楚往也，雖楚有材，晉實用之。」子木曰：「夫獨無族姻乎[19]？」對曰：「雖有，而用楚材實多。歸生聞之：『善為國者，賞不僭而刑不濫[20]。』賞僭則懼及淫人，刑濫則懼及善人，若不幸而過，寧僭無濫，與其失善，寧其利淫，無善人，則國從之。《詩》曰：『人之云亡，邦國殄瘁[21]。』無善人之謂也。故《夏書》曰：『與其殺不辜，寧失不經[22]。』懼失善也。《商頌》有之曰：『不僭不濫，不敢怠皇[23]，命於下國，封建厥福。』此湯所以獲天福也，古之治民者，勸賞而畏刑[24]，恤民不倦[25]。

「賞以春夏，刑以秋冬，是以將賞為之加膳，加膳則飫賜[26]，此以知其勸賞也。將刑為之不舉[27]，不舉則徹樂[28]，此以知其畏刑也。夙興夜寐[29]，朝夕臨政，此以知其恤民也。三者禮之大節也，有禮無敗。今楚多淫刑，其大夫逃死於四方，而為之謀主[30]，以害楚國，不可救療，所謂不能也[31]。子儀之亂，析公奔晉[32]，晉人寘諸戎車之殿[33]，以為謀主，繞角之役(34)，晉將遁矣，析公曰：『楚師輕窕，易震蕩也，若多鼓鈞聲以夜軍之(35)，楚師必遁。』晉人從之，楚師宵潰，晉遂侵蔡襲沈(36)，獲其君(37)，敗申、息之師於桑隧(38)，獲申麗而還(39)，鄭於是不敢南面(40)。楚失華夏，則析公之為也，雍子之父兄譖雍子(41)，君與大夫不善是也(42)，雍子奔晉，晉人與之鄐(43)，以為謀主。

「彭城之役(44)，晉楚遇於靡角之谷(45)，晉將遁矣。雍子發命於軍曰：『歸老幼，反孤疾，二人役歸一人，簡兵蒐乘，秣馬蓐食，師陳焚次(46)，明日將戰。』行歸者而逸楚囚(47)，楚師宵潰。晉降彭城，而歸諸宋，以魚石歸(48)，楚失東夷(49)，子辛死之(50)，則雍子之為也。子反與子靈爭夏姬(51)，而雍害其事(52)，子靈奔晉，晉人與之邢(53)，以為謀主，扞禦北狄，通吳於晉，教吳叛楚，教之乘車、射御、驅侵，使其子狐庸，為吳行人焉。

「吳於是伐巢(54)、取駕(55)、克棘(56)、入州來(57)，楚罷於奔命(58)，至今為患，則子靈之為也。若敖之亂(59)，伯賁之子賁皇奔晉(60)，晉人與之苗(61)，以為謀主。鄢陵之役，楚晨壓晉軍而陳，晉將遁矣，苗賁皇曰：『楚師之良在其中軍王族而已，若塞井夷灶，成陳以當之，欒、范易行以誘之(62)，中行、二郤(63)，必克二穆(64)，吾乃四萃於其王族(65)，必大敗之。』晉人從之，楚師大敗，王夷師熸(66)，子反死之，鄭叛吳興，楚失諸侯，則苗賁皇之為也。」

子木曰：「是皆然矣。」

聲子曰：「今又有甚於此，椒舉娶於申公子牟(67)，子牟得戾而亡(68)，君大夫謂椒舉(69)：『女實遺之。』懼而奔鄭，引領南望曰：『庶幾赦余。』亦弗圖也，今在晉矣，晉人將與之縣，以比叔向(70)。彼若謀害楚國，豈不為患？」子木懼，言諸王，益其祿爵而復之，聲子使椒鳴逆之(71)。

【說文解字】

❶楚子：楚康王，名昭，共王之子。❷雩婁：越國地名，在今河南商城東。❸城麇：鄭國地名。❹皇頡：鄭國大夫。戍：以兵卒防守邊疆。❺穿封戌：人名，楚國方城外的縣尹。❻公子圍：楚共王之子，康王之弟。❼上其手：高舉他的手，指向公子圍。❽貴介：貴寵、尊貴。❾下其手：下垂他的手，指向穿封戌。❿弱：戰敗。⓫伍參：伍奢的祖父，伍子胥的曾祖父。子朝：公子朝，蔡文公的兒子，為蔡國太師。⓬伍舉：伍奢的父親。聲子：子朝的兒子。⓭王子牟：楚國公子，又稱申公子牟。⓮班：鋪墊。⓯復故：返回楚國的事。⓰向戌：宋國大夫，又稱左師。平：講和。⓱子木：屈建，楚國令尹。⓲杞、梓：楚國出產的兩種優質木材。⓳族姻：同族子弟和有婚姻關係的人。⓴僭：過分。濫：過度、無節制。㉑殄瘁：艱危、困窘。㉒不經：不守常法的人。㉓怠：懈怠。皇：閒暇，指偷閒。㉔勸：樂、喜歡。㉕恤民：憂民。㉖飫賜：飽餐之後把多餘的酒菜賞賜給臣下。㉗不舉：不舉行盛宴。㉘徹樂：撤去音樂。㉙夙興夜寐：早起晚睡。㉚謀主：主要謀士。㉛不能：不能任用賢人。㉜析公：楚國大臣。㉝戎車：指國君的戰車。殿：後。㉞繞角：蔡國地名。㉟鈞聲：相同的聲音。㊱沈：諸侯國名。㊲君：指沈國國君沈揖初。㊳桑隧：地名，在今河南確山縣東。㊴申麗：楚國大夫。㊵不敢南面：不敢向南親附楚國。㊶雍子：楚國大臣。譖：中傷、誣陷。㊷不善是：不喜歡這個人。㊸鄐：晉國邑名。㊹彭城：在今江蘇徐州。㊺靡角之谷：宋國地名，在彭城附近。㊻陳：列陣。次：營帳。㊼歸者：指應放還的老幼孤疾。逸：釋放。㊽魚石：逃到楚國的宋國大臣。㊾東夷：親近楚國的東方小國。㊿子辛：楚國王子公子王夫，後被楚共王殺掉。(51)子靈：楚國宗族。夏姬：鄭穆公的女兒，陳國夏御叔的

妻子。52 雍害：阻礙、破壞。53 邢：晉國邑名。54 巢：楚國的屬國。55 駕：楚國邑名。56 棘：楚國邑名。57 州來：楚國邑名。58 罷：通「疲」。59 若敖：楚國令尹子文的氏族。60 伯賁：楚國令尹鬥椒的字。61 苗：晉國邑名。62 欒、范：指欒書、士燮統率的中軍。易行：指以簡易行陣，誘惑楚軍。63 中行：指晉國上軍佐。二郤：指晉國上軍統帥琦和新軍佐至。64 二穆：指楚國左軍統帥子重和右軍統帥子辛，兩人都是楚穆王的後代。65 四萃：從四面集中攻擊。66 夷：受傷。熸：火熄滅，此處比喻軍隊潰散。67 椒舉：伍舉。68 戾：罪。69 君大夫：國君和大夫。70 比叔向：使他的爵祿可與叔向相比。叔向，晉國上大夫。71 椒鳴：伍舉的兒子，伍奢的弟弟。逆：迎。

成語集錦

❖上下其手：以手勢高舉和向下來暗示對方，以進行舞弊的伎倆。後用以比喻玩弄手段，暗中作弊。或形容帶有邪念，不禮貌地觸摸他人身體。

典源

穿封戌囚皇頡，公子圍與之爭之，正於伯州犁。伯州犁曰：「請問於囚。」乃立囚，伯州犁曰：「所爭，君子也，其何不知？」上其手曰：「夫子為王子圍，寡君之貴介弟也。」下其手曰：「此子為穿封戌，方城外之縣尹也。誰獲子？」囚曰：「頡遇王子，弱焉。」

01 （被告者）只是不堪楚毒，自誣耳。何以覈之？陛下試取所告狀，酌其虛實者，付令推之，微訊動以探其情，所推者必上下其手，希聖旨也。（唐代周矩《諫制獄酷刑疏》）

02 昔州黎上下其手，楚國之法遂差；張湯輕重其心，漢朝之刑以弊。（後晉劉昫《舊唐書》）

03 是非淆亂，莫知適從，姦吏因得上下其手。（元代脫脫《金史》）

04 權文公謂，註疏猶可以質驗。不者，儻有司率情，上下其手，既失其末，又不得其本，則蕩然矣。（清代顧炎武《日知錄》）

05 他一到工上，先把前頭委的幾個辦料委員，抓個錯誤，一齊撤差。統統換了自己的私人，以便上下其手。（清代李寶嘉《官場現形記》）

❖ 楚材晉用：楚國的人才為晉國所用，比喻人才外流。

典源 晉卿不如楚，其大夫則賢，皆卿材也。如杞、梓、皮革，自楚往也，雖楚有材，晉實用之。

01 楩楠豫章，地淪外寇；楚材晉用，非復我求。（南朝陳沈炯《太極殿銘》）

02 楚材稱晉用，秦臣即趙冠。（北周庾信《擬詠懷》）

03 而楚材晉用，豈無先哲。方事求賢，義乖來肅。（唐代令狐德棻《周書》）

04 怎的這位侍衛的話，我聽著又儼然會懂呢？這人莫非是個楚材晉用，從那裡換了遍班回來的罷！（清代文康《兒女英雄傳》）

05 果如此講求研練，十年以後，中國內外文武人才皆當輩出，決不致有乏才之患，亦何庸楚材晉用？（清代鄭觀應《盛世危言》）

二十八年

齊慶封好田而嗜酒❶，與慶舍政，則以其內實❷，遷於盧蒲嫳氏，易內而飲酒。數日，國遷朝焉，使諸亡人得賊者，以告而反之，故反盧蒲癸。癸臣子之，有寵，妻之，慶舍之士謂盧蒲癸曰：「男女辨姓，子不辟宗❸，何也？」曰：「宗不余辟，余獨焉辟之？賦詩斷章，余取所求焉，惡識宗？」癸言王何而反之，二人皆嬖❹，使執寢戈而先後之❺。

公膳日雙雞❻，饔人竊更之以鶩❼。御者知之❽，則去其肉，而以其洎饋，子雅、子尾怒，慶封告盧蒲嫳。盧蒲嫳曰：「譬之如禽獸，吾寢處之矣。」使析歸父告晏平仲，平仲曰：「嬰之眾不足用也。知無能謀也，言弗敢出，有盟可也。」子家曰：「子之言云，又焉用盟？」告北郭子車，子車曰：「人各有以事君，非佐之所能也。」陳文子謂桓子曰：「禍將作矣，吾其何得？」對曰：「得慶氏之木百車於莊。」文子曰：「可慎守也已。」

盧蒲癸、王何卜攻慶氏，示子之兆，曰：「或卜攻讎❾，敢獻其兆。」子之曰：「克，見血。」冬，十月，慶封田於萊，陳無宇從。丙辰，文子使召之，請曰：「無宇之母疾病，請歸。」慶季卜之，示之兆，曰：「死。」奉龜而泣，乃使歸。慶嗣聞之，曰：「禍將作矣。」謂子家：「速歸！禍作必於嘗，歸猶可及也。」子家弗聽，亦無悛志❿。子息曰：「亡矣，幸而獲在吳越。」陳無宇濟水，而戕舟發梁⓫。

盧蒲姜謂癸曰：「有事而不告我，必不捷矣。」癸告之，姜曰：「夫子愎，莫之止，將不出，我請止之。」癸曰：「諾。」十一月，乙亥，嘗於大公之廟，慶舍涖事⓬，盧蒲姜告之，且止之。弗聽，曰：「誰敢者？」遂如公，慶嬰為尸⑬，慶奊為上獻，盧蒲癸、王何執寢戈，慶氏以其甲環公宮⑭。陳氏、鮑氏，之圉人為優⑮，慶氏之馬善驚，士皆釋甲束馬而飲酒，且觀優，至於魚里。欒、高、陳、鮑之徒，介慶氏之甲，子尾抽桷擊扉三⑯，盧蒲癸自後刺子之，王何以戈擊之，解其左肩，猶援廟桷動於甍⑰，以俎壺投殺人而後死⑱，遂殺慶繩、麻嬰。公懼，鮑國曰：「群臣為君故也。」陳須無以公歸，稅服而如內宮。

慶封歸，遇告亂者。丁亥，伐西門，弗克，還伐北門，克之。入伐內宮，弗克，反陳於嶽，請戰，弗許，遂來奔。獻車於季武子，美澤可以鑑，展莊叔見之，曰：「車甚澤，人必瘁⑲，宜其亡也。」叔孫穆子食慶封，慶封汜祭⑳。穆子不說，使工為之誦《茅鴟》，亦不知。既而齊人來讓，奔吳，吳句餘予之朱方，聚其族焉而居之，富於其舊。子服惠伯謂叔孫曰：「天殆富淫人，慶封又富矣。」穆子曰：「善人富謂之賞，淫人富謂之殃，天其殃之也，其將聚而殲旃。」

【說文解字】

❶田：打獵，通「畋」。❷內：妻妾。❸辟：躲開、迴避，通「避」。❹嬖：受到寵愛。❺寢戈：近身護衛用的武器。❻公膳：卿大夫在公朝辦事所用的膳食。❼饔人：古官名，掌切割烹調之事。鶩：鳥類中的游禽類，俗稱「野鴨」。❽御者：侍從。❾讎：仇怨，通「仇」。❿悛：悔改。⓫戕：殺害、傷害。⓬涖事：處理公務。⓭尸：古代祭禮中代表死者受祭的活人。⓮環：圍繞、包圍。⓯圉人：職官名，負責養馬芻牧等事。⓰桷：

方形的屋椽，即「榱」。扉：門扇。⑰甍：屋脊。⑱俎：古代祭祀時，用以盛放祭品的禮器。⑲瘁：憔悴、瘦弱。⑳氾祭：古人祭食之禮，祭品各置其處。

成語集錦

❖斷章取義：截取某詩篇的一章或一句為己用，借來表達自己的意思，而不顧原詩作者的本意。後用以泛指截取他人的詩文或談話中的某一段落為己用，而不顧其原意。

典源

癸臣子之，有寵，妻之，慶舍之士謂盧蒲癸曰：「男女辨姓，子不辟宗，何也？」曰：「宗不余辟，余獨焉辟之？賦詩斷章，余取所求焉，惡識宗？」

01 尋詩人擬喻，雖斷章取義，然章句在篇，如繭之抽緒，原始要終，體必鱗次。（南朝梁劉勰《文心雕龍》）

02 夫子於《孝經》之書，斷章取義，無所不可，而六經之道通矣。（宋代孫奕《履齋示兒編》）

03 《詩》之為用甚廣。范宣討貳，爰賦〈摽梅〉；宗國無鳩，乃歌〈圻父〉：斷章取義，原無達詁也。（清代沈德潛《古詩源》）

04 碰巧他這位老賢甥，聽話也只聽一半，竟是斷章取義。聽了老母舅臨終的說話，以為是老母舅保舉他堂舅爺接他的手，所以才會誇獎他能幹。（清代李寶嘉《官場現形記》）

二十九年

（吳公子札來聘，）請觀於周樂❶，使工為之歌《周南》、《召南》❷，曰：「美哉，始基之矣❸，猶未也，然勤而不怨矣❹。」為之歌《邶》、《鄘》、《衛》❺，曰：「美哉，淵乎，憂而不困者也。吾聞衛康叔、武公之德如是❻，是其《衛風》乎？」為之歌《王》❼，曰：「美哉思而不懼，其周之東乎？」為之歌《鄭》❽，曰：「美哉，其細已甚❾，民弗堪也，是其先亡乎。」

為之歌《齊》，曰：「美哉，泱泱乎❿，大風也哉，表東海者⓫，其大公乎⓬，國未可量也。」為之歌《豳》⓭，曰：「美哉，蕩乎⓮，樂而不淫，其周公之東乎⓯？」為之歌《秦》，曰：「此之謂夏聲⓰，夫能夏，則大，大之至也，其周之舊乎？」為之歌《魏》⓱，曰：「美哉，渢渢乎⓲，大而婉，險而易行⓳，以德輔此，則明主也。」

為之歌《唐》⓴，曰：「思深哉，其有陶唐氏之遺民乎㉑？不然，何憂之遠也？非令德之後㉒，誰能若是？」為之歌《陳》㉓，曰：「國無主，其能久？自《鄶》以下㉔，無譏焉㉕。為之歌《小雅》㉖，曰：「美哉，思而不貳，怨而不言，其周德之衰乎？猶有先王之遺民焉㉗。」

為之歌《大雅》㉘，曰：「廣哉，熙熙乎㉙，曲而有直體，其文王之德乎？」為之歌《頌》㉚，曰：「至矣哉，直而不倨㉛，曲而不屈，邇而不偪㉜，遠而不攜㉝，遷而不淫，復而不厭，哀而不愁，樂而不荒㉞，用而不匱，廣而不宣，施而不費，取而不貪，處而不底㉟，行而不流，五聲和㊱，八風平㊲，節有度㊳，守有序㊴，盛德之所同也。」

見舞《象箾》、《南籥》者㊵，曰：「美哉，猶有憾。」見舞《大武》者㊶，曰：「美哉，周之盛也，其若此乎。」見舞《韶濩》者㊷，曰：「聖人之弘也，而猶有慚德㊸，聖人之難也。」見舞《大夏》者㊹，曰：「美哉，勤而不德㊺，非禹其誰能脩之㊻？」見舞《韶箾》者㊼，曰：「德至矣哉，大矣，如天之無不幬也㊽，如地之無不載也，雖甚盛德，其蔑以加於此矣㊾，觀止矣，若有他樂，吾不敢請已。」

其出聘也㊿，通嗣君也(51)，故遂聘於齊，說晏平仲，謂之曰：「子速納邑與政(52)。無邑無政，乃免於難。齊國之政，將有所歸，未獲所歸，難未歇也。」故晏子因陳桓子以納政與邑，是以免於欒、高之難。聘於鄭，見子產，如舊相識，與之縞帶(53)，子產獻紵衣焉(54)。謂子產曰：「鄭之執政侈，難將至矣。政必及子(55)，子為政，慎之以禮，不然，鄭國將敗。」

【說文解字】

❶周樂：周王室的音樂舞蹈。❷工：樂工。周南、召南：《詩經》十五國風的其中兩種，以下提到的曲目都是國風中各國的詩歌。❸始基之：開始奠定了基礎。❹勤：勤勞。怨：怨恨。❺邶、鄘、衛：周代諸侯國。❻康叔：周公的弟弟，衛國開國君主。武公：康叔的九世孫。❼王：即《王風》，周平王東遷洛邑後的樂歌。❽鄭：周代諸侯國。❾細：瑣碎，此處以音樂象徵政令。❿泱泱：宏大的樣子。⓫表東海：為東海諸侯國作表率。⓬大公：太公，指齊國開國國君呂尚，即姜太公。⓭豳：西周公劉時的舊都。⓮蕩：博大的樣子。⓯周公之東：指周公東征。⓰夏聲：正聲、雅聲。夏，西周王畿一帶。⓱魏：諸侯國名。⓲渢渢：輕飄浮動的樣子。

⑲險：不平，此處指樂曲的變化。⑳唐：晉國開國國君叔虞初封於唐。㉑陶唐氏：指帝堯，晉國是陶唐氏舊地。㉒令德之後：美德者的後代，指陶唐氏的後代。㉓陳：周代諸侯國國都宛丘。㉔鄶：在今河南鄭州南，後被鄭國消滅。㉕譏：批評。㉖小雅：指《詩經．小雅》中的詩歌。㉗先王：指周代文、武、成、康等王。㉘大雅：《詩經．大雅》中的詩歌。㉙熙熙：和美融洽的樣子。㉚頌：指《詩經》中的〈周頌〉、〈魯頌〉和〈商頌〉。㉛倨：傲慢。㉜偪：通「逼」，侵逼。㉝攜：遊離。㉞荒：過度。㉟底：停頓、停滯。㊱五聲：指宮、商、角、徵、羽。和：和諧。㊲八風：指金、石、絲、竹、翰、土、革、本做成的八類樂器。㊳節：節拍。度：尺度。㊴守有序：樂器演奏有一定次序。㊵象箾：舞名，武舞。南籥：舞名，文舞。㊶大武：周武王樂舞。㊷韶濩：商湯的樂舞。㊸慚德：遺憾、缺憾。㊹大夏：夏禹的樂舞。㊺不德：不自誇有功。㊻脩：作。㊼韶箾：虞舜的樂舞。㊽幬：覆蓋。㊾蔑：沒有。㊿聘：古代諸侯國間遣使通問。51嗣君：繼位的國君。52邑：封地。53縞：白色的絲織品。54紵衣：苧麻所織之衣。55子：你，通「爾」、「汝」。

成語集錦

❖嘆為觀止

嘆為觀止：春秋時，吳國季札在魯國欣賞各種樂舞。看到舜時的樂舞，十分讚嘆，說看到這裡就夠了，其他的就不必看了。後用以讚美所看到的事物好到極點，無與倫比。

典源 見舞《韶箾》者，曰：「德至矣哉，大矣，如天之無不幬也，如地之無不載也，雖甚盛德，其蔑以加於此矣，觀止矣，若有他樂，吾不敢請已。」

01 諸女足躡素履，舞時離地輕舉，渾如千瓣白蓮花搖動池面，更佐以樂音燈影，光怪陸離，不可逼

視，生撫掌稱奇，嘆為觀止。（清代王韜《淞隱漫錄》）

❖ **一見如故**：初次見面就相處融洽，如同老朋友一般。

典源（吳公子札）聘於鄭，見子產，如舊相識，與之縞帶，子產獻紵衣焉。

01 李鄴侯為相日，吳人顧況西遊長安，鄴侯一見如故。（宋代張洎《賈氏譚錄》）

02 一個是花和尚魯智深，一個是青面獸楊志。他二人一見如故，便商議救兄一事。（明代施耐庵《水滸傳》）

03 長兄，我和你一見如故，這最是人生最難得的事。（清代吳敬梓《儒林外史》）

04 大家進艙，錦楓拜了呂氏，並與婉如見禮，彼此一見如故，十分親愛。（清代李汝珍《鏡花緣》）

05 既承仁弟不棄，一見如故，可以無須如此客套。舍下離此不遠，願請行旌小住一日，未知可否？（清代俞萬春《蕩寇志》）

06 你大哥是個爽快人，我們既然一見如故，應該要借杯酒敘敘，又何必推辭呢？（清代吳趼人《二十年目睹之怪現狀》）

三十一年

公薨（ㄏㄨㄥ）之月❶，子產相鄭伯以如晉❷，晉侯以我喪故，未之見也。子產使盡壞其館垣（ㄩㄢˊ）❸，而納車馬焉，士文伯讓之曰❹：「敝邑以政刑之不脩，寇盜充斥，無若諸侯之屬❺，辱在寡君者何？是以令吏人完客所館，高其閈閎❻，厚其牆垣，以無憂客使。今吾子壞之，雖從者能戒，其若異客何？以敝邑之為盟主，繕完葺牆❼，以待賓客，若皆毀之，其何以共命❽？寡君使匄請命❾。」

對曰：「以敝邑褊小，介於大國，誅求無時❿，是以不敢寧居，悉索敝賦，以來會時事⓫。逢執之不閒，而未得見，又不獲聞命，未知見時，不敢輸幣⓬，亦不敢暴露⓭。其輸之，則君之府實也，非薦陳之⓮，不敢輸也。其暴露之，則恐燥濕之不時而朽蠹，以重敝邑之罪。僑聞文公之為盟主也，宮室卑庳⓯，無觀台榭⓰，以崇大諸侯之館。館如公寢⓱，庫廄繕脩，司空以時平易道路⓲，圬人以時塓館宮室⓳。

「諸侯賓至，甸設庭燎⓴，僕人巡宮，車馬有所，賓從有代，巾車脂轄㉑，隸人牧圉㉒，各瞻其事㉓，百官之屬，各展其物。公不留賓㉔，而亦無廢事，憂樂同之，事則巡之，教其不知，而恤其不足。賓至如歸，無寧菑患㉕，不畏寇盜，而亦不患燥濕。今銅鞮之宮數里㉖，而諸侯舍於隸人，門不容車，而不可踰越，盜賊公行，而天厲不戒㉗，賓見無時，命不可知，若又勿壞，是無所藏幣以重罪也。敢請執事，將何以命之？雖君之有魯喪，亦敝邑之憂也，若獲薦幣，脩垣而行，君之惠也，敢憚勤勞㉘。」

文伯復命，趙文子曰㉙：「信㉚，我實不德，而以隸人之垣以贏諸侯㉛，是吾罪也。」使士文伯謝不敏焉。

晉侯見鄭伯，有加禮㉜，厚其宴好而歸之㉝，乃築諸侯之館，叔向曰：「辭之不可以已也如是夫，子產有辭，諸侯賴之，若之何其釋辭也㉞？《詩》曰：『辭之輯矣㉟，民之協矣㊱，辭之繹矣㊲，民之莫矣㊳。』其知之矣。」

【說文解字】

❶公：指魯襄公。薨：諸侯死亡稱為薨。❷相：輔佐。鄭伯：指鄭簡公。❸壞：拆毀。館垣：賓館的圍牆。❹士文伯：晉國大夫士匄。讓：責備。❺屬：臣屬、屬官。❻閈閎：指館舍的大門。❼茸：用草蓋牆。❽共命：供給賓客所求。❾請命：請問理由。❿誅求：責求、勒索貢物。無時：不定時。⓫會：朝會。時事：隨時朝貢的事。⓬輸幣：送上財物。⓭暴露：露天存放。⓮薦陳：呈獻並當庭陳列。⓯卑庳：低小。⓰觀：門闕。台：土築高壇。⓱公寢：國君住的宮室。⓲司空：負責建築的官員。平易：平整。⓳圬人：泥水工匠。塓：塗牆、粉刷。⓴甸：甸人，掌管柴火的官員。庭燎：庭中照明的火炬。㉑巾車：管理車輛的官員。脂轄：轄為車軸兩頭之鍵，需塗之以脂，使車行滑利。㉒隸人：清潔人員。㉓瞻：看管。㉔不留賓：不讓賓客滯留。㉕菑：通「災」。㉖銅鞮之宮：晉侯的別宮。㉗天厲：天災。不戒：無法防備。㉘憚：怕。㉙趙文子：晉國大夫趙武。㉚信：確實、可信。㉛垣：此處指房舍。贏：接待。㉜加禮：禮節特別隆重。㉝宴：宴會。好：指宴會上送給賓客的禮物。㉞釋辭：放棄辭令。㉟輯：和順。㊱協：融洽。㊲繹：通「懌」，喜悅。㊳莫：安定。

成語集錦

❖賓至如歸：客人來到這裡就好像回到自己的家裡。後用以形容主人招待周到親切，使客人感到滿意。

典源

諸侯賓至，甸設庭燎，僕人巡宮，車馬有所，賓從有代，巾車脂轄，隸人牧圉，各瞻其事，百官之屬，各展其物。公不留賓，而亦無廢事，憂樂同之，事則巡之，教其不知，而恤其不足。賓至如歸，無寧菑患，不畏寇盜，而亦不患燥濕。今銅鞮之宮數里，而諸侯舍於隸人，門不容車，而不可踰越，盜賊公行，而天厲不戒，賓見無時，命不可知，若又勿壞，是無所藏幣以重罪也。

01 臣家貧無器皿，酒肆百物具備，賓至如歸，適有鄉里親客自遠來，遂與之飲。然臣既易服，市人亦無識臣者。（宋代歐陽修《歸田錄》）

02 四方之客，一入魯境，皆有常供，不至缺乏，賓至如歸。（明代余邵魚、馮夢龍《東周列國志》）

白話翻譯

十一年

鄭國人贈予晉悼公師悝、師觸、師蠲；配對的廣車、軘車各十五輛，盔甲武器，和其他戰車一共一百輛；歌鐘兩架以及和它相配的鎛和磬；女樂共十六人。晉悼公把樂隊的一半賜給魏絳，說：「您教導寡人與各部落戎狄講和，整頓中原諸國，八年中間九次會合諸侯，就好像音樂和諧一般，沒有地方不協調。我願和您一起享用快樂。」魏絳辭謝說：「與戎狄講和，是國家的福氣。八年中間九次會合諸侯，諸侯順從，這是由於君王的威靈，也是由於其他人的功勞，下臣有什麼力量呢？然而下臣希望君王在安於這種快樂之餘，也思考它的結束。《詩經》說：『快樂啊君子，鎮撫天子的家邦。快樂啊君子，他的福祿和別人同享。治理好附近的小國，使他們相率服從。』音樂用以鞏固德行，用道義對待它，用禮儀推行它，用信用守護它，用仁愛勉勵它，然後用以安定邦國、同享福祿、召來遠方的人，這才是所謂的快樂。《書》說：『處於安定時，要想到危險。』想到了就有防備，有了防備就沒有禍患。謹以此向君王規勸。」晉悼公說：「您的教導，豈敢不承受命令！要是沒有您，寡人就無法對待戎人，亦不能渡過黃河。但賞賜是國家的典章、藏在盟府，無法廢除。您還是接受吧！」魏絳從這時開始才得以擁有金石的音樂，這是合於禮的。

十四年

夏季，諸侯的大夫跟隨著晉悼公進攻秦國，以報復櫟地一役。晉悼公在國境內等待，命六卿率領諸侯的軍隊前進。到達涇水時，諸侯的軍隊不肯渡河。叔向進見叔孫穆子，穆子賦《匏有苦葉》這首詩。叔向退出以後就準備船隻，讓魯國人、莒國人先渡河。鄭國的子蟜進見衛國的北宮懿子說：「親附別人又不堅定，是最使人討厭的，置國家於何地呢？」懿子很高興。兩個人去見諸侯的軍隊並勸他們渡河，而後，軍隊渡過涇水駐紮下來。秦國人在涇水上游放置毒物，諸侯的軍隊死了很多人。鄭國司馬子蟜率領鄭國的軍隊前進，其他國家的軍隊也都跟上，抵達棫林時，不讓秦國屈服講和。荀偃命令：「雞叫就套車，填井平灶，大家跟著我的馬行動。」欒黶說：「晉國的命令從來沒有這樣的，我的馬頭就是想要往東。」之後他就回國了，下軍跟隨他回去。左史對魏莊子說：「不等中行伯了嗎？」魏莊子說：「他命我們跟從主將。欒黶是我的主將，我打算跟從他。跟從主將，也就是跟隨中行伯。」荀偃說：「我的命令確實有錯誤，但此時後悔也來不及了，只會有更多人被秦國俘虜。」於是命令全軍撤退。晉國人稱這次戰役為「遷延之役」。

欒鍼說：「這次戰役，是為了報復櫟地的戰敗。但作戰沒有功勞，這是晉國的恥辱。我兄弟倆人在兵車上，哪能不感到恥辱呢？」於是和士鞅衝入秦軍中，戰死，只有士鞅回來。欒黶對士匄說：「我的兄弟不想去，你的兒子叫他去。我的兄弟戰死，你的兒子回來，這就是你的兒子殺了我的兄弟。如果不趕走他，我也要殺死他。」而後，士鞅逃亡到秦國。

當時，齊國崔杼、宋國華閱和仲江一起進攻秦國。《春秋》沒有記載他們的名字，由於他們怠惰，向地會見的記載也和這一樣。不曾記載衛國北宮括在向地的會見，而將他記載在這次攻打秦國的戰役中，這是由於他積極幫助的緣故。

秦景公問士鞅：「晉國的大夫誰先滅亡？」士鞅回答：「恐怕是欒氏吧！」秦景公說：「由於他的驕橫嗎？」士鞅回答：「對。欒黶太驕橫了，若他還可以免於禍難，那禍難恐怕要落在欒盈的身上吧！」秦景公說：「為什麼？」士鞅回答：「欒武子的恩德尚在百姓心中，就好像周朝人思念召公，就愛護他的甘棠樹一樣，更何況他的兒子呢？欒黶死了，欒盈的恩惠沒有到達百姓心中，欒武子所施捨的恩惠又逐漸消失，而百姓對欒黶的怨恨實在太明顯，所以滅亡將會落在欒盈身上。」秦景公認為這是有見識的話，就向晉國請求，恢復了士鞅的職位。

二十五年

衛獻公從夷儀派人向甯喜談論復國的事情，甯喜同意了。太叔文子聽說了，說：「啊！《詩經》所謂：『我的一生還不能被人容納，哪裡來得及顧念我的後代？』甯子可以說是不顧他的後代了，難道可以如此嗎？大概是不可以的。君子有所行動，就要想到結果，想到下次能夠再如此嗎？《書》說：『慎重於開始，重視其結果，結果就不會困惑。』《詩經》說：『早晚不敢懈怠，以事奉一人。』現在的甯子，看待國君還不如下棋，他怎麼能免於禍難呢？下棋的人舉棋不定，就不能擊敗對方，更何況安置國君而不能決定呢？他必定不能免於禍難了。九代相傳的卿族，一夕被滅亡，可悲啊！」

在夷儀會見的那一年，齊國人在郟地築城。那年五月，秦國、晉國講和，晉國的韓起前往秦國參加結盟，秦國的伯車前往晉國參加結盟。雖然講和但是結盟並不鞏固。

二十六年

楚康王和秦國人本來要侵襲吳國，到了雩婁，聽說吳國有了防備就退回去，隨後又去侵襲鄭國。五月，到了城麇。鄭國的皇頡駐守在城麇，出城與楚軍交戰，結果鄭國敗。穿封戌俘虜了鄭頡，但王子圍與穿封戌相互爭奪，想冒認俘獲鄭頡的功勞，說鄭王頡是自己俘獲的。於是，雙方請伯州犁評判是非。

伯州犁說：「讓我問問這個俘虜吧。」於是就叫人把俘虜帶過來。伯州犁問：「我們現在爭奪的人是您，對於誰俘虜了您，您一定不會不知道。」伯州犁高舉著手說：「這一位是王子圍，是我們國君尊貴的弟弟。」伯州犁又下垂著手說：「這位是穿封戌，是方城外的縣官。是誰俘虜了您？」俘虜說：「我是被王子圍打敗的。」穿封戌聽後大怒，拔出劍追趕子圍，但沒有追上。楚國軍隊便把鄭頡帶了回去。

＊＊＊

楚國的伍參曾與蔡國太師子朝交好，伍參的兒子伍舉也與子朝的兒子聲子交好。伍舉娶了申地大夫王子牟的女兒。在王子牟當申邑長官獲罪逃亡時，楚國人說：「伍舉一定護送過他。」伍舉逃亡到鄭國後，打算再逃亡到晉國。聲子打算到晉國，卻在鄭國郊外碰到伍舉，他們把草鋪在地上一起吃東西，談到了伍舉回楚國的事。聲子說：「您走吧，我一定要讓您回到楚國。」

在宋國的向戌來調解晉國和楚國的關係時，聲子到晉國當使節，回國時到了楚國。楚國令尹子木和聲子談話，問起晉國的事，並且還問：「晉國的大夫和楚國大夫誰更賢明？」聲子回答：「晉國的卿比不上楚國，楚國的大夫都很賢明，都是當卿的人才。就像杞木、梓木和皮革，全是從楚國過去的。雖然楚國有人才，但這些人才卻被晉國所用。」子木說：「難道晉國沒有同宗族的人或姻親當大夫嗎？」聲子回答：「雖然有，但是使用楚國的人才的確很多。我聽說過：『善於治理國家的人，賞賜不過分，刑罰不濫用。』賞賜太過分，就怕賞賜到壞人頭上；濫用刑罰，則怕懲罰了好人。如果不幸越過了限度，也寧願賞賜過頭，而不要濫用刑罰，失去好人，還不如有利於壞人。沒有好人，國家就會跟著遭殃。《詩經．大雅．瞻印》中說：『沒有了賢能的人，國家就將遭受危難。』說的就是國家沒有好人的危害。《夏書》上說：『與其殺死無辜的人，寧可放過犯罪的人。』這是擔心失去了好人。《詩經．商頌．殷武》中說：『不要過分，不要濫用，不可懈怠偷閒，上天命令我國，大力建樹福和祿。』就是商湯獲得上天保佑的原因。古代治理百姓的人，樂於賞賜而懼怕動用刑罰，為百姓憂心而不知疲倦。

「在春夏行賞，在秋冬行刑。因此，在將要行賞時，君主就會增加膳食，用膳後便把多餘的酒菜賜給臣下，從這裡可以知道他樂於賞賜。將要用刑時，君主就會撤去豐盛的膳食，用膳時也撤去音樂，從這裡可以知道他懼怕用刑。早起晚睡，早晚親自處理政事，從這裡可以知道他為百姓憂心。喜歡賞賜、懼怕刑罰、為百姓分憂這三件事，是禮儀的大節，有了禮儀就不會失敗。現在的楚國經常濫用刑罰，楚國的大夫紛紛逃亡到四周國家，成了那些國家的主要謀士，此舉將危害楚國，以致無法挽回的損失，這就是我所說的楚國不善任用賢人。子儀的叛亂，使析公逃到晉國。晉國人把他安排在國君的戰車後面，讓他擔任主要謀士。繞角戰役，晉國本來要逃走了，析公卻說：『楚軍輕浮急躁，容易被動搖。如果多處同時敲擊大鼓，趁夜色發動進攻，楚軍一定大敗。』

「晉國人聽從了析公的話，楚國果然在夜裡潰逃了。晉國接著侵襲蔡國，偷襲沈國，俘獲了沈國國君，在桑隧擊敗了申、息兩地的楚軍，抓住了楚國大夫申麗後回國。鄭國從此不敢向南親近楚國，楚國失去了中原諸侯的親附，這全是因為析公。雍子的父親和哥哥誣陷雍子，國君和大夫也一樣願不善待雍子，雍子就逃亡到了晉國。晉國人把畜邑分封給他，讓他成為主要謀士。

「彭城一仗（魯成公十八年），晉、楚兩軍在靡角之谷相遇，晉軍準備逃走時，雍子卻向軍隊發布命令：『把年老和年輕的人放回去，孤兒和有病的人放回去，一家有兩人參戰的放回去一個。精選兵士，檢閱兵車，餵飽戰馬，飽餐一頓，擺開陣勢，燒掉營帳，明天決戰。』晉軍讓該回家的人都走了，並故意放走楚軍戰俘，最後楚軍在夜裡潰逃了。晉軍降服了彭城，歸還給宋國，並帶著逃亡的宋大夫魚石等人回國。楚國失去了諸國的親附，子辛也為此被殺，這就是因為雍子的緣故。子反和子靈爭奪夏姬，破壞了申公巫臣的婚事。申公巫臣逃到了晉國，晉國人把邢邑分封給他，讓他成為主要謀士，抵禦北狄，使吳國和晉國通好，唆使吳國背叛楚國，並教吳國人乘戰車、射箭、駕車、驅車進攻，又讓他的兒子狐庸擔任吳國的外交官。

「吳國便在這時攻打巢地、奪取駕地、攻克棘地、攻入州來，讓楚國疲於奔命，到現在吳國還是楚國的大禍患，這都是因為子靈的緣故。若敖氏叛亂，伯賁的兒子賁皇逃亡到晉國。晉國人把苗地分封給他，讓他成為主要謀士。鄢陵之戰（魯成公十六年），楚軍早晨逼近晉軍並擺開陣勢，晉軍打算逃走，苗賁皇說：『楚軍的精銳部隊只有中軍的王族而已。如果填井平灶，擺開陣勢以抵擋他們，欒書、士燮兩軍各自擺開陣勢以減縮行陣引誘楚軍，左右兩軍的荀偃和穀錡、裕至一定能戰勝子重和子辛，然後我們再集中兵力從四面進攻他們的親兵，必定把他們打得大敗。』晉國人聽從苗賁皇的話，楚軍果然大敗，楚王受傷，軍隊潰散，子反自殺。鄭國叛離，吳國興起，楚國失去了諸侯的親附，這就是因為苗賁的緣故。」子木說：「這些都是事實。」

聲子說：「現在還有比這些更厲害的。伍舉娶了申公子牟的女兒為妻子，子牟獲罪而逃亡，國君和大夫們對伍舉說：『確實是你讓他走的。』伍舉因為害怕而逃到了鄭國，他伸長脖子望著南面說：『但願能赦免我！』但是楚國並不願意。現在伍舉在晉國，晉國人準備封給他縣邑，使他的爵祿可以和叔向相比。如果他將來策畫危害楚國，難道不會成為禍患嗎？」子木感到非常害怕，就對楚王說了，楚王馬上增加伍舉的爵祿並讓他回到楚國，聲子讓椒鳴迎接伍舉。

二十八年

齊國的慶封喜歡打獵且嗜好喝酒，他把政權交付給慶舍，就帶著他的妻妾財物遷到盧蒲嫳家裡，交換妻妾而喝酒。幾天以後，官員們就改到這裡朝見。慶封讓逃亡在外且知道崔氏餘黨的人，如果前來報告就允許他回國，所以盧蒲癸就因此回來了。盧蒲癸成為慶舍的家臣，受到寵信，慶舍就把女兒嫁給了盧蒲癸。慶舍的家臣對盧蒲癸說：「男女結婚要區別是否同姓，您卻不避同宗，為什麼？」盧蒲癸說：「同宗不避我，我怎麼能獨獨避開同宗？比如賦詩時的斷章取義，我取我所需要的就是了，哪裡知道什麼同宗不同宗？」盧蒲癸又對慶舍說起王何且讓他回來，兩個人都受到了慶舍的寵信。慶舍允許他們拿著武器寢戈作為隨身警衛。

卿大夫在朝廷辦公務用餐，每天有兩隻雞，管伙食的人偷偷換成鴨子。送飯的人知道了，把肉都拿掉只將肉湯送上來。子雅、子尾非常生氣，慶封告訴盧蒲嫳，盧蒲嫳說：「把他們比喻為禽獸，我就睡在他們的皮毛上了。」於是派析歸父告訴晏平仲。晏平仲說：「嬰的一夥人不足以任用，他們沒辦法想出這些計謀，也不敢洩漏這些話，有盟誓可作證。」析歸父說：「您已經這樣說了，哪裡還需要盟誓？」又告訴北郭子車，子車說：「各人都有不同的方式事奉國君，這不是佐所能做到的。」陳文子對陳無宇說：「禍難將要發生了，我們能得到什麼呢？」陳無宇回答：「可以在莊街上得到慶氏的木頭一百車。」

陳文子說：「若可以謹慎地守住就行了。」

盧蒲癸、王何為進攻慶氏而占卜，把卦象給慶舍看，說：「我們為攻打仇人而占卜，謹呈獻卦象。」慶舍說：「攻下吧，見到血了。」冬季，十月，慶封在萊地打獵，陳無宇跟從。十七日，陳文子派人召喚陳無宇回去，陳無宇請求：「無宇的母親病了，我請求回去。」慶封占卜，把卦象給陳無宇看，陳無宇說：「這是死的卦象。」隨即捧著龜甲而哭泣，於是就讓他回去了。慶嗣聽到這件事，說：「禍難將要發生了。」並告訴慶封：「趕快回去，禍難必然發生在秋祭的時候，回去還來得及。」慶封不聽，也沒有改悔的意思。慶嗣說：「他必須逃亡了，能夠逃到吳國、楚國就是僥倖。」陳無宇渡過河，馬上就破壞了渡船、撤毀了橋樑。

盧蒲姜對盧蒲癸說：「有事情而不告訴我，必然不能成功。」盧蒲癸告訴了他。盧蒲姜說：「我父親性情倔強，沒有人勸阻他，反倒不出來了。請讓我去勸阻他。」盧蒲癸說：「好。」十一月初七日，在太公的廟裡舉行秋祭，慶舍將親臨主持祭祀。盧蒲姜告訴他有人要發動禍亂，勸他不要去。他不聽，說：「誰敢這麼做？」就去太廟參加祭祀了。慶嬰充當祭屍，慶奊充當上獻。盧蒲癸、王何手拿寢戈，慶氏領著他的甲士圍住公宮。當陳氏、鮑氏的養馬人表演時，因為慶氏的馬容易受驚，所以甲士都解甲繫馬而喝酒，同時看戲，到了魚里。隨後，欒氏、高氏、陳氏、鮑氏的徒兵就穿上慶氏的皮甲，子尾抽出槌子，在門上敲了三下，盧蒲癸從後面刺殺慶舍，王何用戈對他猛擊，打下慶舍的左肩。這時，慶舍還能攀著廟宇的椽子，震動棟樑，把俎和壺向人扔去，殺死了人才死去。盧蒲癸等人就殺死了慶繩、麻嬰。齊景公恐懼，鮑國說：「臣下們都是為了君王。」陳須無帶著齊景公回去，脫去祭服進了內宮。

慶封回來後，碰到報告動亂的人。十九日，攻打西門，沒有攻下。回過頭攻打北門，攻下了。進城，攻打內宮，沒有攻下。返回，列陣於大街上，慶封請求決戰，沒有得到允許，就逃亡到魯國。慶封把車子獻給季武子，車子的光澤美麗得可作為鏡子。展莊叔進見季武子，說：「車很光亮，人必然憔悴，無怪乎他要逃亡了。」叔孫穆子設宴招待慶封，慶封先遍祭諸神。穆子感到不高興，讓樂工為他誦《茅鴟》這首詩以暗示他，但他也不明白。不久以後齊國人前來責問，慶封又逃亡到吳國。吳子勾餘把朱方封給慶封，他聚集了族人住在那裡，比以前更富有。子服惠伯對叔孫穆子說：「上天大概要讓壞人富有，慶封又富有起來了。」叔孫穆子說：「好人富有稱為獎賞，壞人富有稱為災殃。上天恐怕要降災於他了，將要讓他們聚集，再一起被殺盡吧！」

二十九年

（吳國公子季札前來魯國訪問，）請求觀賞周朝的音樂和舞蹈。魯襄公便為他演唱了《周南》和《召南》。季禮聽了以後讚美說：「太美妙了！教化已經逐漸奠基了，雖然還沒有完成，但百姓勤勞而沒有怨言。」接著樂工又演唱了《邶風》、《鄘風》和《衛風》。季禮說：「太好聽了，音調深沉。百姓雖然有憂思，但不至於困窘。我聽說衛國的康叔、武公的德行就有這樣的品德，這大概是《衛風》吧！」樂工為他歌唱《王風》。季札說：「美極了！有憂思卻沒有恐懼，這大概是周室東遷之後的樂歌吧！」樂工為他歌唱《鄭風》。季札說：「好聽！但歌詞內容瑣碎，多涉及男女情事，有關政事的卻很少，這樣百姓會忍受不了。這也許就預示著鄭國最先亡國吧！」

樂工為他歌唱《齊風》。季札說：「好聽啊，宏大而深遠，這是大國的樂歌啊！可以成為東海諸國的表率，這大概就是姜太公的國家吧？國運真是不可限量啊！」樂工為他歌唱《南風》。季札說：「好聽，博大坦蕩！快樂卻不放縱，大概是周公東征時的樂歌吧！」樂工為他歌唱《秦風》。季札說：「這就是華夏的音調吧！能產生這種夏聲，氣勢自然是非常宏大的，大到極點了！這大概是周室舊地的樂曲吧？」樂工為他歌唱《魏風》。季札說：「好聽！，輕盈而飄逸！豪放而又婉轉，說明政令雖然很廣，但並不難於實行。如果再加上德行輔助，就可以成為賢明的君主了。」

樂工為他歌唱《唐風》。季札說：「思慮深遠啊！大概是陶唐氏的遺民吧！不然，為什麼憂思會如此深遠呢？如果不是繼承了唐堯美德的後代，誰又能像這樣呢？」樂工為他歌唱《陳風》。季札說：「國家沒有主人，難道能夠長久嗎？」再歌唱《鄶風》以下的樂歌時，季札就沒有評論了。樂工又為季札歌唱《小雅》。季札說：「太美妙了！深深懷念文王、武王的德行而沒有二心，雖哀怨而不言說，這大概是周朝德政衰微時的樂歌吧？不過還是有先王的遺民啊！」

樂工為他歌唱《大雅》。季札說：「意境深廣，和諧動聽！表面上柔軟曲折，內在卻剛勁有力，表現了文王美好的德行！」樂工為他歌唱《頌》。季札說：「好極了！剛直而不傲慢，委婉而不卑下靡弱，緊湊而不急促，疏遠而不離心，變化而不過分，反覆而不令人厭倦，哀傷而不憂愁，安樂而不荒淫，供人取用而不匱乏，廣大而不張揚，施予而不耗損，求取而不貪得，安守而不停滯，流動而不氾濫。五聲和諧，八音協調，節拍有一定規律，樂器配合有一定準則。這都是擁有大德大行的人所共有的品格。」

季札看見表演《象箾》和《南籥》兩種樂舞後說：「真優美，但好像有點美中不足！」看到跳《大武》

時說：「很美，當年周朝興盛的時候，大概就是這樣子吧。」看到跳《韶濩》時說：「聖人如此偉大，仍然有不足之處，看來做人也不容易啊！」看到跳《大夏》時說：「很美！勤民事而不自以為有功。除了夏禹外，還有哪個人能做到呢？」看到表演《韶簫》時說：「德行到達了極點，並且廣闊無邊！偉大啊，就像上天無所不蔽，像大地無所不納一樣！即使有再高尚的德行，也難以超越這個境界了。真是讓我嘆為觀止！即使你們還有其他樂舞，我也不敢再請求觀賞了！」

公子札出國聘問，是為了幫助新立的國君交好各國，公子札因此到齊國聘問。他喜歡晏平仲，對他說：「您趕快交還封邑和政權吧。沒有封邑、沒有政權，才能免於禍難。齊國的政權將會有所歸屬，若沒有歸屬，禍難將不會停止。」而後，晏子便透過陳桓子交還了政權和封邑，因為這樣而免於欒氏、高氏發動的禍亂。季札到鄭國聘問，見到子產就像老朋友一般，季札贈送子產白絹帶，子產為季札獻上苧麻所做的衣服，公子札對子產說：「鄭國的執政者過於奢侈，禍難將要來臨了。之後，政權必然落到您手中。您執政時，必須用禮謹慎地處事，否則鄭國將會敗亡。」

三十一年

魯襄公死去的那個月，子產隨從鄭簡公到晉國，晉平公藉口魯國有喪事，而沒有接見他們。子產派人把晉國館舍的圍牆全部拆毀，把自己的車馬放進去。晉國大夫士文伯責備子產：「敝國由於政事和刑罰施行得不好，到處是盜賊，無奈諸侯常屈駕來訪問我們的國君，無法保證他們的安全，因此派人修繕賓客所住的館舍，加高它的大門，將圍牆修得厚實，使外國賓客不會感到擔憂。現在您拆毀了圍牆，雖然您的隨從能夠自行戒備，但其他國家的賓客該怎麼辦呢？由於敝國是諸侯的盟主，所以修建館舍圍牆，用以接待賓客。如果把圍牆都拆了，怎麼能滿足賓客的需求呢？我們國君派我來請問你們拆毀圍牆的用意。」

子產回答：「因為敝國國土狹小，處在大國中間，而大國索求貢納物品又沒有定時，因此不敢安居度日，只能搜尋敝國的全部財物，以便隨時前來朝見貴國。碰上你們國君沒有空閒不能見面，又沒有得到命令，不知道朝見的日期。既不敢進獻財物，又不敢把它們存放在外面。要是送進去，那就成了貴國君王府庫中的財物，但若不經過進獻的儀式，我們是不敢進獻的。如果把禮物放在外面，又怕晴雨無常，腐爛損傷，加重敝國的罪過。我聽說文公從前做盟主時，宮室矮小，沒有觀台樓閣，卻把接待賓客的館舍修得十分高大，館舍就像國君的寢宮一樣。倉庫和馬棚也修得很好，司空按時修建平整道路，泥水工匠按時粉刷館舍房間。

「諸侯的賓客到來時，甸人點起庭院中的火把，僕人巡視館舍，車馬有安置的地方，賓客隨從也都有代勞的人員，管理車的官員為車軸塗油，清掃的人、看守牛羊的人、餵馬的人，各自做他分內的事；各部門的官吏，各自拿出招待賓客的物品。文公從不讓賓客們等待，也沒有被延誤的情況；憂樂與賓客同享，有事就親自巡查；賓客有什麼不了解的就加以指教，有什麼困難就加以接濟。賓客來到晉國就好像回到家裡一樣，哪裡會有什麼災禍啊，不怕盜賊，也不用擔心天氣或晴或雨。現在銅鞮的宮室廣闊數里，卻讓諸侯賓客住在像奴隸住的房子裡，車輛進不了大門，又不能翻牆而入。盜賊公然橫行，天災難防。接見賓客沒有定時，召見命令也不知何時發布。如果還不拆毀圍牆，就沒有地方存放禮品，我們的罪過就要加重。斗膽請教您，您要命令我們把這些財物放到什麼地方去呢？雖然貴國遇上喪事，可這也是敝國的憂傷啊。如果能讓我們進見晉君、獻上貢品，我們會把圍牆修好了再走，這是晉君的恩惠，我們哪裡還怕這一點辛勞呢？」

士文伯回報了責問子產的情況。趙文子說：「的確是這樣。我們實在不好，用像奴隸住的房舍來接待諸侯，這是我們的過錯啊。」於是，他派士文伯前去道歉，承認自己辦事疏忽的罪過。

之後，晉平公以隆重的禮節接見了鄭簡公，舉行豐厚的宴會表示友好，然後讓他們回國。晉國接著建造了接待諸侯的館舍。叔向說：「辭令不可廢棄就是這樣啊！子產善於辭令，諸侯也靠他得到了好處，怎麼能放棄辭令呢？《詩經．大雅》中說：『辭令和諧，百姓團結；言辭動聽，百姓安定。』子產懂得善於辭令的好處。」

高手過招

1.（　）下列「　」中各詞的用法，何者與「吾見申叔，夫子所謂『生』死而『肉』骨也。」（《左傳・襄公十二年》）的「生」、「死」相同？

A. 范增數「目」項王。（漢代司馬遷《史記・項羽本紀》）

B. 春風又「綠」江南岸。（宋代王安石《泊船瓜州》）

C. 見公卿不為禮，無貴賤，皆「汝」之。（唐代魏徵《隋書・楊伯醜傳》）

D.晉侯、秦伯圍鄭，以其無禮於晉，且「貳」於楚也。（《左傳．僖公三十年》）

2.（　）《戰國策》：「衍將右韓而左魏，文將右齊而左魏。二人者，將用王之國。」句中「右」通「佑」字，有佑助之意。下列選項中「右」字的用法及詞性，何者與此相同？

A.濱渠下田，賦與貧人，無令豪「右」得固其利。（南朝劉宋范曄《後漢書．顯宗孝明帝紀》）

B.以相如功大，拜為上卿，位在廉頗之「右」。（漢代司馬遷《史記．廉頗藺相如列傳》）

C.王叔陳生與伯輿爭政，王「右」伯輿，王叔陳生怒而出奔。（《左傳．襄公十年》）

D.賢趙臣田叔、孟舒等十人，召見與語，漢廷臣無能出其「右」者。（漢代班固《漢書．高帝紀》）

解答：1. B　2. C

昭公

前五四一—前五一〇年

魯昭公，魯國第二十四代君主。西元前五一七年，魯昭公伐季孫氏但大敗，魯昭公逃到齊國。西元前五一〇年，昭公死。在其任內，他嘗試與季平子政治角力，最終卻演變成「鬥雞之變」，使昭公逃亡齊國。

元年

楚公子圍聘於鄭，且娶於公孫段氏，伍舉為介❶。將入館，鄭人惡之，使行人子羽與之言❷，乃館於外。

既聘，將以眾逆❸。子產患之，使子羽辭曰：「以敝邑褊（ㄅㄧㄢˇ）小，不足以容從者，請墠（ㄕㄢˋ）聽命❹。」令尹命大宰伯州犁對曰❺：「君辱貺（ㄎㄨㄤˋ）寡大夫圍❻，謂圍將使豐氏❼，撫有而室，圍布几筵，告於莊、共之廟而來❽，若野賜之❾，是委君貺（ㄎㄨㄤˋ）於草莽也，是寡大夫不得列於諸卿也，不寧唯是，又使圍蒙其先君❿，將不得為寡君老，其蔑以復矣⓫，唯大夫圖之。」

子羽曰：「小國無罪，恃實其罪⓬。將恃大國之安靖己，而無乃包藏禍心以圖之。小國失恃，而懲諸侯，使莫不憾者，距違君命⓭，而有所壅塞不行是懼。不然，敝邑館人之屬也，其敢愛豐氏之祧（ㄊㄧㄠ）⓮？」

伍舉知其有備也，請垂櫜（ㄍㄠ）而入⓯，許之。

【說文解字】

❶介：副、次。❷行人：管理朝覲聘問的官員。❸逆：迎接，此處指迎親。❹墠：郊外祭祀用的場地。❺令尹：楚國官名，掌軍政，此處指公子圍。❻貺：贈送、賜與。❼豐氏：公孫段氏，公孫段食邑於豐，故稱之。❽莊、共：指楚莊王、楚共王。❾野賜之：指在郊外迎親。❿蒙：欺騙。⓫老：老代公卿大夫的尊稱。⓬恃實其罪：小國依恃大國，不設防，就是罪過。⓭距：通「拒」。⓮祧：祖廟。⓯垂：倒掛。櫜：盛弓的袋子。

成語集錦

❖包藏禍心：懷藏詭計，圖謀害人。

典源 小國無罪，恃實其罪。將恃大國之安靖己，而無乃包藏禍心以圖之。小國失恃，而懲諸侯，使莫不憾者，距違君命，而有所壅塞不行是懼。不然，敝邑館人之屬也，其敢愛豐氏之祧？

01 蓋金非可以義交而信結，恐其假和好之說，騁謬悠之辭，包藏禍心，變出不測。願深鑒前轍，亦嚴戰守之備，使人人激厲，常若寇至。（元代脫脫《宋史》）

02 平章政事高琪，賦性陰險，報復私憾，竊弄威柄，包藏禍心，終害國家。（元代脫脫《金史》）

03 主人驚曰：「何罵父？」答曰：「彼是我何父！初與義為客侶，不圖包藏禍心，隱我血貲，悍不還。今願得而甘心，何父之有！」（清代蒲松齡《聊齋志異》）

04 安祿山包藏禍心，已非一日，當時有赴闕若言其反者，陛下輒殺之，使得逞其奸逆，以致乘輿播遷。（清代褚人穫《隋唐演義》）

四年

四年，春，王正月，許男如楚❶，楚子止之，遂止鄭伯，復田江南❷，許男與焉。

使椒舉如晉求諸侯❸，二君待之。椒舉致命曰：「寡君使舉曰：『日君有惠，賜盟於宋，曰，晉楚之從，交相見也，以歲之不易，寡人願結驩(ㄏㄨㄢ)於二三君❹。』使舉請間，君若苟無四方之虞❺，則願假寵以請於諸侯❻。」

晉侯欲勿許，司馬侯曰❼：「不可。楚王方侈，天或者欲逞其心，以厚其毒而降之罰，未可知也，其使能終，亦未可知也。晉、楚唯天所相，不可與爭，君其許之，而脩德以待其歸。若歸於德，吾猶將事之，況諸侯乎？若適淫虐，楚將棄之，吾又誰與爭？」曰：「晉有三不殆，其何敵之有？國險而多馬，齊楚多難，有是三者，何鄉而不濟❽？」對曰：「恃險與馬，而虞鄰國之難，是三殆也，四嶽、三塗、陽城、大室、荊山、中南，九州之險也，是不一姓。冀之北土，馬之所生，無興國焉，恃險與馬，不可以為固也，從古以然。是以先王務脩德音，以亨神人❾，不聞其務險與馬也，鄰國之難，不可虞也，或多難以固其國，啟其疆土，或無難以喪其國，失其守宇，若何虞難？齊有仲孫之難，而獲桓公，至今賴之，晉有里丕之難⑩，而獲文公，是以為盟主，衛邢無難，敵亦喪之，故人之難，不可虞也。恃此三者，而不脩政德，亡於不暇，又何能濟？君其許之，紂作淫虐，文王惠和，殷是以隕，周是以興，夫豈爭諸侯？」乃許楚使，使叔向對曰：「寡君有社稷之事，是以不獲春秋時見諸侯，君實有之，何辱命焉。」椒舉遂請昏，晉侯許之。

楚子問於子產曰：「晉其許我諸侯乎？」對曰：「許君。晉君少安，不在諸侯，其大夫多求，莫匡其君，在宋之盟，又曰，如一⑪，若不許君，將焉用之？」王曰：「諸侯其來乎？」對曰：「必來。從宋之盟，承君之歡，不畏大國，何故不來？不來者，其魯、衛、曹、邾乎？曹畏宋，邾畏魯，魯、衛偪於齊而親於晉⑫，唯是不來。其餘君之所及也，誰敢不至？」王曰：「然則吾所求者，無不可乎？」對曰：「求逞於人，不可，與人同欲，盡濟。」

【說文解字】

❶許男：此處指許悼公。❷田：打獵，通「畋」。❸椒舉：伍舉，一作椒舉，因封椒地而得名。春秋時楚國大夫，伍參之子，伍員（即伍子胥）祖父，伍奢之父。❹驩：喜樂、歡心。❺四方：東、南、西、北。泛指四處各地。虞：疑慮、顧慮。❻假寵：憑藉他人的權勢地位。❼司馬侯：晉國大夫，向晉悼公推薦羊舌肸，後為太子彪（晉平公）傅。❽不濟：事情不成功。❾亨：事情不成功。❿里：晉國將軍。丕：晉國大夫。晉獻公去世後，里克、丕鄭想立公子重耳（晉文公），最後改立公子夷吾（晉惠公）。晉惠公即位後，殺死里克，派丕鄭出使秦國。他對秦穆公說郤芮、呂省、郤稱不同意給秦國土地，建議改立重耳為王。事泄，晉惠公殺死丕鄭。⓫如一：相似。⓬偪：侵迫。

❖吉人天相：形容吉善的人自有上天的幫助。吉人，吉善的人。天相，上天給予的幫助。

典源

晉侯欲勿許。司馬侯曰：「不可。楚王方侈，天或者欲逞其心，以厚其毒而降之罰，未可知也，其使能終，亦未可知也。晉、楚唯天所相，不可與爭，君其許之，而脩德以待其歸。若歸於德，吾猶將事之，況諸侯乎？若適淫虐，楚將棄之，吾又誰與爭？」

01 哥哥，你只管依著他做去，吉人天相，到後日我同女孩兒來賀你也。（元代王曄《桃花女》）

02 大丈夫豈可以一字定終身禍福？況且「吉人天相」，只以太師之才德，豈有不克西岐之理。（明代陳仲琳《封神演義》）

03 賈清夫等一齊拍手道：「此皆公子吉人天相，酒食之來，如有神助。」各下了馬，打點席地而坐。（明代淩濛初《二刻拍案驚奇》）

04 王三老道：「既然庚帖返去，原聘也必然還璧。但吉人天相，令郎尊恙，終有好日，還要三思而行。」（清代馮夢龍《醒世恆言》）

05 誰知晁梁合任直吉人天相，谷大尹報陞了南京刑部主事，一則離任事忙，二則心緒不樂，只則也丟開一邊罷了。（清代西周生《醒世姻緣傳》）

06 若再稍遲一步，只怕叔叔性命難保。但是將身一縱，就能竄高，若非神靈護佑，何能如此？真是

吉人天相！（清代李汝珍《鏡花緣》）

07 多九公道：「這是林兄吉人天相，所以湊巧得唐兄同來。」（清代李汝珍《鏡花緣》）

❖多難興邦：國家多難，則上下團結奮發，促使邦國更加興盛。

典源 恃險與馬，不可以為固也，從古以然。是以先王務脩德音，以亨神人，不聞其險與馬也，鄰國之難，不可虞也，或多難以固其國，啟其疆土，或無難以喪其國，失其守宇，若何虞難？

01 無難失守者，忽萬機之重而忘憂畏也；多難興邦者，涉庶事之艱而知敕慎也。（唐代陸贄《論敘遷幸之由狀》）

02 我皇上御極以來，敬天法祖，勤政恤民，……多難興邦，殷憂啟聖，以其時考之則可矣。（明代盧象昇《請討賊疏》）

03 且夫古之人，沮抑志奮，困阨學成。或內寧而啟亂，或多難以興邦。（清代唐甄《潛書》）

十一年

楚子城陳、蔡、不羹❶，使棄疾為蔡公，王問於申無宇曰：「棄疾在蔡何如？」對曰：「擇子莫如父，擇臣莫如君，鄭莊公城櫟而寘子元焉❷，使昭公不立。齊桓公城穀而寘管仲焉，至於今賴之。臣聞五大不在邊❸，五細不在庭，親不在外，羈不在內❹。今棄疾在外，鄭丹在內，君其少戒。」王曰：「國有大城何如？」對曰：「鄭京、櫟實殺曼伯，宋蕭、亳實殺子游，齊渠(ㄑㄩˊ)丘實殺無知，衛蒲、戚實出獻公，若由是觀之，則害於國。末大必折，尾大不掉，君所知也。」

【說文解字】

❶不羹：《後漢書》：「襄城有西不羹，定陵有東不羹。」皆在今河南。西不羹在襄城縣東南，東不羹在舞陽縣西北。❷寘：安置、放置。❸邊：指兩國或兩地區的交界處或近交界處。❹羈：寄居在外的旅客。

成語集錦

❖尾大不掉：指尾巴過大就不易擺動。比喻下屬的勢力強大，在上者難以駕馭。後亦用以比喻事物因輕重關係倒置，形成難以控制的局面。掉，轉動。

典源 鄭京、櫟實殺曼伯，宋蕭、亳實殺子游，齊渠丘實殺無知，衛蒲、戚實出獻公，若由是觀之，則害於國。末大必折，尾大不掉，君所知也。

01 若充之以資財，實之以重祿之臣，是輕本而重末也。臣聞「尾大不掉，末大必折」，此豈不施威諸侯之心哉？（漢代賈誼《新書》）

02 莫學那樣背恩反噬，尾大不掉的，被人唾罵。（清代馮夢龍《醒世恆言》）

03 臣恐數世之後，尾大不掉，然後削其地而奪之權，則必生觖望，甚者緣間而起，防之無及矣。（清

代張廷玉《明史》）

04 舒大人弄到後來，也曉得尾大不掉，卻又沒法子想，只想換個地方，把這個擔子給別人去挑。（清代吳趼人《糊塗世界》）

05 地廣人多，良莠不齊，不肖團長有跋扈情形，承辦團練紳士又不能杜漸防微，隨時舉發，致有尾大不掉之勢。（民國趙爾巽《清史稿》）

十五年

十二月，晉荀躒如周，葬穆后，籍談為介。既葬除喪，以文伯宴，樽以魯壺，王曰：「伯氏❶，諸侯皆有以鎮撫王室❷，晉獨無有，何也？」文伯揖籍談❸，對曰：「諸侯之封也，皆受明器於王室❹，以鎮撫其社稷，故能薦彝器於王❺。晉居深山，戎狄之與鄰，而遠於王室。王靈不及，拜戎不暇，其何以獻器？」王曰：「叔氏而忘諸乎？叔父唐叔，成王之母弟也，其反無分乎？密須之鼓，與其大路，文所以大蒐也。闕鞏之甲，武所以克商也，唐叔受之，以處參虛，匡有戎狄，其後襄之二路，鏚鉞秬鬯❻，彤弓虎賁❼，文公受之，以有南陽之田，撫征東夏，非分而何？夫有勳而不廢，有績而載，奉之以土田，撫之以彝器，旌之以車服❽，明之以文章，子孫不忘，所謂福也。福祚之不登❾，叔父焉在？且昔而高祖孫伯黶，司晉之典籍，以為大政，故曰籍氏。及辛有之二子董之晉，於是乎有董史，女，司典之後也，何故忘之？」籍談不能對，賓出，王曰：「籍父其無後乎，數典而忘其祖。」

籍談歸以告叔向，叔向曰：「王其不終乎，吾聞之：『所樂必卒焉。』今王樂憂，若卒以憂，不可謂終。王一歲而有三年之喪二焉，於是乎以喪賓宴，又求彝器，樂憂甚矣，且非禮也。彝器之來，嘉功之由，非由喪也，三年之喪，雖貴遂服，禮也。王雖弗遂，宴樂以早，亦非禮也。禮，王之大經也，一動而失二禮，無大經矣，言以考典，典以志經，忘經而多言舉典，將焉用之？」

【說文解字】

❶伯氏：兄長、哥哥。❷鎮撫：使安定並撫恤之。❸揖：拱手行禮。❹明器：明德之器、神明之器。❺彝器：古代宗廟常用祭器的總稱。❻鏚：斧頭。鉞：武器名。形制似斧而較大，通常以金屬製成，多用作禮仗，以象徵帝王的權威，也用為刑具。通「戉」。秬鬯：祭祀時用來降神的酒。以香草與黑黍釀製而成，色黃而芳香。❼彤弓：以丹飾弓。彤，用紅色顏料塗飾器物。虎賁：勇士。❽車服：古代天子多以車馬服飾賜與諸侯臣僚，後亦泛指賞賜。❾祚：福氣。

成語集錦

❖**數典忘祖：**指列舉典故論說事情，卻反而將自己祖先掌管典籍的這件事給忘了。後用以比喻人忘本。典，典故。

典源 王曰：「籍父其無後乎，數典而忘其祖。」

01 班固又於〈陳涉〉、〈項羽傳〉後引此及史遷所論項羽者，以作二人傳贊，未免數典而忘其祖也。（清代趙翼《廿二史劄記》）

02 況周、秦兩家，實為南宋導其先路。數典忘祖，其謂之何？（清代陳廷焯《白雨齋詞話》）

03 枚祖籍慈溪，為兄部民，因生長杭州，數典忘祖。（清代袁枚《與錢竹初書》）

04 然！可見我講的不是無本之談。「密鴉密罕豐庫」的漢話便叫作「綵帨」。帨即手巾也。只是如今弄到用起錦繡綢緞手巾來。連那些東西，也都用金銀珠寶作成者，便是數典而忘其祖，大失命題本意了。（清代文康《兒女英雄傳》）

二十年

十二月，齊侯田於沛，招虞人以弓，不進，公使執之，辭曰：「昔我先君之田也，旃以招大夫❶，弓以招士，皮冠以招虞人，臣不見皮冠，故不敢進。」乃舍之。仲尼曰：「守道不如守官。」君子同之。

齊侯至自田，晏子侍於遄台，子猶馳而造焉❷，公曰：「唯據與我和夫。」晏子對曰：「據亦同也，焉得為和？」公曰：「和與同異乎？」對曰：「異，和如羹焉，水火醯醢鹽梅❸，以烹魚肉，燀之以薪❹。宰夫和之，齊之以味，濟其不及，以洩其過。君子食之，以平其心，君臣亦然，君所謂可，而有否焉，臣獻其否，以成其可，君所謂否，而有可焉，臣獻其可，以去其否，是以政平而不干民無爭心。故《詩》曰：『亦有和羹，既戒既平，鬷(ㄗㄨㄥ)假無言❺，時靡有爭。』先王之濟五味，和五聲也，以平其心，成其政也。聲亦如味，一氣，二體，三類，四物，五聲，六律，七音，八風，九歌，以相成也。清濁大小，長短疾徐，哀樂剛柔，遲速高下，出入周疏，以相濟也。君子聽之，以平其心，心平德和。故《詩》曰：『德音不瑕。』今據不然，君所謂可，據亦曰可，君所謂否，據亦曰否。若以水濟水，誰能食之？若琴瑟之專一，誰能聽之？同之不可也如是。」

飲酒樂，公曰：「古而無死，其樂若何？」晏子對曰：「古而無死，則古之樂也，君何得焉？昔爽鳩(ㄐㄧㄡ)氏始居此地，季萴(ㄗㄜˊ)因之❻，有逢伯陵因之，蒲姑氏因之，而後大公因之。古者無死，爽鳩氏之樂，非君所願也。」

【說文解字】

❶旃：泛指旗子、旌旗。❷造：至、到達。❸醯：醋。醢：肉醬。❹燀：燃燒。❺鬷假：謂祭祀時精誠上達於神，引申為祭祀。鬷，釜類的器皿。❻因：承襲、沿襲。

成語集錦

❖**心平氣和**：心氣平和，不急不怒。

典源 以平其心，心平德和。故《詩》曰：「德音不瑕。」

01 季札錄云：「庶幾心平氣和，可以思索義理。」（宋代黎靖德《朱子語類》）

02 荊公與先生雖道不同，而嘗謂先生忠信，先生每與論事，心平氣和。（宋代程頤《明道先生行狀》）

03 先生心平而氣和，故雖老而體胖。（宋代蘇軾《菜羹賦》）

04 姑娘這段話，道了個知甘苦，近情理，並且說得心平氣和，委屈宛轉。（清代文康《兒女英雄傳》）

05 走道兒有個法子。越不到越急，越走不上來。必須心平氣和，不緊不慢，彷彿遊山玩景的一般。（清代石玉崑《三俠五義》）

06 這件事我碰著了，倒還是心平氣和。（清代李寶嘉《官場現形記》）

二十四年

六月，壬申，王子朝之師攻瑕及杏，皆潰。

鄭伯如晉，子大叔相，見范獻子，獻子曰：「若王室何？」對曰：「老夫其國家不能恤，敢及王室，抑人亦有言曰：『嫠(ㄌㄧˊ)不恤其緯❶，而憂宗周之隕，為將及焉。』今王室實蠢蠢焉，吾小國懼矣，然大國之憂也，吾儕何知焉？吾子其早圖之。《詩》曰：『缾(ㄆㄧㄥˊ)之罄(ㄑㄧㄥˋ)矣❷，唯罍(ㄌㄟˊ)之恥❸。』王室之不寧，晉之恥也。」獻子懼，而與宣子圖之，乃徵會於諸侯，期以明年。

秋，八月，大雩(ㄩˊ)❹，旱也。

【說文解字】

❶嫠：寡婦。緯：織布時用梭穿織的橫紗或編織物的橫線。❷缾：口小腹大的容器，可用以裝酒或其他東西。通「瓶」。罄：器皿中空無一物。❸罍：古代一種盛酒或水的容器。外形像壺，小口、兩耳、深腹、有蓋，表面刻有雲雷紋形為飾。以上兩句比喻父母不得其所，是兒子的恥辱。❹雩：求雨的祭典。

成語集錦

❖ **蠢蠢欲動**：像蟲子一樣扭曲著身軀欲有所行動。比喻人意圖為害作亂。

典源 對曰：「老夫其國家不能恤，敢及王室，抑人亦有言曰：『嫠不恤其緯，而憂宗周之隕，為將及焉。』今王室實蠢蠢焉，吾小國懼矣，然大國之憂也，吾儕何知焉？」

01 越千里以伐人，而強晉蠢蠢然又有欲動之勢。形孤而心搖，必不能久矣！（宋代王質《論廟謀疏》）

02 金山上人團簇，隔江望之，螘附蜂屯，蠢蠢欲動。（明代張岱《陶庵夢憶》）

二十五年

夏，會於黃父，謀王室也，趙簡子令諸侯之大夫輸王粟❶，具戍人❷，曰：「明年將納王。」

子大叔見趙簡子，簡子問揖讓、周旋之禮焉❸，對曰：「是儀也，非禮也。」簡子曰：

「敢問何謂禮？」對曰：「吉也聞諸先大夫子產曰：『夫禮，天之經也，地之義也，民之行也。』天地之經，而民實則之，則天之明，因地之性，生其六氣❹，用其五行❺。氣為五味❻，發為五色❼，章為五聲❽，淫則昏亂，民失其性。是故為禮以奉之：為六畜❾、五牲❿、三犧⓫，以奉五味；為九文⓬、六采⓭、五章⓮，以奉五色；為九歌⓯、八風⓰、七音⓱、六律⓲，以奉五聲；為君臣上下，以則地義；為夫婦外內，以經二物；為父子、兄弟、姑姐、甥舅、昏媾⓳、姻亞⓴，以象天明；為政事、庸力、行務，以從四時；為刑罰、威獄，使民畏忌，以類其震曜殺戮㉑；為溫、慈、惠、和，以效天之生殖長育。民有好惡喜怒哀樂，生於六氣，是故審則宜類，以制六志。哀有哭泣，樂有歌舞，喜有施捨，怒有戰鬥，喜生於好，怒生於惡。是故審行信令，禍福賞罰，以制死生。生，好物也，死，惡物也，好物樂也，惡物哀也，哀樂不失，乃能協於天地之性，是以長久。」簡子曰：「甚哉，禮之大也。」對曰：「禮，上下之紀，天地之經緯也，民之所以生也，是以先王尚之，故人之能自曲直以赴禮者，謂之成人，大不亦宜乎？」簡子曰：「鞅也，請終身守此言也。」

宋樂大心曰：「我不輸粟，我於周為客，若之何使客？」晉士伯曰：「自踐土以來㉒，宋何役之不會，而何盟之不同？曰：『同恤王室。』子焉得辟之？子奉君命以會大事，而宋背盟，無乃不可乎？」右師不敢對，受牒而退㉓，士伯告簡子曰：「宋右師必亡，奉君命以使，而欲背盟以干盟主，無不祥大焉。」

【說文解字】

❶粟：穀實的總稱。❷戍：守衛的人。❸揖讓：作揖謙讓，為古代賓主相見的禮節。周旋：本為古代行禮時進退揖讓的動作，後引申為應酬、交際。❹六氣：自然氣候變化的六種現象，指陰、陽、風、雨、晦、明之氣。❺五行：水、火、木、金、土五種物質，古代視為構成萬物的基本元素。五者相生相剋，使宇宙萬物運行變化，形成各種現象。❻五味：甜、酸、苦、辣、鹹五種滋味。❼五色：本指青、黃、赤、白、黑五種顏色，後泛指各種顏色。❽五聲：宮、商、角、徵、羽五聲。❾六畜：馬、牛、羊、雞、犬、豬六種牲畜。❿五牲：五種可供祭祀的牲畜，一般指牛、羊、豬、犬、雞。⓫三犧：指祭祀用的雁、鶩、雉。⓬九文：古代天子禮服上的九種圖案。⓭六采：謂天地四方之色，即青、白、赤、黑、玄、黃六色。⓮五章：指服裝上的五種不同文采，用以區別尊卑。⓯九歌：泛指各種樂章。⓰八風：古代對樂器的統稱，通常為金、石、絲、竹、匏、土、革、木八種不同質材所製。⓱七音：古樂理以宮、商、角、徵、羽、變宮、變徵為七音。⓲六律：古代樂音標準名。相傳黃帝時，伶倫截竹為管，以管之長短分別聲音的高低清濁，樂器的音調皆以此為準。樂律有十二，陰陽各六，陽為律，陰為呂。六律即黃鐘、大蔟、姑洗、蕤賓、夷則、無射。⓳昏媾：姻親、通婚關係。⓴姻亞：今泛指姻親。姻，女婿的父親。亞，兩婿互稱。㉑震曜：打雷閃電。㉒踐土：踐土之盟，春秋時代於踐土（鄭地）召開的一場盟會。於西元前六三二年冬天召開，由晉文公主導，邀集諸侯參加。該會盟是晉國在城濮之戰打敗楚國之後，與各國約定要求尊重周王室，是晉文公霸業的代表事件。㉓牒：古代用以書寫的小而薄的竹簡或木片。

成語集錦

❖**天經地義**：天地間原本如此而不容改變的道理。

典源

簡子曰：「敢問何謂禮？」對曰：「吉也聞諸先大夫子產曰：『夫禮，天之經也，地之義也，民之行也。』天地之經，而民實則之。」

01 立行可模，置言成範。英華外發，清明內昭。天經地義之德，因心必盡；簡久遠大之方，率由斯至。（南朝梁沈約《齊故安陸昭王碑文》）

02 以公天經地義，貫徹幽明，春露秋霜，允恭粢盛，是用錫公秬鬯一卣，圭瓚副焉。（唐代姚思廉《陳書》）

03 伯父子姪皆天經地義，不可改易。今以伯為父，以父為叔，倫理易常，是為大變。（清代張廷玉《明史》）

04 伯集自然順了他的口風幫上幾句，又著實恭維黃詹事的話是天經地義，顛撲不破的。（清代李伯元《文明小史》）

05 她想：就是雯青在天之靈也會原諒她的苦衷。所以不守節，去自由，在她是天經地義的辦法，不必遲疑的。（清代張鴻《孽海花》）

三十一年

冬，邾（ㄓㄨ）黑肱（ㄍㄨㄥ）以濫來奔❶。賤而書名，重地故也。

君子曰：「名之不可不慎也如是。夫有所名，而不如其已，以地叛，雖賤，必書地，以名其人，終為不義，弗可滅已。是故君子動則思禮，行則思義，不為利回，不為義疚，或求名而不得，或欲蓋而名章，懲不義也。齊豹為衛司寇，守嗣大夫，作而不義，其書為盜。邾（ㄓㄨ）庶其、莒（ㄐㄩˇ）牟夷、邾黑肱（ㄍㄨㄥ），以土地出，求食而已，不求其名，賤而必書。此二物者，所以懲肆而去貪也，若艱難其身，以險危大人，而有名章徹，攻難之士，將奔走之。若竊邑叛君，以徼（ㄐㄧㄠ）大利❷，而無名，貪冒之民，將寘（ㄓˋ）力焉。是以《春秋》書齊豹曰：『盜。』三叛人名，以懲不義，數惡無禮，其善志也。故曰：春秋之稱，微而顯，婉而辨，上之人能使昭明，善人勸焉，淫人懼焉，是以君子貴之。」

【說文解字】

❶濫：春秋邾邑，在今山東滕縣東南。❷徼：追求。

成語集錦

❖欲蓋彌彰：形容想要掩飾過失，反而使過失更加明顯。

典源

冬，邾黑肱以濫來奔。賤而書名，重地故也。君子曰：「名之不可不慎也如是。夫有所有名，而不如其已，以地叛，雖賤，必書地，以名其人，終為不義，弗可滅已。是故君子動則思禮，行則思義，不為利回，不為義疚，或求名而不得，或欲蓋而名章，懲不義也。」

01 證據明具，詞理俱窮，殊不省非，更為文過，謂競廝養，為欺以對，獄官為羞，欲蓋彌彰，侮我

何甚！（宋代徐鉉《筠州刺史林延皓責受制》）

02 人謂呂因敗露難容，乃上憂危一疏，號泣朝門，無乃欲蓋而彌彰。（明代沈德符《萬曆野獲編》）

03 陛下臨朝，常以至公為言，退而行之，未免私僻。或畏人知，橫加威怒，欲蓋彌彰，竟有何益！（清代畢沅《資治通鑑》）

04 誰呼汝為鬼魅？而先辨非鬼非魅也，非欲蓋彌彰乎？（清代紀昀《閱微草堂筆記》）

白話翻譯

元年

楚國的公子圍到鄭國聘問，同時迎娶公孫段家的女兒，伍舉擔任副使。當他們正準備住進鄭國接待外賓的城內館舍時，鄭國人懷疑他們，派了外交官公孫揮與他們商量，於是他們改住在城外的館舍。

當楚國人完成了聘問的禮儀，公子圍準備帶領軍隊前去迎親時，子產對此十分擔憂，派子弱推辭，說：「由於敝國地方狹小，容納不下隨從的人，請在城外舉行婚禮好嗎？」公子圍派太宰伯州犁回答：「承蒙君王賞賜敝國大夫公子圍，對公子圍說要把公孫段的女兒嫁給他為妻。公子圍擺設了筵席，在莊王、共王的宗廟禱告後才來。如果在郊外舉行婚禮，就等於把貴國對我們的好意拋在草叢之中，同時這樣做也是沒有以卿禮接待我國的大夫。不僅如此，更使公子圍欺騙自己的先君，除了不能向我們國君交代，更使他失去在楚國擔任卿的資格，再也無顏回到楚國了。所以請貴國慎重考慮。」

公孫揮說：「鄭國從來沒有什麼罪過，依賴大國才是它真正的罪過。我們想依賴大國以安定自己，又害怕他們包藏禍心圖謀自己。我們鄭國若失去楚國的保護，那麼我們也擔心，楚國也會因此失去諸侯各國的信任，而引起他們的警戒，使各諸侯國莫不怨恨大國，抗拒違背君王的命令，使大國的命令不能貫徹，無法施行。要不然，鄭國是替貴國看守館舍的，豈敢因為愛惜公孫段的宗廟，而不讓你們的公子圍舉行婚禮呢？」

伍舉知道鄭國已經有所戒備，於是請求不帶兵器入城，子產才答應了他們。

四年

四年春季，周王朝曆法正月，許悼公到楚國，楚靈王留下了他，也就留下鄭簡公，眾人再次到江南打獵，許悼公參加了。

楚靈王派椒舉前往晉國求得諸侯的擁護，鄭簡公、許悼公在這裡等待，椒舉傳達楚靈王的命令：「寡君派遣舉前來的時候說：『從前蒙貴君的恩惠，賜與敝邑在宋國結盟，說從前跟從晉國和楚國的國家互相朝見。由於近年來多難，寡人在此願意討取幾位國君的歡心。』派舉前來請您在閒空時聽取我們國君的請求。您如果對四方邊境沒有憂患，那麼也希望借您的影響向諸侯請求。」

晉平公不想答應。司馬侯說：「不行。楚靈王正在胡作妄為的時候，上天也許是想讓他滿足願望，以增加他的劣跡，然後再降下懲罰，這也說不定。或者讓他得以善終，這也說不定。晉國和楚國的霸業唯有靠上天的幫助，而不是藉著彼此爭奪。君王還是允許他，然後修明德行以等待他的結局吧！如果他最終回歸德行，我們還要去事奉他，更何況是諸侯呢？如果他邁向荒淫暴虐，楚國自然會拋棄他，我們又與誰爭奪呢？」晉平公說：「晉國有三點可以免於危險，還有誰能和我們相比呢？國家的地勢險要且多產馬匹，齊國、楚國禍難多。有這三點，哪裡會不成功？」司馬侯回答：「仗著地勢險要和馬匹，而對鄰國幸災樂禍，這是危險。四岳、三塗、陽城、太室、荊山、中南，都是九州中的險要地方，但它們並不屬於一姓所有。冀州的北部，是出產馬的地方，但並沒有新興的國家。仗著地勢險要和馬匹，是無法鞏固的，從古以來就是這樣。因此，國君皆致力於修明德行來溝通神和人，沒有聽說誰致力於地形險要和馬匹的。對於鄰國的禍難，是不能幸災樂禍的。或者是由於多有禍難而鞏固了國家，開闢了疆土；或者是由於沒有禍難而喪失了國家，失去了疆土，怎麼能幸災樂禍？齊國發生了仲孫的禍難，桓公因而得為霸主，今天齊國還靠著他的餘蔭。晉國發生了里克、丕鄭的禍難，文公因而回國，因此當了盟主。衛國、邢國沒有禍難，敵人依然消滅了它們。所以，對於別人的禍難是不能幸災樂禍的。若依仗這三點，而不修明政事和德行，那連挽救危亡都來不及，又怎麼能夠成功呢？您還是答應他們吧！殷紂王淫亂暴虐，文王仁慈和藹。殷朝因此滅亡，周朝因此興起，難道只是在於爭奪諸侯嗎？」晉平公就允許了楚國使者的請求，派叔向回答：「寡君因為有國家大事，所以不能在春秋兩季按時進見。至於諸侯，他們本來就跟著君王，何必再惠賜命令呢？」而後，椒舉就為楚靈王求婚，晉平公答應了婚事。

楚靈王向子產詢問：「晉國會允許諸侯歸服我國嗎？」子產說：「會允許的。晉平公貪圖安逸，志向不在於諸侯。他的大夫們多所需求，無法幫助國君。在宋國的盟約又說兩國友好如同一國。如果不允許君王，哪裡用得著在宋國的盟約？」楚靈王說：「諸侯會來嗎？」子產說：「一定來。諸侯服從在宋國的盟約，又取得君王的歡心，不害怕晉國，為什麼不來？不來的國家，大約是魯、衛、曹、邾幾個國家吧！曹國害怕宋國，邾國害怕魯國，魯國、衛國為齊國所逼迫而親近晉國，因此不來。其餘的國家，是君王的威力所能震懾的，誰敢不來？」楚靈王說：「那麼我所要求的沒有不行的了？」子產回答：「在別人那裡求取快意，不行。但和別人的願望相同，都能成功。」

十一年

楚靈王在陳地、蔡地、不羹築城，派棄疾為蔡公。楚靈王向申無宇詢問：「棄疾在蔡地怎麼樣？」申無宇回答：「選擇兒子沒有像父親那樣合適的，選擇臣子沒有像國君那樣合適的。鄭莊公在櫟地築城，安置子元，讓昭公不能立為國君。齊桓公在穀地築城，安置管仲，到現在齊國還得到利益。臣聽說五種大人物不該在邊境，五種小人物不該在朝廷。親近的人不在外面，寄居的人不在裡面。現在棄疾在外，鄭丹在朝廷，君王恐怕應稍加戒備！」楚靈王說：「國都有高大的城牆，這該怎麼說呢？」申無宇回答：「在鄭國的京地、櫟地殺死了曼伯，在宋國的蕭地、亳地殺死了子游，在齊國的渠丘殺死了公孫無知，在衛國的蒲地、戚地驅逐了獻公。如果從這些來看，就有害於國都。樹枝大了一定會被折斷，尾巴大了就無法搖擺，這是君王您知道的。」

十五年

十二月，晉國的荀躒到成周安葬穆后，籍談作為副使。安葬完畢後，除去喪服，周景王和荀躒飲宴，把魯國進貢的壺作為酒杯。周景王說：「伯父，諸侯都有禮器進貢王室，唯獨晉國沒有，為什麼？」荀躒向籍談作揖請他回答。籍談回答：「諸侯受封的時候，都從王室接受了明德之器，以鎮撫國家，所以能把彝器進獻給天子。晉國處在深山，戎狄和我們相鄰，且遠離王室，天子的威信無法到達，順服戎人還來不及，怎麼能進獻彝器？」周景王說：「叔父，你忘了吧！叔父唐叔，是成王的同胞兄弟，難道反而沒有分得賞賜嗎？密須的名鼓和它的大輅車，是文王用以檢閱軍隊的。闕鞏的鎧甲，是武王用以攻克商朝的。唐叔接受了，用來居住在晉國的地域上，境內有著戎人和狄人。之後襄王所賜的大輅、戎輅之車，斧鉞、黑黍釀造的香酒，紅色的弓、勇士，文公接受了，並保有南陽的土田，安撫和征伐東邊各國，這不是分得的賞賜又是什麼？有了功勳而不廢棄，有了功勞而記載在策書上，用土田奉養它，用彝器安撫它，用車服表彰它，用旌旗顯耀它，子子孫孫不要忘記，這就是所謂「福」。這種福佑不記住，叔父的心在哪呢？而且從前你的高祖孫伯黶掌管晉國典籍，以主持國家大事，所以稱為籍氏。等到辛有的第二個兒子董到了晉國，在這時就有了董氏的史官。你是司典的後氏，為什麼忘了呢？」籍談回答不出。客人退出去以後，周景王說：「籍談的後代恐怕不能享有祿位了吧！舉出了典故卻忘記了掌管典故的祖先。」

籍談回國後，把這些情況告訴叔向。叔向說：「天子恐怕不得善終吧！我聽說：『喜歡什麼，必然死在那裡。』現在天子把憂慮當成歡樂，如果因為憂慮致死，就不能說是善終。天子一年中有了兩次三年之喪，在這個時候和弔喪的賓客飲宴，又要求彝器，把憂慮當成歡樂也太過分了，而且不合於禮。彝器的到來，是因為嘉獎功勳，不是由於喪事。雖然貴為天子，但依然必須服滿三年喪期，這是禮。現在天子即使不能服喪滿期，也太早飲宴奏樂了，也是不合於禮。禮，是天子奉行的重要規則。一次舉動而失去了兩種禮，這就失去重要規則了。言語用來考核典籍，典籍用來記載綱常。忘記了綱常而言語過多，舉出了典故，又有什麼用呢？」

二十年

十二月，齊景公在沛地打獵，用弓招喚虞人，虞人沒有來。齊景公派人扣押了他，虞人辯解：「從前我們先君打獵的時候，用紅旗招喚大夫，用弓招喚士，用皮冠招喚虞人。下臣沒有見到皮冠，所以不敢進見。」齊景公於是就釋放了虞人。孔子說：「遵守道義，不如遵守官制。」君子認為孔子說得對。

齊景公從打獵的地方回來，晏子在遄台侍候，梁丘據驅車來到。齊景公說：「唯有據與我和諧啊！」晏子回答：「據也只不過相同而已，哪裡說得上和諧？」齊景公說：「和諧跟相同不一樣嗎？」晏子回答說：「不一樣。和諧就好像做羹湯，用水、火、醋、醬、鹽、梅來烹調魚和肉，用柴禾燒煮，廚工加以調和，使味道適中，味道太淡就增加調料，味道太濃就加水沖淡。君子喝湯，內心平靜。君臣之間也是這樣，國君所認為行而其中有不行的，臣下指出它不行的而使行的部分更加完備。國君所認為不行而其中有行的，臣下指出它行的部分而去掉它的不行，因此政事平和而不違背禮儀，百姓沒有爭奪之心。所以《詩經》說：『有著和諧的羹湯，告誡廚工把味道調理勻淨。神靈享用而無所指責，上下也都沒有爭競。』先王調勻五味、諧和五聲，是用來平靜內心，完成政事。聲音也像味道一樣，是由一氣、二體、三類、四物、五聲、六律、七音、八風、九歌互相組成的。是由清濁、大小、短長、緩急、哀樂、剛柔、快慢、高低、出入、疏密互相調節的。君子聽了，內心平靜。內心平靜，德行就和協。所以《詩經》說：『德音沒有缺失。』現在據不是這樣。國君認為行的，據也認為行。國君認為不行的，據也認為不行。如同用清水去調和清水，有誰願意吃它呢？如同琴瑟，總是彈一個音調，有誰願意聽它呢？不應該相同的道理就像這樣。」

眾人喝酒喝得很高興。齊景公說：「從古以來如果沒有死，它的歡樂會怎麼樣啊！」晏子回答：「從古以來如果沒有死，現在的歡樂就是古代人的歡樂了，君王能得到什麼呢？從前爽鳩氏開始居住在這裡，季萴沿襲下來，有逢伯陵沿襲下來，蒲姑氏沿襲下來，然後太公沿襲下來。從古以來如果沒有死，那就是爽鳩氏的歡樂，並不是君王所希望的啊。」

二十四年

六月初八日，王子朝的軍隊進攻瑕地和杏地，兩地軍隊都潰散了。

鄭定公到晉國，子太叔相禮，進見范獻子。范獻子說：「王室該怎麼辦呢？」子太叔回答：「我對自己的國家和家族都不能操心了，哪裡敢涉及王室的事情？人們說：『寡婦不操心織布的緯線，而憂慮宗周的隕落，因為害怕禍患也會落到她頭上。』現在王室確實動盪不安，我們小國害怕了，然而大國的憂慮，我們哪裡知道呢？您還是早作打算。《詩經》說：『酒瓶空空，是酒罈子的恥辱。』王室的不安寧，這是晉國的恥辱。」范獻子害怕，隨即和韓宣子謀畫。而後就召集諸侯會見，時間定在明年。

秋季，八月，舉行盛大的雩祭，這是因為發生了旱災。

二十五年

夏季，魯國子太叔和晉國趙鞅、宋國樂大心、衛國北宮喜、鄭國游吉、曹人、邾人、滕人、薛人、小邾人在黃父會見，為了商量安定王室。趙鞅命令諸侯的大夫向周敬王輸送糧食、準備戍守的將士，說：「明年將要送天子回去。」

子太叔進見趙簡子，趙簡子向他詢問揖讓、周旋的禮節。子太叔回答：「這是儀，不是禮。」趙簡子說：「請問什麼叫禮？」子太叔回答：「吉曾經聽到先大夫子產說：『禮，是上天的規範，大地的準則，百姓行動的依據。』天地的規範，百姓就加以效法，效法上天的英明，依據大地的本性，產生了上天的六氣，使用大地的五行。氣是五種味道，表現為五種顏色，顯示為五種聲音，過了頭就昏亂，百姓就失去本性，因此製作了禮用來使它有所遵循：制定了六畜、五牲、三犧，以使五味有所遵循。制定九文、六采、五章，以使五色有所遵循。制定九歌、八風、七音、六律，以使五聲有所遵循。制定君臣上下的關係，以效法大地的準則。制定夫婦內外的關係，以規範兩種事物。制定父子、兄弟、姑姐、甥舅、翁婿、連襟的關係，以象徵上天的英明。制定政策政令、農工管理、行動措施，以隨順四時。制定刑罰、牢獄讓百姓害怕，以模仿雷電的殺傷。制定溫和慈祥的措施，以效法上天的生長萬物。百姓有好惡、喜怒、哀樂，它們以六氣派生，所以要審慎地效法，適當地模仿，以制約六志。哀痛有哭泣，歡樂有歌舞，高興有施捨，憤怒有戰鬥。高興從愛好而來，憤怒從討厭而來。所以要使行動審慎、使命令有信用，用禍福賞罰來制約死生。生，是人們喜好的事情。死，是人們討厭的事物。喜好的事物，是歡樂。討厭的事物，是哀傷。歡樂不失於禮，就能協調天地的本性，因此能夠長久。」趙簡子說：「禮偉大到極點啊！」子太叔回答：「禮，是上下的綱紀，天地的準則，百姓所生存的依據，因此先王尊崇它，所以人們能夠從不同的天性，經過自我修養改造或直接達到禮，這就是完美無缺的人。它的偉大，不也是適宜的嗎？」趙簡子說：「我趙鞅啊，請求一輩子遵循這些話。」

宋國的樂大心說：「我們不給天子送糧食。我們對周朝來說是客人，為什麼要指使客人送糧食？」晉國的士伯說：「從踐土結盟以來，宋國有哪一次戰役不參加，又有哪一次結盟不在一起？盟辭說：『一起為王室擔憂。』您哪裡能躲開呢？您奉君王的命令，來參加這重大的事件，而宋國倒先違背盟約，恐怕不可以吧！」樂大心不敢回答，接受了簡劄退出去。士伯告訴趙簡子：「宋國的右師必然逃亡。奉了國君的命令出使，卻想要背棄盟約以觸犯盟主，沒有比這更大的不祥了。」

三十一年

冬季，邾國的黑肱帶著濫地逃亡前來。這個人低賤，但《春秋》卻記載了他的名字，這是由於重視土地的緣故。

君子說：「不能不慎重名聲就像這樣：有時有了名聲，反而不如沒有名聲。帶著土地背叛，即使這個人地位低賤，也一定要記載地名，以此來記載這個人，結果成為不義，無法磨滅。因此君子行動就想到禮，辦事就想到義，不做圖利而失去禮的事，不做不符合義而感到內疚的事，有人求名而得不到，有人想要掩蓋反而被明白地記下了名字，這是懲罰不義的人。齊豹做衛國的司寇時，是世襲大夫，做事情不義，就被記載為『盜』。邾國的庶其、莒國的牟夷、邾國的黑肱帶著領地逃亡，只是為了謀求生活而已，不求什麼名義，即使地位低賤也必定加以記載。這兩件事情，是用來懲罰放肆，且除去貪婪。如果經歷艱苦，使上面的人陷入危險，反而名聲顯揚，發動禍難的人就會為此而奔走。如果盜竊城邑背叛國君去追求大利，而不記下他的名字，貪婪的人就會賣力去做。因此，《春秋》記載齊豹為『盜』，也記載三個叛逆的名字，用以懲戒不義，斥責無禮，這真是善於記述啊！所以，《春秋》的文字隱微文雅而意義顯著，言辭委婉而各有分寸。上面的人能夠發揚《春秋》大義，就是使善人得到勸勉，惡人有所畏懼，因此君子重視《春秋》。」

高手過招

1.（　）（齊景）公曰：「和與同異乎？」（晏子）對曰：「異。和如羹焉，水、火、醯、醢、鹽、梅，以烹魚肉，燀之以薪，宰夫和之，齊之以味，濟其不及，以洩其過。君子食之，以平其心。君臣亦然。君所謂可而有否焉，臣獻其否以成其可；君所謂否而有可焉，臣獻其可以去其否。」（《左傳・昭公二十年》）依本段文意，晏子認為君臣之間應當採取何種態度？

A. 和而且同
B. 和而不同
C. 同而不和
D. 不和不同

2.（　）天有六氣，降生五味，發為五色，徵為五聲，淫生六疾。六氣曰陰、陽、風、雨、晦、明也，分為四時，序為五節，過則為菑：陰淫寒疾，陽淫熱疾，風淫末疾，雨淫腹疾，晦淫惑疾，明淫心疾。女，陽物而晦時，淫則生內熱惑蠱之疾。（《左傳．昭公元年》）本文中的「淫」，最貼切的意思是：

A. 不正
B. 沈湎
C. 過度
D. 浸潤

解答：1. B　2. C

哀公

前四九四—前四六八年

魯哀公，姬姓，名將，魯國第二十六任君主。魯哀公在位時，魯國大權被卿大夫家族把持，史稱三桓，即「政在大夫」。魯哀公曾試圖恢復君主權力，與三家大夫衝突加劇，終致流亡越國。魯哀公二十七年，魯哀公經由邾國，逃到越國。

八年

吳為邾故，將伐魯。問於叔孫輒❶，叔孫輒對曰：「魯有名而無情，伐之必得志焉。」退而告公山不狃❷，公山不狃曰：「非禮也。君子違不適讎國❸，未臣而有伐之，奔命焉，死之可也，所託也則隱。且夫人之行也，不以所惡廢鄉。今子以小惡而欲覆宗國❹，不亦難乎？若使子率，子必辭，王將使我。」子張疾之，王問於子洩，對曰：「魯雖無與立，必有與斃，諸侯將救之，未可以得志焉。晉與齊、楚輔之，是四讎也。夫魯、齊、晉之脣，脣亡齒寒，君所知也，不救何為？」

三月，吳伐我，子洩率，故道險，從武城。初，武城人或有因於吳竟田焉，拘鄫人之漚菅者❺，曰：「何故使吾水滋？」及吳師至，拘者道之，以伐武城，克之。王犯嘗為之宰，澹台子羽之父好焉❻，國人懼，懿子謂景伯：「若之何？」對曰：「吳師來，斯與之戰，何患焉？且召之而至，又何求焉？」吳師克東陽而進，舍於五梧❼，明日，舍於蠶室。公賓庚、公甲叔子，與戰於夷，獲叔子與析朱鉏，獻於王，王曰：「此同車，必使能，國未可望也。」明日舍於庚宗，遂次於泗上，微虎欲宵攻王舍，私屬徒七百人，三踊於幕庭❽，卒三百人，有若與焉，及稷門之內，或謂季孫曰：「不足以害吳，而多殺國士❾，不如已也。」乃止之，吳子聞之，一夕三遷。

吳人行成，將盟，景伯曰：「楚人圍宋，易子而食，析骸而爨❿，猶無城下之盟。我未及虧，而有城下之盟，是棄國也。吳輕而遠，不能久，將歸矣，請少待之。」弗從，景伯負載，造於萊門，乃請釋子服何於吳。吳人許之，以王子姑曹當之，而後止，吳人盟而還。

【說文解字】

❶叔孫輒：字子張，春秋時期魯國叔孫氏宗主叔孫州仇的兒子。❷公山不狃：《論語》稱為公山弗擾，魯國季孫氏家臣，曾為費邑宰。孔子在魯國執政時，推行墮三都政策，公山不狃和叔孫輒被迫造反，攻魯都曲阜，被孔子擊敗。❸讎國：敵國。❹宗國：祖籍所在的國家。❺漚：在水中長時間浸泡。菅：植物名。❻澹台子羽：澹台滅明，複姓澹台，名滅明，字子羽。孔子的弟子，七十二賢之一。因相貌醜陋，孔子一度認為其才識淺薄。但他從師學習後，致力於修身實踐，處事光明正大，令孔子改觀。❼舍：駐紮、住宿、居住。❽踊：跳、躍。幕庭：營帳前的空地。❾國士：全國所推崇景仰的人。❿析骸而爨：指被圍日久，糧盡柴絕的困境。亦形容戰亂或災荒時期，百姓的悲慘生活。

❖城下之盟：敵國軍隊兵臨城下，抵擋不住，被迫與敵人簽訂的和約。後用以泛指被迫簽訂的屈辱性條約。

典源 吳人行成，將盟，景伯曰：「楚人圍宋，易子而食，析骸而爨，猶無城下之盟。我未及虧，而有城下之盟，是棄國也。吳輕而遠，不能久，將歸矣，請少待之。」弗從，景伯負載，造於萊門，乃請釋子服何於吳。

01 俄而蓄渾騷動，朝廷知之，又慮其叛，……遂為城下之盟，卒如其說也。（唐代牛僧孺《玄怪錄》）

02 城下之盟《春秋》恥之；澶淵之舉，是城下之盟也。以萬乘之貴而為城下之盟，其何恥如之！（元代脫脫《宋史》）

03 孤有犬馬之疾，未獲奔命。君以大義責之，孤知罪矣！然城下之盟，孤實恥之！若退舍於君之境上，孤敢不捧玉帛以從。（明代余邵魚、馮夢龍《東周列國志》）

04 然都人驟遭兵，怨謗紛起，謂崇煥縱敵擁兵。朝士因前通和議，誣其引敵脅和，將為城下之盟。（清代張廷玉《明史》）

05 某乙雄於力，其儕共推之，眾言某宅素凶，約敢下榻者，當醵酒相勞，乙故酒徒，聞之欣然曰：「請以麴君為息壤，願往見魑魅為城下之盟，倘辱命，任公等遺我巾幗。」（清代樂鈞《耳食錄》）

十一年

吳將伐齊，越子率其眾以朝焉❶，王及列士，皆有饋賂❷。吳人皆喜，唯子胥懼曰❸：「是豢吳也夫❹。」諫曰：「越在我，心腹之疾也。壤地同，而有欲於我，夫其柔服，求濟其欲也，不如早從事焉。得志於齊，猶獲石田也，無所用之。越不為沼❺，吳其泯矣❻，使醫除疾，而曰『必遺類焉者』，未之有也。《盤庚之誥❼》曰：『其有顛越不恭❽，則劓殄無遺育❾，無俾易種於茲邑。』是商所以興也。今君易之，將以求大，不亦難乎？」弗聽，使於齊，屬其子於鮑氏為王孫氏。反役，王聞之，使賜之屬鏤以死❿，將死，曰：「樹吾墓檟⓫，檟可材也，吳其亡乎。三年，其始弱矣，盈必毀，天之道也。」

【說文解字】

❶朝：多用於卑見尊、下見上，如臣下進見君長、晚輩問候長輩。諸侯相拜見也稱為「朝」。❷饋賂：贈送財物，賄賂。❸子胥：伍子胥，名員，字子胥，以字行。春秋時期楚國椒邑人，後來吳國封他於申，因此又被稱為申胥。伍子胥家族因在楚國被迫害，後投奔吳國，受吳王闔閭重用，大破楚國，北鎮齊晉，南服越人，官拜相國公。❹豢：以利益引誘、收買他人。❺沼：水池。❻泯：消除、消滅。❼誥：文體名。古代用以告誡他人的文字，後成為君王諭令臣下的專用文體。❽顛越不恭：廢失禮法，不服從命令。❾劓：比喻鏟除、去除。殄：盡、滅絕。❿屬鏤：古代名劍，吳王夫差賜伍子胥之劍名。⓫檟：植物名。落葉喬木，材質密緻，古人常用以作為棺槨。

❖心腹之患：形容致命的禍患或隱藏在內部的危害。

典源

吳將伐齊，越子率其眾以朝焉，王及列士，皆有饋賂。吳人皆喜，唯子胥懼曰：「是豢吳也夫。」諫曰：「越在我，心腹之疾也。壤地同，而有欲於我，夫其柔服，求濟其欲也，不如早從事焉。得志於齊，猶獲石田也，無所用之。越不為沼，吳其泯矣。」

01 今寇賊在外，四支之疾；內政不理，心腹之患。（南朝劉宋范曄《後漢書》）

02 上謂宰相曰：「往者劉繼元盜據汾、晉，周世宗及太祖皆親征不利。朕決取之，除心腹之患，為世宗太祖刷恥，擒劉繼元致闕下。」（宋代錢若水、楊億《宋太宗實錄》）

03 臣豈敢自愛其身乎？若使臣自愛其身，則陛下不得聞京之罪矣。……保養陰邪，必成心腹之患。京在朝廷，何以異此！（宋代陳瓘《論蔡京疏》）

04 劉備屯兵徐州，自領州事；近呂布以兵敗投之，備使居於小沛；若二人同心引兵來犯，乃心腹之患也。（明代羅貫中《三國演義》）

05 蕃乃獨上疏曰：「今寇賊在外，四支之疾；內政不理，心腹之患。臣寢不能寐，食不能飽，實憂左右日親，忠言日疏。」（清代畢沅《資治通鑑》）

二十五年

六月，公至自越，季康子、孟武伯逆於五梧❶，郭重僕見二子，曰：「惡言多矣，君請盡之。」公宴於五梧，武伯為祝❷，惡郭重，曰：「何肥也。」季孫曰：「請飲彘（ㄓˋ）也，以魯國之密邇仇讎（ㄔㄡˊ），臣是以不獲從君，克免於大行，又謂重也肥。」公曰：「是食言多矣，能無肥乎？」飲酒不樂，公與大夫始有惡。

【說文解字】

❶逆：迎接。❷祝：祭祀時主持祭禮的人。

成語集錦

❖**食言而肥**：經常把說出來的話都吃下去，因而變得肥胖。比喻經常說話不守信用。

典源　季孫曰：「請飲彘也，以魯國之密邇仇讎，臣是以不獲從君，克免於大行，又謂重也肥。」公曰：「是食言多矣，能無肥乎？」

01 此予事而掛客懷，何也?不以食言而肥，不因苦吟而瘦，試以數語為記，請覽而教正之，如何？

（明代李開先《水風臥吟樓記》）

02 湯四、湯五，揚州人，姿首皆明艷，而四姬尤柔曼豐盈。余嘗戲之曰：「子好食言而肥歟？」姬不解，誤以言為鹽，率爾對曰：「吾素不嗜鹽。」聞者絕倒。（清代珠泉居士《續板橋雜記》）

白話翻譯

八年

吳國為了邾國的緣故，準備攻打魯國。吳王詢問叔孫輒，叔孫輒回答：「魯國有名而無實，攻打他們，一定能如願以償。」叔孫輒退出來告訴公山不狃。公山不狃說：「這是不合於禮的。君子離開自己的國家，不到敵國。在魯國沒有盡到臣下責任的情況下又去攻打它，為吳國效力，這就是死罪，這樣的委任就要避開。而且一個人離開祖國，不應該因為有所怨恨而禍害故鄉。現在您由於小怨而要顛覆祖國，不也很難嗎？如果派您領兵先行，您一定要推辭。而後，君王將會派我去。」叔孫輒悔恨自己說錯了話。吳王又問公山不狃，公山不狃說：「魯國平時雖然沒有可靠的盟國，危急的時候卻一定會有願意共同抵抗的援國。諸侯將會救援它，我們是不能實現願望的。晉國和齊國、楚國會幫助它，這就是吳國的四個敵國了。魯國是齊國和晉國的嘴唇，唇亡齒寒，這是您所知道的，他們怎麼可能不去救援呢？」

三月，吳國攻打魯國，公山不狃領兵先行，故意從險路進軍，經過武城。當初，武城有人在邊境上種田，拘捕了浸泡菅草的鄫國人，說：「為什麼把我的水弄髒？」等到吳軍來到，被拘捕的那個人領著吳軍攻打武城，攻下了這個城邑。王犯曾經擔任武城的地方官，澹台子羽的父親和王犯友好，國內的人們很害怕。孟孫對景伯說：「怎麼辦？」景伯回答：「吳軍來的時候就和他們作戰，怕什麼呢？而且是去找他們來的，還要求什麼呢？」吳軍攻下東陽而後前進，駐紮在五梧。第二天，駐紮在蠶室。公賓庚、公甲叔子和吳軍在夷地作戰，吳軍俘虜了叔子和析朱鉏，把死俘獻給吳王。吳王說：「這是同一輛戰車上的人，魯國一定任用了能人，我們還無法覬覦魯國。」第二天，住在庚宗，在泗水旁駐紮。微虎想要夜襲吳王的住處，讓他的七百人私人部隊在帳幕外的庭院裡，每人向上跳三次，最後挑選了三百人，有若也在裡面。出發到達稷門之內，有人對季孫說：「這樣做不足以危害吳國，反而會讓國內許多突出的人物送了命，不如停止。」季孫就下令停止這樣做。吳王聽說這情況，一晚上遷移了三次住處。

吳國人求和，魯、吳兩國將要訂立盟約。景伯說：「此時，楚國人包圍宋國，宋國人已經交換兒子來吃，劈開屍骨燒飯，尚且沒有訂立城下之盟。我們還不到那樣的地步，訂下城下之盟，就是丟失國家。吳國輕率且離本土很遠，他們不能持久，就快要回去了，請稍等一下。」眾人不聽，景伯背著盟書，前往萊門。魯國就請求把景伯留在吳國，吳國人答應了，魯國又要求用王子姑曹相抵押，最後雙方停止交換人質。吳國人訂立了盟約，然後回國。

十一年

吳國將要攻打齊國，越王率領他的部下前去朝見，吳王和臣下都贈送食物、財禮。吳國人很高興，唯獨伍子胥感到憂懼，說：「這是在養成吳國的驕氣啊！」於是勸諫說：「越國在我們這裡，就是心腹中的一個病，同處在一塊土地上而對我們有所要求。他們的順服，是為了達到他們的欲望，我們不如早點下手。在齊國如願以償，就好像得到了石頭田一樣，沒有用處。我們不把越國變成池沼，吳國就會被滅掉了，就像讓醫生治病，但說『一定要留下病根』，是不曾聽聞的。《尚書．盤庚》告誡：『如果有猖狂搗亂不順從命令的，就統統剷除不留後患，不要讓他們的種族延長下去。』這就是商朝之所以興起的原因。現在您的做法相反，想要用這種辦法來求得稱霸大業，不是太困難了嗎？」吳王夫差不聽，反而派伍子胥到齊國去。伍子胥把兒子託付給齊國的鮑氏，改姓王孫氏。伍子胥從齊國回來後，吳王聽說這件事，便派人把屬鏤寶劍賜給伍子胥命他自殺。伍子胥臨死的時候，說：「在我的墳墓上種植檟樹，檟樹可以成材。吳國大概就要滅亡了吧！三年以後，吳國就要開始衰弱了。驕傲自滿必然失敗，這是自然的道理啊！」

二十五年

六月，哀公從越國回來，季康子、孟武伯到五梧迎接。郭重為哀公駕車，見到他們兩位，回來對哀公說：「他們兩位說了很多您的壞話，請君王當面一一追究。」哀公在五梧設宴，武伯祝酒，他討厭郭重，說：「你為什麼那麼胖？」季康子說：「請罰喝酒！由於魯國緊臨著仇敵，臣下因此不能跟隨君王，才得免於遠行，可是他又認為奔波辛苦的郭重長得肥胖。」哀公說：「這個人吃自己的話吃多了，能不肥胖嗎？」大家雖然喝酒，但都不高興，哀公和大夫們從此就互相厭惡。

戰國策

春秋戰國

西周策

前一一二二—前七七一年

周朝是繼商朝之後的朝代，國姓為姬。原居於渭水流域，其後為逃避戎狄而遷居岐山下的周原，並於此地發展農業，建築城郭，設立官制。周幽王時，犬戎攻破鎬京，西周滅亡。經歷戰火的宗周宮室焚毀，周宗室在豐鎬一帶再難以立足，周平王只好東遷至成周，史稱平王東遷。

西周從約西元前一一二二年，或西元前一〇四六年周武王滅商朝起，至西元前七七一年周幽王被申侯和犬戎所殺為止，共經歷十一代、十二王，大約歷經三百五十二年或兩百七十六年。

蘇厲謂周君

蘇厲謂周君❶，曰：「敗韓、魏，殺犀武，攻趙，取藺(ㄌㄧㄣˋ)、離石、祁(ㄑㄧˊ)者，皆白起。是攻用兵，又有天命也。今攻梁，梁必破，破則周危，君不若止之。

「謂白起曰：『楚有養由基者❷，善射。去柳葉者百步而射之，百發百中。左右皆曰：「善❸。」有一人過曰：「善射，可教射也矣。」養由基曰：「人皆善，子乃曰可教射，子何不代我射之也？」客曰：「我不能教子支左屈右。夫射柳葉者，百發百中，而不已善息，少焉氣力倦，弓撥矢鉤，一發不中，前功盡矣。」今公破韓、魏，殺犀武，而北攻趙，取藺(ㄌㄧㄣˋ)、離石、祁者，公也。公之功甚多。今公又以秦兵出塞，過兩周，踐韓而以攻梁，一攻而不得，前功盡滅，公不若稱病不出也。」

【說文解字】

❶蘇厲：戰國時代縱橫家，大兄長是蘇秦、二兄長蘇代。根據《史記》記載，在蘇秦死後，他和蘇代成為燕國的大臣。出使齊國時，齊湣王因蘇秦之事要囚禁他，被作為人質的燕國王子所救。秦國白起攻打魏國，危及東周，蘇厲勸說白起稱病退兵，以免功高被猜忌。從《史記．周本紀》來看，蘇厲並非因功高震主來勸白起不要起兵。而是告知白起，在已經勝利數次的情況下，正如射箭一般，已經射中九十九次，體力有所下降，最後一箭不容易射準，比喻若攻打魏國不成，則功敗垂成。❷養由基：嬴姓，養氏，字叔，名由基，春秋時期楚國將領，古代著名神射手。號「養一箭」，因為一箭就足以致勝。❸善：表讚美、稱許之詞。

成語集錦

❖**百步穿楊**：春秋時楚國的養由基能在百步內射穿楊柳樹的葉子，形容射箭技術高超或射擊技藝高強。

典源　楚有養由基者，善射。去柳葉者百步而射之，百發百中。

01 百步穿楊箭不移，養由堪教聽弘規。（唐代周曇《春秋戰國門．蘇厲》）

02 萬人齊看翻金勒，百步穿楊逐箭空。（唐代李涉《看射柳枝》）

03 穆氏桂英，施百步穿楊之巧。（明代熊大木《楊家將演義》）

04 有一個女兒，年十七歲，名曰蜚蛾，丰姿絕世，卻是將門將種，自小習得一身武藝，最善騎射，真能百步穿楊。（明代淩濛初《二刻拍案驚奇》）

05 雲長吃了一驚，帶箭回寨，方知黃忠有百步穿楊之能。（明代羅貫中《三國演義》）

❖百發百中：每發一箭，都能射中。形容射擊技術高超，絕無虛發。後亦用以形容技術高妙，能命中目標。或形容料事、用計、施藥等相當準確。

典源 楚有養由基者，善射。去柳葉者百步而射之，百發百中。

01 （楊生）年紀漸大，長成得容狀醜怪，雙目如鬼，出口靈驗。遠近之人多來請問吉凶休咎，百發百中。（明代淩濛初《二刻拍案驚奇》）

02 洞主姓蒙名細奴邏，手執木弓藥矢，百發百中。（清代馮夢龍《喻世明言》）

03 狄希陳心裡想道：「童奶奶的錦囊，素日是百發百中，休得這一遭使不著了。」（清代西周生《醒世姻緣傳》）

04 這事先生放心。小弟生平有一薄技：百步之內，用彈子擊物，百發百中。響馬來時，只消小弟一張彈弓，叫他來得去不得，人人送命，一個不留！（清代吳敬梓《儒林外史》）

05 （寶玉）那身子頓覺健旺起來，祇不過不似從前那般靈透，所以鳳姐的妙計，百發百中。（清代曹雪芹《紅樓夢》）

06 若論展昭武藝，他有三絕：第一，劍法精奧；第二，袖箭百發百中；第三，他的縱躍法，真有飛簷走壁之能。（清代石玉崑《三俠五義》）

❖前功盡棄：指以前辛苦獲得的成果，全部廢棄。

典源 今公破韓、魏，殺犀武，而北攻趙，取藺、離石、祁者，公也。公之功甚多。今公又以秦兵出塞，過兩周，踐韓而以攻梁，一攻而不得，前功盡滅，公不若稱病不出也。

01 今又將兵出塞，過兩周，倍韓，攻梁，一舉不得，前功盡棄。（漢代司馬遷《史記》）

02 一跌之後，前功盡棄，其為患也，可勝道哉！（宋代陳亮《陳亮集》）

03 釜山雖瀕海南，猶朝鮮境，有如倭覘我罷兵，突入再犯，朝鮮不支，前功盡棄。今撥兵協守為第一策，即議撤，宜少需，俟倭盡歸，量留防戍。（清代張廷玉《明史》）

04 我一個孤身老兒，帶著許多財物，不是耍處！倘有差跌，前功盡棄。（清代馮夢龍《醒世恆言》）

05 你若到了東京，口齒中稍有含糊，不但前功盡棄，只怕忠臣義士的性命也就難保了。（清代石玉崑《三俠五義》）

06 萬一一時不得措手，後任催得緊，上司逼得嚴，依然不得了事。那事豈不連你這一半的萬苦千辛，也前功盡棄？（清代文康《兒女英雄傳》）

07 那賈敬聞得長孫媳死了，因自為早晚就要飛昇，如何肯又回家染了紅塵，將前功盡棄呢？（清代曹雪芹《紅樓夢》）

08 所以古人說的，凡要辦大事的，總要量才使器，不可驟易新手，為的是恐怕前功盡棄。（清代吳趼人《糊塗世界》）

09 像那九良星打攪蔡興宗造洛陽橋的一般，悔一悔心，懈一懈志，前功盡棄。（清代西周生《醒世姻緣傳》）

10 此次賈莊以下堤雖完固，上游若不修築，設有漫決，豈唯前功盡棄，河南、安徽、江蘇仍然受害，山東首當其衝無論已。（民國趙爾巽《清史稿》）

白話翻譯

蘇厲謂周君

說客蘇厲對周君說：「擊敗韓、魏聯軍，殺掉魏將犀武，攻取越國藺、離石、祁等地的都是秦將白起的功勞。這是他巧於用兵，又得上天之助的緣故。現在，他要進攻魏都大梁，大梁必克。攻克大梁，西周就岌岌可危。君王您不如制止他進攻魏都。

「我曾對白起說：『楚國的養由基是射箭的能手，距離柳葉百步射箭，百發百中。旁邊觀看的人都說他的射箭技術很好。有一人從旁走過，卻說：「射得很好，可以教別人射嗎？」養由基說：「人家都說好，您卻說可以教別人射嗎？您為何不代我射呢？」那個人說：「我並不能教您左手拉弓，用力向前伸出；右手拉弦，用力向後彎曲那種射箭的方法。但是，您射柳葉能百發百中，卻不趁著射得好的時候休息，過一會兒後，當氣力衰竭、感到疲倦、弓身不正、箭桿彎曲時，您若一箭射出而不中，豈不前功盡棄了嗎？」現在擊敗韓、魏，殺了犀武，向北攻趙，奪取了藺、離石和祁的都是您呀。您的功勞已經很多了，現在又率領秦兵出塞，經過東、西兩周，進犯韓國，攻打魏都大梁。如果進攻不勝，豈不前功盡棄了嗎？您不如稱病，不去攻打魏都大梁。』

高手過招

（＊為多選題）

1.（　）「……暨縱橫互起，力戰爭雄，秦兼天下，而著《戰國策》。其篇有東西二周、秦、齊、燕、楚、三晉、宋、衛、中山，合為十二國，分為三十三卷。夫謂之策者，蓋錄而不序，故即簡以為名。或云漢代劉向以戰國遊士為之策謀，因為之《戰國策》。」（唐代劉知幾《史通》）根據上列所引劉知幾《史通》之文字，下列敘述何者為非？

A.《戰國策》一書體例是國別史。
B.「策」有二義：一指記事之簡策，一指遊士之策略。
C.按劉向之說，作者非限一人。
D.所謂「東西二周」，是指東遷以前的西周，及東遷以後的東周。

＊2.（　）有關《春秋》、《左傳》、《國語》、《戰國策》的敘述，下列敘述何者正確？

A.《春秋》乃為孔子根據周朝歷史而作的史書。

B.《左傳》亦名《左氏春秋》，為《春秋》三傳之一，記事是以魯史為中心。

C.《國語》為「國別史」之祖，又稱「春秋外傳」，與《左傳》文體不同。

D.《戰國策》亦為國別史，非一人一時一地之作，其名為西漢劉向所定。

E. 除《戰國策》之外，其餘三書皆列入經部。

＊3.（　）有關典籍之敘述，下列何者正確？

A.《楚辭》一書由屈原弟子宋玉編輯成書，並定名楚辭。

B.《戰國策》所載為戰國時策士游說諸侯之事，非一時一地一人之作。

C.《墨子》一書為墨翟自著及其弟子後學所記綴輯而成，主張尚同、尚賢、兼愛、非攻、節用、非樂。

D.《詩經》為我國最早之詩歌總集，分為風、雅、頌三部分。風多為民間歌謠，雅多為士大夫所詠，頌為祭祀時頌讚之樂歌。

E.「三禮」是儒家三部重要典籍《周禮》、《儀禮》、《禮記》，十三經中之《小戴禮記》，為西漢戴聖編訂。大抵雜記禮之制度，解釋儀禮經義，以及通論禮之義理。

解答：1. D　2. B C D　3. B C D E

秦策

前七七〇—前二〇七年

秦國是春秋戰國時期諸侯國，嬴姓，趙氏。據《史記・秦本紀》記載，西周周孝王因秦祖先非子善養馬，因此將其封於秦，作為周朝分封國。西元前七七〇年，秦襄公護送周平王東遷有功，獲封為諸侯，為伯爵地位，秦正式成為一方諸侯國。周朝給其封地在今甘肅河東地區到陝西一帶。從西元前六七七年起，秦國在雍建都近三百年。

秦國與西戎、義渠之間有通婚、結盟的關係，秦國崛起後，這些勢力皆被併入秦國。戰國時期，秦孝公實施商鞅變法，為秦滅六國奠定基礎。秦王嬴政在西元前二二一年，統一諸夏，秦始皇使秦國成為歷史上第一個大一統中央集權君主制帝國。

衛鞅亡魏入秦

衛鞅亡魏入秦❶，孝公以為相，封之於商，號曰商君。商君治秦，法令至行，公平無私，罰不諱強大，賞不私親近，法及太子，黥劓（ㄑㄧㄥˊ ㄧˋ）其傅❷。期年之後❸，道不拾遺，民不妄取，兵革大強，諸侯畏懼。然刻深寡恩，特以強服之耳。

孝公行之八年，疾且不起，欲傳商君，辭不受。孝公已死，惠王代後，蒞政有頃❹，商君告歸。

人說惠王曰：「大臣太重者國危，左右太親者身危。今秦婦人、嬰兒皆言商君之法，莫言大王之法。是商君反為主，大王更為臣也。且夫商君，固大王仇讎也，願大王圖之。」商君歸還，惠王車裂之❺，而秦人不憐。

【說文解字】

❶亡：逃亡。❷黥：古代的一種刑罰，在犯人臉上刺字塗墨。後亦用於奴婢、士兵，以防其逃跑。劓：古代割去鼻子的刑罰。❸期年：一周年。❹蒞政：掌管政事。有頃：不久、一會兒。❺車裂：一種古代的酷刑。將人的肢體繫於數輛車上，分拉撕裂至死。

成語集錦

❖路不拾遺：在路上看見別人的失物，不會據為己有。形容社會風氣良好。

典源 商君治秦，法令至行，公平無私，罰不諱強大，賞不私親近，法及太子，黥劓其傅。期年之後，道不拾遺，民不妄取，兵革大強，諸侯畏懼。

01 當是時也，周室壞微，天子失制。昔楚莊王即位，自靜三年，以講得失……百姓富，民恆一，路不拾遺，國無獄訟。（漢代賈誼《新書》）

02 於是百僚震肅，豪右屏氣，路不拾遺，風化大行。（唐代房玄齡《晉書》）

03 兩川之民，忻樂太平，夜不閉戶，路不拾遺。（明代羅貫中《三國演義》）

04 （崔丞相）在任果然是如水之清，如秤之平，如繩之直，如鏡之明。不一月之間，治得府中路不拾遺。（清代馮夢龍《警世通言》）

05 這首詩單表隋文帝篡周滅陳，奄有天下，一統太平，真個治得外戶不閉，路不拾遺。（清代馮夢龍《醒世恆言》）

06 因為他辦強盜辦的好，不到一年竟有路不拾遺的景象，宮保賞識非凡。（清代劉鶚《老殘遊記》）

蘇秦始將連橫

蘇秦始將連橫❶，說秦惠王曰❷：「大王之國，西有巴、蜀、漢中之利❸，北有胡貉（ㄏㄜˊ）、代馬之用❹，南有巫山、黔（ㄑㄧㄢˊ）中之限❺，東有肴、函之固❻。田肥美，民殷富，戰車萬乘，奮擊百萬❼，沃野千里，蓄積饒多，地勢形便，此所謂天府❽，天下之雄國也。以大王之賢，士民之眾，車騎之用，兵法之教，可以并諸侯，吞天下，稱帝而治，願大王少留意，臣請奏其效。」

秦王曰：「寡人聞之，毛羽不豐滿者不可以高飛，文章不成者不可以誅罰，道德不厚者不可以使民，政教不順者不可以煩大臣。今先生儼然不遠千里而庭教之❾，願以異日❿。」

蘇秦曰：「臣固疑大王不能用也。昔者神農伐補遂⓫，黃帝伐涿（ㄓㄨㄛˊ）鹿而禽蚩（ㄔ）尤⓬，堯伐驩（ㄏㄨㄢ）

兜⑬，舜伐三苗⑭，禹伐共工⑮，湯伐有夏⑯，文王伐崇⑰，武王伐紂⑱，齊桓任戰而伯天下⑲。由此觀之，惡有不戰者乎⑳？古者使車轂擊馳㉑，言語相結，天下為一；約從連橫，兵革不藏；文士並飭㉒，諸侯亂惑；萬端俱起㉓，不可勝理；科條既備，民多偽態；書策稠濁㉔，百姓不足，上下相愁，民無所聊㉕；明言章理㉖，兵甲愈起；辯言偉服㉗，戰攻不息；繁稱文辭，天下不治；舌弊耳聾，不見成功；行義約信，天下不親。於是，乃廢文任武，厚養死士，綴甲厲兵㉘，效勝於戰場。夫徒處而致利㉙，安坐而廣地，雖古五帝、三王、五伯㉚，明主賢君，常欲佐而致之，其勢不能，故以戰續之。寬則兩軍相攻，迫則杖戟相橦㉛，然後可建大功。是故兵勝於外，義強於內；威立於上，民服於下。今欲并天下，凌萬乘㉜，詘敵國㉝，制海內，子元元㉞，臣諸侯，非兵不可！今之嗣主㉟，忽於至道㊱，皆惛於教㊲，亂於治，迷於言，惑於語，沉於辯，溺於辭。以此論之，王固不能行也。」

說秦王書十上而說不行㊳。黑貂之裘弊，黃金百斤盡，資用乏絕，去秦而歸。羸縢履蹻㊴，負書擔橐㊵，形容枯槁，面目犁黑㊶，狀有歸色。歸至家，妻不下紝㊷，嫂不為炊，父母不與言。蘇秦喟嘆曰：「妻不以我為夫，嫂不以我為叔，父母不以我為子，是皆秦之罪也。」乃夜發書，陳篋數十，得《太公陰符》之謀㊸，伏而誦之，簡練以為揣摩㊹。讀書欲睡，引錐自刺其股，血流至足㊺。曰：「安有說人主不能出其金市錦繡，取卿相之尊者乎？」期年揣摩成，曰：「此真可以說當世之君矣！」

於是乃摩燕烏集闕㊻，見說趙王於華屋之下㊼，抵掌而談㊽。趙王大悅，封為武安君

㊾。受相印，革車百乘，綿繡千純，白璧百雙，黃金萬溢㊿，以隨其後，約從散橫，以抑強秦。故蘇秦相於趙而關不通51。

當此之時，天下之大，萬民之眾，王侯之威，謀臣之權，皆欲決蘇秦之策。不費斗糧，未煩一兵，未張一士，未絕一弦，未折一矢，諸侯相親，賢於兄弟。夫賢人在而天下服，一人用而天下從。故曰：式於政52，不式於勇；式於廊廟53，不式於四境之外。當秦之隆54，黃金萬溢為用，轉轂連騎，炫熿於道，山東之國55，從風而服，使趙大重56。且夫蘇秦特窮巷掘門57、桑戶棬樞之士耳58，伏軾撙銜59，橫歷天下，廷說諸侯之王，杜左右之口，天下莫之能伉60。

將說楚王路過洛陽，父母聞之，清宮除道，張樂設飲61，郊迎三十里。妻側目而視，傾耳而聽；嫂蛇行匍伏，四拜自跪謝。蘇秦曰：「嫂，何前倨而後卑也62？」嫂曰：「以季子之位尊而多金63。」蘇秦曰：「嗟乎！貧窮則父母不子，富貴則親戚畏懼。人生世上，勢位富貴，盍可忽乎哉64！」

【說文解字】

❶蘇秦：字季子，戰國時洛陽人，著名策士，縱橫派代表人物，先用連橫之說說秦，後又主張合縱，爲東方六國所任用，後因在齊國爲燕昭王從事反間活動被發覺，車裂而死。連橫：戰國時代，合六國抗秦，稱爲約從（或「合縱」）：秦與六國中任何一國聯合以打擊別的國家，稱爲連橫。❷說：勸說、遊說。秦惠王：西元

前三三六年至前三一一年在位。❸巴：今四川東部。蜀：今四川西部。漢中：今陝西秦嶺以南一帶。❹胡：指匈奴所居地區。貉：一種形似狐狸的動物，毛皮可作裘。代：今河北、山西北部。以產良馬聞世。❺巫山：在今四川省巫山縣東。黔中：在今湖南沅陵縣西。限：屏障。❻肴：通「餚」，餚山在今河南洛寧縣西北。函：函谷關，在今河南靈寶縣西南。❼奮擊：奮勇進擊的武士。❽天府：自然界的寶庫。❾儼然：莊重矜持。❿願以異日：願改在其他時間。⓫神農：傳說中發明農業和醫藥的遠古帝王。補遂：古國名。⓬黃帝：姬姓，號軒轅氏，傳說中中原各族的共同祖先。涿鹿：在今河北涿鹿縣南。禽：通「擒」。蚩尤：神話中東方九黎族的首領。⓭驩兜：堯的大臣，傳說曾與共工一起作惡。⓮三苗：古代少數民族。⓯共工：傳爲堯的大臣，與驩兜、三苗、鯀並稱四凶。⓰有夏：即夏桀，「有」字無義。⓱崇：古國名，在今陝西戶縣東。⓲紂：商朝末代君主。⓳伯：通「霸」，稱霸。⓴惡：通「烏」，何。㉑轂：車輪中央圓眼，以容車軸。此處代指車乘。㉒飭：通「飾」，修飾文詞，即巧爲遊說。㉓萬端俱起：群議紛起。㉔稠濁：多而亂。㉕聊：依靠。㉖章：通「彰」，明顯。㉗偉服：華麗的服飾。㉘厲：通「礪」，磨礪。㉙徒處：白白地等待。㉚五伯：伯通「霸」，「五伯」即春秋五霸。指春秋時先後稱霸的五個諸侯——齊桓公、宋襄公、晉文公、秦穆公、楚莊王。㉛杖：持著。橦：衝刺。㉜凌：凌駕於上。萬乘：兵車萬輛，指大國。㉝詘：通「屈」，屈服。㉞元元：人民。㉟嗣主：繼位的君王。㊱至道：指用兵之道。㊲惛：不明。㊳說不行：指連橫的主張未得實行。㊴羸：纏繞。縢：綁腿布。蹻：草鞋。㊵橐：囊。㊶犁：通「黧」，黑色。㊷紝：紡織機。㊸太公：姜太公呂尚。陰符：兵書。㊹簡：選擇。練：熟習。㊺足：足跟。㊻摩：靠近。燕烏集：宮闕名。㊼華屋：指宮殿。㊽抵：通「抵」，拍擊。㊾武安：今屬河北。㊿溢：通「鎰」，一鎰二十四兩。(51)關：函谷關，爲六國通秦要道。(52)式：用。(53)廊廟：指朝廷。(54)隆：顯赫。(55)山東：指華山以東。(56)使趙大重：謂使趙的地位因此而提高。(57)掘門：鑿牆為門，極言居處簡陋。(58)桑戶：桑木爲板的門。棬樞：樹枝做成的門樞。(59)軾：車前橫木。撙：節制。(60)伉：通「抗」。(61)張：設置。(62)倨：傲慢。(63)季子：蘇秦的字。(64)蓋：通「盍」，何。

成語集錦

❖羽毛未豐：羽毛尚未長滿成熟。比喻勢力或能力不夠雄厚，還不足以獨當一面。

典源 寡人聞之，毛羽不豐滿者不可以高飛，文章不成者不可以誅罰，道德不厚者不可以使民，政教不順者不可以煩大臣。

01 我羽毛未豐，恐網羅之易及。（明代張景《飛丸記》）

❖前倨後恭：先前傲慢無禮，後又謙卑恭敬。比喻待人勢利，態度轉變迅速。

典源 將說楚王，路過洛陽，父母聞之，清宮除道，張樂設飲，郊迎三十里。妻側目而視，傾耳而聽；嫂蛇行匍伏，四拜自跪而謝。蘇秦曰：「嫂，何前倨而後卑也？」嫂曰：「以季子之位尊而多金。」蘇秦曰：「嗟乎！貧窮則父母不子，富貴則親戚畏懼。人生世上，勢位富貴，蓋可忽乎哉！」

01 蘇秦笑謂其嫂曰：「何前倨而後恭也？」（漢代司馬遷《史記》）

02 謝過夏月嘗仰臥，謝公清晨卒來，不暇著衣，跣出屋外，方躡履問訊。公曰：「汝可謂前倨而後恭。」（南朝宋劉義慶《世說新語》）

03 行者道：「不敢！不敢！不是甚前倨後恭，老孫於今是沒棒弄了。」（明代吳承恩《西遊記》）

04 說完，送出計老頭去了。正是前倨後恭，人還好過。（清代西周生《醒世姻緣傳》）

張儀說秦王

張儀說秦王，曰：「臣聞之，弗知而言為不智，知而不言為不忠。為人臣不忠當死，言不審亦當死❶。雖然❷，臣願悉言所聞❸，大王裁其罪❹。

「臣聞天下陰燕陽魏❺，連荊固齊❻，收餘韓成從❼，將西南以與秦為難。臣竊笑之。世有三亡，而天下得之，其此之謂乎！臣聞之曰：『以亂攻治者亡，以邪攻正者亡，以逆攻順者亡。』今天下之府庫不盈，囷倉空虛，悉其士民，張軍數千百萬❽，白刃在前，斧質在後❾，而皆去走❿，不能死，罪其百姓不能死也，其上不能殺也。言賞則不與，言罰則不行，賞罰不行，故民不死也。

「今秦出號令而行賞罰，不攻無攻相事也⓫。出其父母懷衽之中，生未嘗見寇也，聞戰頓足徒裼⓬，犯白刃，蹈煨炭，斷死於前者比是也⓭。夫斷死與斷生也不同。而民為之者是貴奮也⓮。一可以勝十，十可以勝百，百可以勝千，千可以勝萬，萬可以勝天下矣。今秦地形，斷長續短⓯，方數千里⓰，名師數百萬⓱，秦之號令賞罰，地形利害，天下莫如也。以此與天下⓲，天下不足兼而有也。是知秦戰未嘗不勝，攻未嘗不取，所當未嘗不破也⓳。開地數千里，此甚大功也。然而甲兵頓⓴，士民病㉑，蓄積索㉒，田疇荒，囷倉虛，四鄰諸侯不服，伯王之名不成，此無異故，謀臣皆不盡其忠也。

「臣敢言往昔。昔者齊南破荊，中破宋，西服秦，北破燕，中使韓、魏之君，地廣而兵強，戰勝攻取，詔令天下，濟清河濁，足以為限㉓，長城、鉅坊㉔，足以為塞㉕。齊，五戰之國也。一戰不勝而無齊。故由此觀之，夫戰者萬乘之存亡也。

「且臣聞之曰：『削柱掘根，無與禍鄰，禍乃不存。』秦與荊人戰，大破荊，襲郢，取洞庭、五都、江南。荊王亡奔走，東伏於陳㉖。當是之時，隨荊以兵，則荊可舉。舉荊，則其民足貪也㉗，地足利也。東以強齊、燕，中陵三晉。然則是一舉而伯王之名可成也，四鄰諸侯可朝也。而謀臣不為，引軍而退，與荊人和。令荊人收亡國㉘，聚散民，立社主㉙，置宗廟，令帥天下西面以與秦為難㉚，此固已無伯王之道一矣㉛。

天下有比志而軍華下㉜，大王以詐破之，兵至梁郭，圍梁數旬，則梁可拔。拔梁，則魏可舉。舉魏，則荊、趙之志絕㉝。荊、趙之志絕，則趙危。趙危而荊孤。東以強齊、燕，中陵三晉，然則是一舉而伯王之名可成也，四鄰諸侯可朝也。而謀臣不為，引軍而退，與魏氏和，令魏氏收亡國，聚散民，立社主，置宗廟，此固已無伯王之道二矣。前者穰(ㄖㄤˊ)侯之治秦也㉞，用一國之兵，而欲以成兩國之功。是故，兵終身暴靈於外㉟，士民潞(ㄌㄨˋ)病於內㊱，伯王之名不成，此固已無伯王之道三矣。

「趙氏，中央之國也，雜民之所居也。其民輕而難用㊲，號令不治，賞罰不信㊳，地形不便㊴，上非能盡其民力㊵。彼固亡國之形也，而不憂其民氓(ㄇㄤˊ)㊶。悉其士民，軍於長平之下㊷，以爭韓之上黨，大王以詐破之，拔武安。當是時，趙氏上下不相親也，貴賤不相信㊸，然則是邯鄲不守㊹，拔邯鄲，完河間，引軍而去，西攻脩武㊺，踰羊腸㊻，降代、上黨。代三十六縣，上黨十七縣，不用一領甲㊼，不苦一民，皆秦之有也。代、上黨不戰而已為秦矣[48]，東陽河外不戰而已反為齊矣[49]，中呼池以北不戰而已為燕矣[50]。然則是舉趙則韓必亡，韓亡則荊、魏不能獨立[51]。荊、魏不能獨立，則是一舉而壞韓，蠹魏，挾荊，以東弱齊、燕，決白馬之口[52]，以流魏氏[53]。一舉而三晉亡，從者敗[54]。大王拱手以須[55]，天下遍隨而伏[56]，伯王之名可成也。而謀臣不為，引軍而退，與趙氏為和。

「以大王之明，秦兵之強，伯王之業，地尊不可得[57]，乃取欺於亡國[58]，是謀臣之拙也[59]。且夫趙當亡不亡，秦當伯不伯，天下固量秦之謀臣一矣[60]。乃復悉卒乃攻邯鄲，不能拔也，棄甲兵怒，戰慄而卻，天下固量秦力二矣。軍乃引退，并於李下[61]，大王又并軍而致與戰[62]，非能厚勝之也[63]，又交罷卻[64]，天下固量秦力三矣。內者量吾謀臣，外者極吾兵力。由是觀之，臣以天下之從[65]，豈其難矣。內者吾甲兵頓，士民病，蓄積索，田疇荒，囷倉虛，外者天下比志甚固。願大王有以慮之也。

「且臣聞之，戰戰慄栗，日慎一日。苟慎其道，天下可有也。何以知其然也？昔者紂為天子，帥天下將甲百萬，左飲於淇谷[66]，右飲於洹水[67]，淇水竭而洹水不流，以與周武為難。武王將素甲三千領，戰一日，破紂之國，禽其身[68]，據其地，而有其民，天下莫不傷。智伯帥三國之眾，以攻趙襄主於晉陽[69]，決水灌之，三年，城且拔矣[70]。襄主錯龜[71]，數策占兆，以視利害，何國可降[72]，而使張孟談[73]。於是潛行而出，反智伯之約，得兩國之眾，以攻智伯之國，禽其身，以成襄子之功。今秦地斷長續短，方數千里，名師數百萬，秦國號令賞罰，地形利害，天下莫如也。以此與天下，天下可兼而有也。

「臣昧死望見大王，言所以舉破天下之從，舉趙亡韓，臣荊、魏，親齊、燕，以成伯王之名，朝四鄰諸侯之道。大王試聽其說，一舉而天下之從不破，趙不舉，韓不亡，荊、魏不臣，齊、燕不親，伯王之名不成，四鄰諸侯不朝，大王斬臣以徇於國(74)，以主為謀不忠者。」

【說文解字】

❶審：詳察。❷雖然：雖然如此。❸悉：盡、全部。❹裁：裁定。❺陰燕陽魏：北方聯結燕國，南方聯結魏國。❻連：聯合。荊：楚國。固：固盟，亦聯合之意。❼餘韓：戰敗失地之後的韓國。從：合縱。❽張軍：布列軍隊。❾斧質：即斧鑕，一種刑具。❿去走：後退。⓫事：治理。⓬徒裼：光著手臂。裼，脫去上衣。⓭斷死：決定去死。比是：比比皆是。⓮貴奮：以奮勇而死為高貴。⓯斷長續短：截長補短。⓰方：長寬。⓱名師：著名的軍隊。⓲與：同……相比。⓳當：抵敵。⓴甲兵：代指軍隊。頓：困頓、疲乏。㉑病：困苦。㉒索：耗盡。㉓限：阻隔。㉔鉅：巨大。坊：防線。㉕塞：要塞。㉖陳：陳城，在今河南境內。㉗貪：占有。㉘令：使。㉙社主：社壇木主，祭祀時所奉的神主。㉚令帥：帥令，號令率領。㉛無：失去。㉜有：又。比志：互相聯合的想法，合謀。華下：華陽城下，在今河南境內。㉝絕：斷滅。㉞穰侯：姓魏，名冉，秦昭王之母宣太后的弟弟，封於穰。穰，今河南鄧縣東南。㉟暴靈：暴露。㊱潞病：疲憊困苦。㊲輕：不沉穩。㊳信：誠信。㊴不便：不利。㊵非能：不能。㊶憂：為……擔憂。㊷長平：地名，在今山西境內。㊸不相信：不相互信任。㊹邯鄲不守：邯鄲沒有守備。邯鄲，趙國國都，故城在今河北邯鄲西南。㊺脩武：地名，在今河南修武東。㊻羊腸：要塞名。㊼一領：一副。㊽為：歸屬。㊾東陽：趙地，故城在今山東恩縣西北。反為：不屬於。㊿呼池：呼沱，水名。(51)獨立：獨自存在。(52)白馬：白馬津，在今河南滑縣西。口：河口。(53)流：水灌。(54)從：合縱。(55)須：等待。(56)伏：服從。(57)地尊：地廣位尊。(58)亡國：指趙國。(59)拙：計謀拙劣。(60)量：

掂量。61李下：地名，故城在今河南溫縣。62致：竭盡全力。63厚勝：大勝。64交：相互。罷卻：疲憊而退。65以：認為。從：合縱。66淇谷：水名，在今河南淇縣。67洹水：水名。68禽：擒。69趙襄主：趙襄子，名恤，趙簡子之子。晉陽：地名。70且：將。71錯龜：鑽龜。古人灼鑽龜殼，透過查看殼上的裂紋而卜吉凶。72降：降服。73張孟談：人名，趙襄子之臣。74徇：示眾。

成語集錦

❖比比皆是：形容到處都是。比比，每每、頻頻。

典源 出其父母懷衽之中，生未嘗見寇也，聞戰頓足徒裼，犯白刃，蹈爐炭，斷死於前者比是也。

01 秉筆之士所用故實，有淹貫所不究者，有蹈前人舊轍而不討論所從來者，譬侏儒觀戲，人笑亦笑。謂眾人決不誤我者，比比皆是也。（宋代朱弁《曲洧舊聞》）

02 其有在方策者，比比皆是，不可殫引。（宋代富弼《論辨邪正》）

03 自後世惡直好佞，以直言賈禍者，比比皆是。（宋代羅大經《鶴林玉露》）

04 趣召之人，率皆遲回，久而不至，以要君為高致，以共命為常流，可行而固不行，不疾而稱有疾，比比皆是，相扇成風。（元代脫脫《宋史》）

05 朝為師生而暮若途人者，比比皆是。（元代陶宗儀《南村輟耕錄》）

06 清明靈秀之氣所秉者，上至朝廷，下至草野，比比皆是。（清代曹雪芹《紅樓夢》）

楚絕齊

楚絕齊，齊舉兵伐楚。陳軫謂楚王曰：「王不如以地東解於齊❶，西講於秦❷。」

楚王使陳軫之秦，秦王謂軫曰：「子秦人也，寡人與子故也❸，寡人不佞，不能親國事也，故子棄寡人事楚王。今齊、楚相伐，或謂救之便，或謂救之不便，子獨不可以忠為子主計❹，以其餘為寡人乎❺？」陳軫曰：「王獨不聞吳人之遊楚者乎？楚王甚愛之，病，故使人問之❻，曰：『誠病乎？意亦思乎❼？』左右曰：『臣不知其思與不思，誠思則將吳吟❽。』今軫將為王吳吟。王不聞管與之說乎？有兩虎諍人而鬥者❾，管莊子將刺之❿，管與止之曰：『虎者，戾蟲⓫；人者甘餌也。今兩虎諍人而鬥，小者必死，大者必傷。子待傷虎而刺之，則是一舉而兼兩虎也。無刺一虎之勞，而有刺兩虎之名。』齊、楚今戰，戰必敗。敗，王起兵救之，有救齊之利，而無伐楚之害。計聽知覆逆者⓬，唯王可也。計者，事之本也；聽者，存亡之機⓭。計失而聽過，能有國者寡也。故曰：『計有一二者難悖也⓮，聽無失本末者難惑。』」

【說文解字】

❶解：解除兵事，指和解。❷講：媾和。❸故：故舊之好。❹獨：豈、難道。❺其餘：計謀之餘。❻故：特地。問：慰問。❼思：思念故土。❽吳吟：吳地的歌。❾諍人：即爭人，爭著吃人。❿管莊子：即卞莊子。

⓫戾蟲：猛獸。⓬計聽：計謀、聽諫。覆逆：審察、逆料。⓭機：關鍵。⓮一二：反覆思量。悖：悖亂。

❖一舉兩得：比喻做一件事，同時得到兩方面的收穫。

典源 有兩虎諍人而鬥者，管莊子將刺之，管與止之曰：「虎者，戾蟲；人者甘餌也。今兩虎諍人而鬥，小者必死，大者必傷。子待傷虎而刺之，則是一舉而兼兩虎也。無刺一虎之勞，而有刺兩虎之名。」

01 吾得臨淄，即西安孤，必復亡矣，所謂一舉而兩得者也。（漢代劉珍《東觀漢記》）

02 既斷他往來之路，又全你兄妹之情，豈不一舉兩得？（明代汪廷訥《種玉記》）

03 秦楚交伐，鄭必重困。乘其未入境，當往迎之，因導之使同伐宋國。一則免楚之患，二則激晉之來，豈非一舉兩得？（明代余邵魚、馮夢龍《東周列國志》）

04 伯牙討這個差使，一來，是個大才，不辱君命，二來，就便省視鄉里，一舉兩得。（清代馮夢龍《警世通言》）

05 胡生道：「我今夜乘暗躲在你家後房，樂得與你歡樂，明日我妝做一個鬼，走了出去，卻不是一舉兩得。」（明代凌濛初《初刻拍案驚奇》）

06 成敬意也罷，不成敬意也罷，今日這個局，既然允許了，總逃不了的；就何妨借此一舉兩得呢？（清代吳趼人《二十年目睹之怪現狀》）

秦武王謂甘茂

秦武王謂甘茂❶，曰：「寡人欲車通三川❷，以窺周室，而寡人死不朽乎？」甘茂對曰：「請之魏，約伐韓。」王令向壽輔行。

甘茂至魏，謂向壽❸：「子歸告王曰：『魏聽臣矣，然願王勿攻也。』事成，盡以為子功。」向壽歸以告王，王迎甘茂於息壤❹。

甘茂至，王問其故。對曰：「宜陽❺，大縣也，上黨、南陽積之久矣❻，名為縣，其實郡也。今王倍數險❼，行千里而攻之，難矣。

「臣聞張儀西并巴、蜀之地，北取西河之外❽，南取上庸❾，天下不以為多張儀而賢先王❿。魏文侯令樂羊將⓫，攻中山，三年而拔之，樂羊反而語功⓬，文侯示之謗書一篋，樂羊再拜稽首曰：『此非臣之功，主君之力也。』今臣羈旅之臣也，樗里疾、公孫衍二人者，挾韓而議，王必聽之，是王欺魏，而臣受公仲侈之頤也。

「昔者曾子處費⓭，費人有與曾子同名族者而殺人，人告曾子母曰：『曾參殺人。』曾子之母曰：『吾者不殺人。』織自若。有頃焉，人又曰：『曾參殺人。』其母尚織自若也。頃之，一人又告之曰：『曾參殺人。』其母懼，投杼逾牆而走。夫以曾參之賢，與母之信也，而三人疑之，則慈母不能信也。今臣賢不及曾子，而王之信臣又未若曾子之母也，疑臣者不適三人⓮，臣恐王為臣之投杼也。」

王曰：「寡人不聽也，請與子盟。」於是與之盟於息壤。

果攻宜陽，五月而不能拔也。樗（ㄕㄨ）裡疾、公孫衍二人在，爭之王，王將聽之，召甘茂而告之。甘茂對曰：「息壤在彼。」王曰：「有之。」因悉起兵，復使甘茂攻之，遂拔宜陽。

【說文解字】

❶甘茂：楚國下蔡人，秦將，秦武王時任左丞相。❷車通三川：三川，韓地，在河南省黃河以南、靈寶以東。此處指宜陽。❸向壽：秦宣太后外族。❹息壤：秦地名。❺宜陽：韓邑，在今河南宜陽縣西。❻積：指財力蓄積。❼倍：經歷。❽西河之外：指黃河西岸的魏地，今陝西東部黃河西岸地區。❾上庸：楚邑，在今湖北竹山縣西南。❿多：看重。⓫魏文侯：魏國的建立者，名斯。樂羊：魏將。將：率兵。⓬反：返回。語功：論功。⓭曾子：孔子的學生，名參。費：魯邑。⓮不適：不啻、不止。

成語集錦

❖曾參殺人：本指謠傳，久聽而信。後比喻流言可畏，或稱誣枉的災禍。

典源 昔者曾子處費，費人有與曾子同名族者而殺人，人告曾子母曰：「曾參殺人。」曾子之母曰：「吾子不殺人。」織自若。有頃焉，人又曰：「曾參殺人。」其母尚織自若也。頃之，一人又告之曰：「曾參殺人。」其母懼，投杼踰牆而走。

01 聯以不明，雖有曾母投杼之疑，猶冀言者不信，以為國福。（西晉陳壽《三國志》）

02 由臣悴賤，可悔可誣。曾參殺人，臣豈無過？（南朝宋鮑照《謝隨恩被原表》）

03 秦庭野鹿忽為馬，巧偽亂真君試思。伯奇掇蜂賢父逐，曾參殺人慈母疑。酒沽千日人不醉，琴弄一絃心已悲。常聞善交無爾汝，讒口甚甘良藥苦。（唐代李端《雜歌》）

04 市有虎，而曾參殺人，讒者之效也。（唐代韓愈《釋言》）

05 昔曾子作《孝經》，而玄雲聚於北極，蒼蒼者天，唯孝能格。奈何曾參殺人，而母猶信之不及。（明代張岱《投杼操》）

06 這冤怎伸，硬疊成曾參殺人！（清代孔尚任《桃花扇》）

范睢至秦

范睢（ㄙㄨㄟ）至秦，王庭迎，謂范睢曰：「寡人宜以身受令久矣。今者義渠（ㄑㄩˊ）之事急，寡人日自請太后❶。今義渠之事已，寡人乃得以身受命。躬竊閔然不敏❷，敬執賓主之禮。」范睢辭讓。是日見范睢，見者無不變色易容者。

秦王屏（ㄅㄧㄥˇ）左右，宮中虛無人，秦王跪而請曰：「先生何以幸教寡人❸？」范睢曰：「唯唯。」有間，秦王復請，范睢曰：「唯唯。」若是者三。秦王跽（ㄐㄧˋ）曰❹：「先生不幸教寡人乎？」范睢謝曰：「非敢然也。臣聞始時呂尚之遇文王也，身為漁父而釣於渭陽之濱耳。若是者，交疏也。已一說而立為太師❺，載與俱歸者，其言深也。故文王果收功於呂尚，卒擅天下而身立為帝王。即使文王疏呂望而弗與深言❻，是周無天子之德，而文、武無與成其王也。今臣，羈旅之臣也，交疏於王，而所願陳者，皆匡君之事❼，處人骨肉之間，願以陳臣之陋忠，而未知王之心也，所以王三問而不對者是也❽。

「臣非有所畏而不敢言也，知今日言之於前，而明日伏誅於後，然臣弗敢畏也。大王信行臣之言❾，死不足以為臣患，亡不足以為臣憂，漆身而為厲，被發而為狂❿，不足以為臣恥。五帝之聖而死，三王之仁而死，五伯之賢而死，烏獲之力而死，奔、育之勇而死⓫。死者，人之所必不免也。處必然之勢，可以少有補於秦，此臣之所大願也。臣何患乎？

「伍子胥橐載而出昭關，夜行而晝伏，至於蔆水⓬，無以餌其口⓭，坐行蒲服⓮，乞食於吳市，卒興吳國，闔廬為霸。使臣得進謀如伍子胥，加之以幽囚⓯，終身不復見，是臣說之行也，臣何憂乎？箕子、接輿，漆身而為厲，被發而為狂，無意於殷、楚。使臣得同行於箕子、接輿，漆身可以補所賢之主，是臣之大榮也，臣又何恥乎？

「臣之所恐者，獨恐臣死之後，天下見臣盡忠而身蹶也⓰，是以杜口裹足，莫肯即秦耳⓱。足下上畏太后之嚴，下惑奸臣之態；居深宮之中，不離保傅之手⓲；終身闇惑，無與照奸⓳；大者宗廟滅覆，小者身以孤危。此臣之所恐耳！若夫窮辱之事，死亡之患，臣弗敢畏也。臣死而秦治，賢於生也。」

秦王跽曰：「先生是何言也！夫秦國僻遠，寡人愚不肖，先生乃幸至此，此天以寡人溷先生⓴，而存先王之廟也。寡人得受命於先生，此天所以幸先王而不棄其孤也。先生奈何而言若此！事無大小，上及太后，下至大臣，願先生悉以教寡人。無疑寡人也。」范雎再拜，秦王亦再拜。

范睢曰：「大王之國，北有甘泉、谷口㉑，南帶涇、渭㉒，右隴、蜀，左關、阪㉓；戰車千乘，奮擊百萬。以秦卒之勇，車騎之多，以當諸侯，譬若馳韓盧而逐蹇兔也㉔，霸王之業可致。今反閉而不敢窺兵於山東者㉕，是穰侯為國謀不忠，而大王之計有所失也。」王曰：「願聞所失計。」

睢曰：「大王越韓、魏而攻強齊，非計也。少出師則不足以傷齊；多之則害於秦。臣意王之計，欲少出師，而悉韓、魏之兵則不義矣㉖。今見與國之不可親㉗，越人之國而攻，可乎？疏於計矣！昔者，齊人伐楚，戰勝，破軍殺將，再辟地千里，膚寸之地無得者，豈齊之欲地哉，形弗能有也㉘。諸侯見齊之罷露㉙，君臣之不親，舉兵而伐之，主辱軍破，為天下笑。所以然者，以其伐楚而肥韓、魏也。此所謂藉賊兵而齎盜食也㉚。王不如遠交而近攻，得寸則王之寸，得尺亦王之尺也。

「今捨此而遠攻，不亦繆乎㉛？且昔者，中山之地，方五百里，趙獨擅之，功成、名立、利附，則天下莫能害。今韓、魏，中國之處㉜，而天下之樞也。王若欲霸，必親中國而以為天下樞，以威楚、趙㉝。趙強則楚附，楚強則趙附。楚、趙附則齊必懼，懼必卑辭重幣以事秦，齊附而韓、魏可虛也㉞。」

王曰：「寡人欲親魏，魏所變之國也，寡人不能親。請問親魏奈何？」范睢曰：「卑辭重幣以事之。不可，削地而賂之。不可，舉兵而伐之。」於是，舉兵而攻邢丘，邢丘拔而魏請附㉟。

曰：「秦、韓之地形，相錯如繡。秦之有韓，若木之有蠹（ㄉㄨˋ），人之病心腹。天下有變，為秦害者莫大於韓。王不如收韓。」王曰：「寡人欲收韓，不聽，為之奈何？」范雎曰：「舉兵而攻滎陽㊱，則成皋（ㄍㄠ）之路不通㊲；北斬太行之道㊳，則上黨之兵不下；一即著而攻滎陽，則其國斷而為三。魏、韓見必亡，焉得不聽？韓聽而霸事可成也。」王曰：「善。」

【說文解字】

❶日：每天。請：請安。❷躬：我自己。竊：自認為。閔然：昏暗的樣子。不敏：不聰敏。❸何以：以何、用什麼。幸：敬辭，表示對方這樣做是自己的幸運。❹跽：長跪。❺已：已而，指時間極短。❻即使：假如讓。❼匡：匡正。❽對：回答。❾信行：確實實行。❿被髮：披髮。⓫奔、育：孟奔、夏育，戰國時的勇士。⓬菱水：即溧水，在今安徽、江蘇境內。⓭餌其口：餬口。⓮坐行：指不能站起行走。蒲服：即匍匐。⓯幽囚：幽禁、囚禁。⓰蹶：跌倒，此指死去。⓱即：就、靠近。⓲保傅：古代帝王的老師。⓳照：洞察。奸：奸邪之人。⓴溷：亂、煩擾。㉑甘泉：山名，在今陝西淳化縣西北。谷口：即古寒門，在今陝西禮泉縣東北。㉒涇、渭：水名，在今陝西境內。㉓關、阪：指函谷關和崤山。㉔韓盧：韓國的名犬。蹇：瘸腿。㉕山東：指崤山以東六國。㉖不義：不宜、不合適。㉗與國：盟國。㉘形：情勢。㉙罷露：疲露、疲勞困乏。㉚藉賊兵：借給盜賊兵器。齎盜食：送給小偷糧食。㉛繆：通「謬」。㉜中國：指處在各方的中心。㉝威：震懾。㉞虛：通「墟」，變為廢墟。㉟邢丘：地名，在今河南溫縣東。㊱滎陽：韓地，在今河南滎陽境內。㊲成皋：地名，在今河南省汜水鎮。㊳斬：截斷。

成語集錦

❖**裹足不前**：包纏腳部，不往前行。形容有所顧忌，而停止腳步，不敢向前。

典源

臣之所恐者，獨恐臣死之後，天下見臣盡忠而身蹶也，是以杜口裹足，莫肯即秦耳。

01 今玄德素有英雄之名，以困窮而來投，若殺之，是害賢也。天下智謀之士，聞而自疑，將裹足不前，主公誰與定天下乎？（明代羅貫中《三國演義》）

02 藉以正額虧缺為名，日加苛斂，以致商賈傾家蕩產，裹足不前，乃使物價昂貴，於民生大有虧損。（清代昭槤《嘯亭雜錄》）

03 兄長如此疑人，現在輔佐業已殘缺，未來豪傑，裹足不前，我梁山其孤危矣！（清代俞萬春《蕩寇志》）

04 「（容園）本江畹香中丞之舊宅。余初以少賤，不得其門而入。及為張觀察所得，又以素無謀面之雅，裹足不前。（清代梁章鉅《歸田瑣記》）

05 近年以來，商船裹足不前，兵船反入洋塢，非認真整理，無由振興。（民國趙爾巽《清史稿》）

❖**得寸進尺**：得到一寸就是一寸，得到一尺就是一尺，指可掌握侵略所得的每一分土地。後用以指得到一些利益，即想進而獲得更多利益，比喻貪得無厭。

典源 王不如遠交而近攻，得寸則王之寸，得尺亦王之尺也。今舍此而遠攻，不亦繆乎？

01（彭玉麟奏折云）泰西各國，乃得乘隙竄入，要挾百端，請求萬億……得寸進尺，得尺進丈，至於今日，氣焰益張。（清代平步青《霞外攟屑》）

頃襄王二十年

頃襄王二十年❶，秦白起拔楚西陵❷，或拔鄢、郢、夷陵，燒先王之墓。王徙東北，保於陳城❸。楚遂削弱，為秦所輕。於是白起又將兵來伐。

楚人有黃歇者❹，遊學博聞，襄王以為辯，故使於秦。說昭王曰：「天下莫強於秦、楚，今聞大王欲伐楚，此猶兩虎相鬥而駑犬受其弊，不如善楚。臣請言其說。

「臣聞之：『物至而反，冬夏是也。致至而危，累棋是也❺。』今大國之地半天下，有二垂❻，此從生民以來，萬乘之地未嘗有也。先帝文王、莊王，王之身，三世而不接地於齊，以絕從親之要。今王三使盛橋守事於韓❼，成橋以北入燕❽。是王不用甲，不伸威，而出百里之地❾，王可謂能矣。王又舉甲兵而攻魏，杜大梁之門，舉河內，拔燕、酸棗、虛、桃人❿，楚、燕之兵雲翔不敢校⓫，王之功亦多矣。王申息眾二年⓬，然後復之，又取蒲、衍、首垣⓭，以臨仁、平丘⓮，小黃、濟陽嬰城⓯，而魏氏服矣。王又割濮、磨之北屬之燕⓰，斷齊、秦之要，絕楚、魏之脊。天下五合、六聚而不敢救也⓱，王之威亦憚矣。

「王若能持功守威，省攻伐之心而肥仁義之誡，使無復後患，三王不足四，五伯不足六也。王若負人徒之眾，材兵甲之強，壹毀魏氏之威，而欲以力臣天下之主，臣恐有後患。《詩》云：『靡不有初⑱，鮮克有終⑲。』《易》曰：『狐濡其尾。』此言始之易，終之難也。何以知其然也？智氏見伐趙之利，而不知榆次之禍也⑳；吳見伐齊之便，而不知干隧之敗也㉑。此二國者，非無大功也，沒利於前㉒，而易患於後也。吳之信越也，從而伐齊，既勝齊人於艾陵㉓，還為越王禽於三江之浦㉔。智氏信韓、魏，從而伐趙，攻晉陽之城，勝有日矣，韓、魏反之，殺智伯瑤於鑿台之上㉕。今王妒楚之不毀也，而忘毀楚之強魏也。臣為大王慮而不取。《詩》云：『大武遠宅不涉㉖。』從此觀之，楚國，援也；鄰國，敵也。

「《詩》：『他人有心，予忖度之。躍躍毚兔，遇犬獲之。』今王中道而信韓、魏之善王也，此正吳信越也。臣聞，敵不可易，時不可失。臣恐韓、魏之卑辭慮患，而實欺大國也。此何也？王既無重世之德於韓、魏，而有累世之怨矣。韓、魏父子兄弟接踵而死於秦者，百世矣。本國殘，社稷壞，宗廟隳，刳腹折頤，首身分離，暴骨草澤，頭顱僵仆，相望於境；父子老弱係虜，相隨於路；鬼神狐祥，無所食，百姓不聊生，族類離散，流亡為臣妾，滿海內矣。韓、魏之不亡，秦社稷之憂也。

「今王之攻楚，不亦失乎！是王攻楚之日，則惡出兵㉗？王將藉路於仇讎之韓、魏乎？兵出之日而王憂其不反也，是王以兵資於仇讎之韓、魏。王若不藉路於仇讎之韓、魏，必攻陽、右壤。隨陽、右壤㉘，此皆廣川大水，山林溪谷不食之地，王雖有之，不為得地。是王有毀楚之名，無得地之實也。

「且王攻楚之日，四國必應悉起應王㉙。秦、楚之構而不離㉚，魏氏將出兵而攻留、方與、銍(ㄓˋ)、胡陵、碭、蕭、相㉛，故宋必盡㉜。齊人南面，泗北必舉㉝。此皆平原四達，膏腴之地也，而王使之獨攻㉞。王破楚於以肥韓、魏於中國而勁齊，韓、魏之強足以校於秦矣。齊南以泗為境，東負海，北倚河，而無後患，天下之國，莫強於齊。齊、魏得地葆利，而詳事下吏㉟，一年之後，為帝若未能，於以禁王之為帝有餘。夫以王壤土之博，人徒之眾，兵革之強，一舉眾而注地於楚㊱，詘令韓、魏㊲，歸帝重於齊，是王失計也。

「臣為王慮，莫若善楚。秦、楚合而為一，臨以韓，韓必授首。王襟以山東之險，帶以河曲之利，韓必為關中之候㊳。若是，王以十成鄭，梁氏寒心㊴，許、鄢陵嬰城㊵，上蔡、召陵不往來也㊶。如此，而魏以關內候矣。王一善楚，而關內二萬乘之主注地於齊，齊之右壤可拱手而取也。是王之地一任兩海㊷，要絕天下也㊸。是燕、趙無齊、楚，無燕趙也。然後危動燕、趙㊹，持齊、楚㊺，此四國者，不待痛而服矣。」

【說文解字】

❶頃襄王：名橫，楚懷王之子。❷西陵：楚地，在今湖北宜昌。❸陳城：古陳國，在今河南淮陽縣。❹黃歇：楚人，後為楚相國，封春申君。❺累棋：疊起來的棋子。❻垂：通「陲」，指其國界達到東西（或南北）的極邊處。❼盛橋：秦人。守事：駐軍防守。❽成橋：即盛橋。❾出：使……出。❿燕：南燕。酸棗：地名，在

今河南延津北部。桃人：此處為桃城，在今河南延津北部。⓫雲翔：意指逃散。校：抵敵。⓬申：重、再。⓭蒲：蒲城，在今河南長垣縣境內。衍：衍城，在今河南鄭縣北。首垣：在今河南長垣縣東北部。⓮平丘：地名，在今河北長垣縣西南。⓯小黃：在今河南陳留縣東北部。濟陽：在今河南蘭封縣東。⓰濮磨：濮水、磨城。⓱五合：五次聯合。六聚：六國相聚。⓲靡：沒有人。⓳鮮：很少人。克：能夠。⓴榆次：在今山西榆次縣。㉑干隧：在今江蘇餘杭山的隧山。㉒沒利：昧利，沉溺於利。㉓艾陵：在今山東萊蕪東北部。㉔三江：婁江、松江、東江。㉕鑿台：晉陽城下的土台。㉖武：足跡。㉗惡：哪裡。㉘隨陽：地名。右壤：地名，或謂楚右邊的國土。㉙四國：齊、趙、魏、韓。㉚構：構兵、交戰。㉛留：宋地，在今江蘇沛縣東南。方與：宋地，在今山東魚台縣北。銍：宋地，在今安徽宿縣南。胡陵：宋邑，在今江蘇沛縣北。碭：宋地，在今安徽碭山縣。蕭：在今江蘇蕭縣西北。相：宋地，在今安徽宿縣西北。㉜故宋：宋已在此前被滅亡，故稱之。盡：指原來占領的宋國土地會全部丟失。㉝泗北：泗水以北。㉞獨攻：單方進攻。㉟詳事：細心防備。另解為「佯事」，假意奉事。下吏：代指秦國。㊱注地：使地相接壤。㊲詘令韓、魏：不能命令韓、魏。㊳候：迎接賓客的人，此處形容地位之低。㊴梁氏：指魏。㊵許：在今河南許昌東。鄢陵：在今河南鄢陵縣西南。㊶上蔡：在今河南上蔡縣西南。召陵：在今河南郾師縣東。㊷兩海：東海至西海的土地。㊸要絕：攔腰截斷。要，腰。㊹危動：恐嚇。㊺持：要挾。

成語集錦

❖民不聊生：指人民無法生活下去，形容百姓生活非常困苦。聊生，賴以維生。

典源 本國殘，社稷壞，宗廟隳，刳腹折頤，首身分離，暴骨草澤，頭顱僵仆，相望於境；父子老弱係虜，相隨於路；鬼神狐祥，無所食，百姓不聊生，族類離散，流亡為臣妾，滿海內矣。

01 北有長城之役，南有五嶺之戍，外內騷動，百姓罷敝，頭會箕斂，以供軍費，財匱力盡，民不聊生。（漢代司馬遷《史記》）

02 此策若行，上下逼迫，民不聊生。（元代脫脫《宋史》）

03 散財聚民，古之道也。今平灤水災，不加賑恤，民不聊生矣！（明代宋濂《元史》）

04 面上有北風吹著，身上有浪花濺著，又濕又寒，又飢又怕。看這船上的人都有民不聊生的氣象。（清代劉鶚《老殘遊記》）

05 不料是日正值本府設局開捐，弄得民不聊生，怨聲載道。（清代李伯元《文明小史》）

白話翻譯

衛鞅亡魏入秦

衛鞅從魏國前往秦國，秦孝公讓他做相國，封給他商地，稱為商君。商君治理秦國，法令大行，正直無私，懲罰違法者時，不避強宗大族，獎賞有功者時，不偏袒親屬近臣，法紀涉及太子，連太子的老師也要受刑。商君的法令施行一年之後，路上丟失的東西沒有人去撿拾，百姓不敢亂取非分之財，國家兵力強大，各諸侯皆因此而害怕秦國。但是，商君執法過於苛刻嚴峻，只是用強制手段迫使群臣百姓服從而已。

秦孝公用商君法令治國八年後，大病不起，想把王位傳給商君，商君辭謝不接受。後來，孝公去世，他的兒子惠王繼位，執政不久後，商君就害怕惠王陷害自己，想要回到魏國。

有人對惠王說：「大臣聲望過高，將危及國家，左右輔佐的人員過分親近，將危及君王自身。如今，連秦國的婦女、孩童都在談論商君的法令，卻沒有人談論您的法令。這是商君反臣為主，而大王您倒變為人臣了。那商君本來就是大王的仇敵啊！希望大王對他採取應對措施。」商君歸魏不成，又返回秦國，秦惠王對他施用了車裂的酷刑，而秦國人並不哀憐他。

蘇秦始將連橫

蘇秦起初主張連橫，勸秦惠王：「大王您的國家，西面有巴、蜀、漢中的富饒，北面有胡貉和代馬的物產，南面有巫山、黔中的屏障，東面有餚山、函谷關的堅固。耕田肥美，百姓富足，戰車有萬輛，武士有百萬，在千里沃野上有多種特產，地勢形勝而便利，這就是所謂的天府，天下顯赫的大國啊！憑著大王的賢明、士民的眾多、車騎的充足、兵法的教習，可以兼併諸侯，獨吞天下，稱帝並加以治理。希望大王能對此稍加留意一下，我請求為您實現這件事。」

秦王回答：「我聽說，羽毛不豐滿的無法高飛上天，法令不完備的不能懲治犯人，道德不深厚的不能驅使百姓，政教不順民心的不能煩勞大臣。現在您雖然千里迢迢跑來在朝廷上開導我，但我還是希望改日再聽您的教誨吧！」

蘇秦說：「我本來就懷疑大王會不會接受我的意見。過去，神農討伐補遂，黃帝討伐涿鹿、擒獲蚩尤，堯討伐驩兜，舜討伐三苗，禹討伐共工，商湯討伐夏桀，周文王討伐崇國，周武王討伐紂王，齊桓公用武力稱霸天下。由此看來，哪有不用戰爭手段而統一的呢？古代讓車輛來回奔馳，用言語互相交結，天下成爲一體，有的約從，有的連橫，眾人不再儲備武器甲胄。文士個個巧舌如簧，諸侯聽得稀里胡塗，群議紛起，難以整理。規章制度雖已完備，但人們卻到處虛情假意，條文記錄又多又亂，百姓還是衣食不足。君臣愁容相對，人民無所依靠，辯論道理愈是清楚明白，戰亂反而愈加四起。穿著精緻服飾的文士雖然善辯，攻戰卻難以止息。愈是玩弄文辭，天下就愈難以治理。說的人說得舌頭破，聽的人聽得耳朵聾，卻不見成功，嘴上大講仁義禮信，卻不能使天下人相親。於是就廢卻文治、信用武力，以優厚待遇蓄養勇士，備好盔甲，磨好兵器，在戰場上決一勝負。想白白等待以招致利益，想安然兀坐而擴展疆土，即使是上古五帝、三王、五霸、賢明的君主，想坐而實現，勢必不可能。所以應用戰爭來解決問題，相距遠的就以兩支隊伍相互進攻，相距近的就持著刀戟相互衝刺，然後方能建立大功。對外，軍隊取得了勝利；對內，因行仁義而強大。上面的國君有了權威，下面的人民才能順服。現在，若想併吞天下，超越大國，使敵國屈服，制服海內，君臨天下百姓，以諸侯爲臣，非發動戰爭不可。現在在位的國君忽略了這個根本道理，都是教化不明的，治理混亂，又被一些人的奇談怪論所迷惑，沉溺在巧言詭辯之中。像這樣看來，大王您是不會採納我的建議吧！」

勸說秦王的奏摺多次呈上，而蘇秦的主張仍未實行，他的黑貂皮大衣穿破了，一百斤黃金也用完了，錢財一點不剩，只好離開秦國，返回家鄉。蘇秦纏著綁腿布，穿著草鞋，揹著書箱，挑著行李，臉上又瘦又黑，一臉羞愧之色。回到家裡，妻子不下織機，嫂子不去做飯，父母不與他說話。蘇秦長嘆道：「妻子不把我當丈夫，嫂子不把我當小叔，父母不把我當兒子，這都是我的過錯啊！」於是他半夜找書，擺開幾十個書箱，找到了姜太公的兵書，埋頭誦讀，反覆抉擇、熟習、研究、體會。讀到昏昏欲睡時，就拿針刺自己的大腿，鮮血一直流到腳跟，並自言自語說：「哪有去遊說國君，而無法讓他拿出金玉錦繡，取得卿相之尊的人呢？」一年後，他研讀成功，說：「這下真的可以去遊說當代國君了！」

於是蘇秦登上名爲燕烏集的宮闕，在宮殿之下謁見並遊說趙王，拍著手掌侃侃而談，趙王大喜，封蘇秦爲武安君。拜受相印，以兵車一百輛、錦繡一千匹、白璧一百對、黃金一萬鎰跟在他的後面，用來聯合六國，瓦解連橫，抑制強秦，所以蘇秦在趙國爲相，而函谷關交通因此斷絕。

在那個時候，那麼大的天下，那麼多的百姓，王侯的威望，謀臣的權力，都要被蘇秦的策略所決定。不花費一斗糧，不勞煩一個兵，一個戰士也不作戰，一根弓弦也不斷絕，一枝箭也不彎折，諸侯相親，勝過兄弟。賢人在位而天下馴服，一人被用而天下合縱，所以說：應運用德政，不應憑藉勇力；應用於朝廷之內，不應用於國土之外。在蘇秦顯赫尊榮之時，黃金萬鎰被他化用，隨從車騎絡繹不絕，一路炫耀，華山以東各國皆被折服，趙國的地位因此大大提高。況且那個蘇秦，只不過是出於窮巷、窯門、桑戶、棬樞之中的貧士罷了，但他伏在車軾之上，牽著馬的勒頭，橫行於天下，在朝廷上勸說諸侯，堵塞左右大臣的嘴巴，天下沒有人能與他匹敵。

蘇秦前去遊說楚王，路過洛陽時，父母聽到消息，收拾房屋，打掃街道，設置音樂，準備酒席，到三十里外的郊野迎接他。妻子不敢正面看他，側著耳朵聽他說話。嫂子像蛇一樣在地上匍匐，再三地跪拜謝罪。蘇秦問：「嫂子過去爲什麼那麼趾高氣揚，而現在又如此卑躬屈膝呢？」嫂子回答：「因爲您如今地位尊貴而且富有呀。」蘇秦嘆道：「唉！貧窮的時候父母不把我當兒子，富貴的時候連親戚也畏懼我。人活在世上，難道可以忽視權勢地位和榮華富貴嗎？」

張儀說秦王

張儀遊說秦王：「我常聽人說：『不知道事情的原由就開口發言，那是不明智；明白事理、可以為解決事情出謀畫策卻不開口，那是不忠貞。』作為一個臣子，對君王不忠誠就該死；說話不審慎也該死。雖然如此，但我仍然願意把所有見聞都說出來給大王聽，請大王裁決定罪。

「我聽說四海之內，北方的燕國和南方的魏國又在連結荊楚，鞏固與齊國的聯盟，收羅殘餘的韓國勢力，形成合縱的聯合陣線，面向西方，與秦國對抗。對此我不禁失笑。天下有三種亡國的情況，而天下終會有人來收拾殘局，這說的就是今天的世道！我聽人說：『以治理混亂之國去攻打治理有序之國，必遭敗亡；以邪惡之國去攻打正義之國，必遭敗亡；以背逆天道之國去攻打順應天道之國，必遭敗亡。』如今，天下諸侯國儲藏財貨的倉庫不充實，屯積米糧的倉庫也很空虛，他們徵召所有人民，發動千百萬計的軍隊，雖然是白刃在前，利斧在後，軍士仍然退卻逃跑，無法和敵人拼死一戰。其實並不是他們的百姓不肯死戰，而是由於統治者拿不出好的辦法實施獎懲。說獎賞而不給予，說處罰卻不執行，所以人民才不肯為國死戰。

「現在秦國號令鮮明，賞罰明確，有功無功都按照實際情形進行獎懲。每個人離開父母懷抱之初，從來就沒有見過敵人，所以一聽說作戰就跺腳、露胸，決心死戰，迎著敵人的刀槍，勇往直前，赴湯蹈火，在所不惜，幾乎全都決心要為國家死在戰場上。大王知道：一個人決心要戰死，和決心要逃生是不同的。但秦國人仍然願意戰死，這就是由於重視奮戰至死的精神。一人可以戰勝十人，十人可以戰勝百人，百人可以戰勝千人，千人可以戰勝萬人，萬人可以戰勝全天下。如今秦國的地勢，截長補短，方圓有數千里，強大的軍隊有幾百萬。而秦國的號令和賞罰、險峻有利的地形，天下諸侯都望塵莫及。若用這種優越條件和天下諸侯爭雄，全天下也不夠秦國吞併。由此可以知道，只要秦國作戰，那絕對是戰無不勝，攻無不取，所向無敵，可以開拓土地幾千里，那將是很偉大的功業。然而如今，秦國軍隊疲憊，人民窮困，積蓄用絕，田園荒廢，倉庫空虛，四鄰諸侯不肯臣服，霸業無法樹立，出現這種令人驚訝的情況並沒有其他原因，主要是因為秦國謀臣沒有盡忠。

「我願用歷史史實為證：從前，齊國往南擊破荊楚，往東大敗宋國，往西征服秦國，往北更打敗燕國，在中原地帶又指揮韓、魏兩國的君主。土地廣大，兵強馬壯，攻城略地，戰無不勝，號令天下諸侯，清澈的濟水和混濁的黃河都是它的天然屏障，巨大的長城足可以作為它的防守。齊國是一連五次戰勝的強國，可是只戰敗一次，齊國就沒落了，由此可見，用兵作戰可以決定萬乘大國的生死存亡。

「我還聽說：『斬草要除根，不給禍患留下作為，禍才不會生存。』從前秦國和楚國作戰，秦兵大敗楚軍，占領了楚國首都郢城，同時又占領了洞庭湖、五都、江南等地，楚王向東逃亡，藏在陳地。在那個時候，只要把握時機攻打楚國，就可以占領楚國的全部土地。而占領了楚國，那裡的人民就足夠使用，那裡的物產就足以滿足物質需要，東面對抗齊、燕兩國，中原可以凌駕在三晉（指韓、趙、魏三國）之上，如果這樣，就可以一舉完成霸業，使天下諸侯都來秦廷稱臣。然而，當時的謀臣不但不肯這樣做，反而撤兵和楚人講和，現在楚已收復了所有失地，重新集合逃散的人民，再度建立宗廟和社稷之主，他們得以率領天下諸侯往西面與秦國對抗。這樣，秦國當然就失去了第一次建立霸業的機會。

後來其他諸侯國同心一致、聯合兵臨華陽城下。幸虧大王用詐術擊潰了他們，一直進兵到魏都大梁外。當時只要繼續圍困幾十天，就可以占領大梁城。占領大梁，就可以攻下魏國；攻下了魏國，趙、楚的聯盟就拆散了，趙國就會處於危難之地。趙國陷入危難之地，楚國就孤立無援。這樣秦國東可以威脅齊、燕，中間可以駕馭三晉，如此也可以一舉建立霸王功業，使天下諸侯都來朝賀。然而謀臣不但不肯這樣做，反而引兵自退、與魏講和，使魏國有了喘息的機會。如此就失去了第二次建立霸業的機會。前不久穰侯為相，治理秦國，他只用一國的軍隊，卻想建立兩國才能完成的功業。即使軍隊在邊境外風吹日曬雨淋，人民在國內勞苦疲憊，霸王的功業卻始終無法建立，這也就是失去了第三次建立霸業的機會。

「趙國在諸侯中位居中央，人民五方雜居。趙國民眾輕浮而不好治理，以致使國家號令無法貫徹，賞罰毫無信用。趙國的地理位置不利於防守，統治者又不能使人民的潛力全部發揮，這一切已是一種亡國的形勢了。再加上統治者不體恤民間疾苦，幾乎把全國的百姓都徵發到長平戰場，去跟韓國爭上黨。大王以計謀戰勝趙國，既而攻克武安。當時趙國君臣彼此不合作，官民也互不信賴，這樣邯鄲就無法固守，如果秦軍攻下邯鄲，在河間修整軍隊，再率領軍隊往西攻打修武，經過羊腸險塞，降服代和上黨。代有三十六縣，上黨有二十七縣，不用一副盔甲，不費一兵卒，就都成了秦國所有。代和上黨不經過戰爭就成為秦國土地，趙國的東陽和河外等地不經過戰爭將反歸齊國，中呼池以北之地不經過戰爭將屬於燕國。既然如此，攻下趙國之後，韓國就必然滅亡，韓國滅亡以後，楚、魏就不能獨立；楚魏既然不能獨立就可一舉攻破韓國；韓國既破，就傷害到魏國，然後再挾持楚國往東削弱齊、燕，挖開白馬津的河口淹掉魏國。如此一舉就可以滅三晉，而六國的合縱聯盟也勢將瓦解，大王只要拱手在那裡等著，天下諸侯就會一個跟著一個來投降，霸王之名號即刻就可以建立。只可惜這一切都是假設，因為謀臣不但不這樣做，反而自動退兵跟趙國講和。

「憑著大王的賢明和秦兵的強盛，竟然建立不起天下霸主的基業，而且還被既將滅亡的各諸侯國欺凌，這一切都是因為謀臣的愚昧笨拙所導致。趙國當亡不亡，秦國該稱霸又不能稱霸，天下人早已看透了秦國謀臣的本領高低，此其一。秦國曾用全國之兵，攻打趙國的邯鄲，不但沒有攻下反而被敵人打得丟盔卸甲，將士們又氣又怕地敗下陣來，天下人早已看透了秦國將士的鬥志，此其二。軍隊退下來以後，都聚集在李下，大王又重新編整，努力督促將士們作戰，可是並沒有取得大勝，紛紛罷兵撤退，天下人早都看透了秦國軍隊的戰鬥力，此其三。在內看透了秦國的謀臣，在外看透了秦國的將士。由此觀之，臣認為天下的合縱力量，難道不是更難對付了嗎？秦國的軍隊疲勞不堪，人民極端困頓，再加上積蓄用盡、田園荒蕪、倉庫空虛；而國外諸侯合縱，團結一致，甚為堅固，但願大王能多加考慮這危機！

「我又聽人說：『戰戰兢兢，日慎一日。』假如謹慎得法，便可以占有全天下。怎麼說呢？古代殷紂王為天子，率領天下百萬大軍，左邊的軍隊還在淇谷飲馬，右邊軍隊已到洹水喝水，竟把淇水和洹水都喝乾了。殷紂王是用這麼雄壯龐大的大軍跟周武王作戰，可是武王只率領了三千名穿著簡單盔甲的戰士，僅僅經過一天戰鬥就打敗了紂王之軍，俘虜了殷的全部臣民，擁有了殷的全部土地，天下竟沒有一個人同情紂王。從前智伯率領韓、趙、魏三國兵眾，前往晉陽攻打趙襄子，智伯掘出晉水採取水攻，經過三年之久，當晉陽城快被攻下時，趙襄子用烏龜進行占卜，看看自己國家命運的吉凶，預測雙方到底誰敗降。趙襄子又使用反間計，派趙國大臣張孟談悄悄出城，破壞韓、魏與智伯的盟約，結果爭取到韓、魏兩國的合作，然後合力攻打智伯，終於大敗智伯的軍隊，俘虜了智伯本人。於是，張孟談成為趙襄子的一大功臣。如今秦國的號令嚴明賞罰分明，再加上地形的優勢，天下諸侯沒有能比得上的。如果憑這種優勢，與天下諸侯爭勝，整個天下就可以被秦征服。

「臣冒死罪，希望見到大王，談論秦國的戰略以及怎樣能夠破壞天下的合縱戰略及其力量，滅趙亡韓，迫使楚、魏稱臣，聯合齊、燕加盟，建立霸王之業，讓天下諸侯都來朝貢。請大王姑且採用我的策略，假如不能一舉而瓦解天下合縱，攻不下趙，滅不了韓，魏、楚不稱臣，齊、燕不加盟，霸王之業不能建立，天下諸侯不來朝貢，那就請大王砍下我的頭，在全國各地輪流示眾，以懲戒那些為君主謀畫而不盡忠的臣子。」

楚絕齊

楚國與齊絕交後，齊發兵攻打楚國。陳軫對楚懷王說：：「大王不如把土地送給東方的齊國求得諒解，然後再跟西方的秦國建立邦交。」

於是楚懷王派陳軫出使秦國。秦惠王對陳軫說：「賢卿本來就是秦國人，而且是寡人的老臣。可惜由於寡人不能識才，對於處理國家大事又欠周詳，以致使賢卿離開寡人去為楚王服務。如今齊、楚兩國互相攻伐，有的人認為救援有利，有的人認為不救援有利。賢卿為何不在為楚國效忠之餘，也為我出一點主意呢？」陳軫說：「大王難道沒聽說過吳國人到楚國做官的故事嗎？楚王很喜歡這位客卿，可是某次這位客卿生了病，楚王就派人去問候：『是真的生病嗎？還是思念吳國呢？』左右侍臣回答：『不知道他是否懷鄉，假如真是懷鄉的話，那他就要唱吳歌了。』現在我就準備為大王唱『吳歌』。不知大王有沒有聽說管與的故事呢？這個故事是說有兩隻老虎，因為爭吃人肉而打鬥，管庄子準備去刺殺這兩隻虎，可是管與趕忙來制止說：『老虎是貪狠的大蟲，人肉是他最香甜的食物，現在兩隻老虎為爭吃人肉而打鬥，小虎必然因鬥敗而死，大虎也必然因苦鬥而傷，你就等著去刺殺那隻受傷的大虎吧！這是一舉而殺兩虎的妙計，不用費殺死一隻老虎的辛苦，實際上卻能兼得刺殺兩隻虎的英名。』如今齊、楚兩國正在苦戰，戰則雙方必有傷亡，那時大王再度救援，既能獲得救齊的好處，而又沒有伐楚的危險與害處。是否聽從我的計謀，預知事情的逆順，那就全看大王自己定奪了。計謀是做事的根本，聽從良計是國家存亡的關鍵。計謀錯了或聽從錯計，而能保住國家的君王很少。所以說：『計謀要再三反覆思慮才不會錯誤，聽從必然事物、本末兼顧才不會迷惑』。」

秦武王謂甘茂

秦王對甘茂說：「我想出兵向東進攻三川，取周室而代之，你如果能為我實現這一夙願，我將至死不忘。」甘茂說：「我要求前往魏國與他們相約，共同攻打韓國。」於是，武王派親信向壽作為甘茂的副使出使魏國。

甘茂來到魏國，對向壽說：「您回去告訴武王：『魏王已同意我的約定，但希望大王不要進攻韓國。』當大事成功之後，一切功勞歸於您。」向壽回到秦國，把這番話告訴了武王，武王隨後便到息壤這個地方迎接甘茂。

甘茂到了息壤，武王問他其中的原因，甘茂回答：「要進兵三川，必須先攻下宜陽，宜陽是韓國的大縣，是上黨和南陽兩部間的貿易要道，長期以來，在宜陽積聚了兩地的人力和財物，它名義是縣，實際上相當一個郡。現在大王的軍隊要經過重重險阻，跋涉千里去攻打宜陽，實在是太難了啊！

「我聽說，張儀西併巴、蜀，北取河西，南占上庸，諸侯並不因此就讚揚張儀的能耐，卻稱頌秦惠王的賢明。魏文侯派樂羊為將，進攻中山，三年就滅掉了中山。樂羊返回魏國，稱道自己的戰功。魏文侯拿出整整一箱群臣誹謗樂羊的意見書給他看，樂羊馬上接受了文侯的批評，心悅誠服地說：『這不是我的功勞，完全是主君的功勞啊！』我現在只不過是寄居在秦國的人，而秦國權臣樗里疾、公孫衍倚仗和韓國的關係，將來如果在攻打宜陽時對我進行非議，從中作梗，大王必會聽從。如果這樣，大王就欺騙了盟國魏國，而我又會白白招致韓國相國公仲侈的怨恨。

「從前曾參在費地時，費地有個與曾參同名同姓的人殺了人。有人告訴曾參的母親，說：『曾參殺人了。』曾參的母親說：『我的兒子不會殺人。』而後，她仍然照樣織布。過了一會兒，又有一個人跑來說：『曾參殺人了。』曾參的母親仍然繼續織布。又過了一會兒，又有人來說：『曾參殺人了。』曾參的母親便驚恐萬分，扔掉梭子，翻過垣牆，逃跑了。就連曾參這樣賢德的人，他的母親都對他產生了疑惑和不信任。我不如曾參賢能，大王相信我又不如曾參的母親相信曾參，非議我的也將不止三人，我擔心大王恐怕會因為我的原因，而扔掉梭子啊！」武王堅定地說：「我不聽信別人的議論，讓我們訂立盟約吧！」於是武王和甘茂在息壤訂立盟約。

後來，甘茂攻打宜陽，五個月都不能攻下，於是樗里疾和公孫衍二人在武王面前進甘茂的讒言，武王幾乎要聽信了，因而召回甘茂。甘茂對武王說：「息壤還在那裡！」武王不得不說：「確實有這回事。」這時武王才又堅定信心，動用了全部兵力，繼續讓甘茂指揮作戰，最後終於攻克了宜陽。

范雎至秦

范雎來到秦宮，秦王親自到大廳迎接。秦王對范雎說：「我很久以前，就該親自來領受您的教導，但正碰上急於處理義渠國的事務，而我又每天都要親自給太后問安；現在義渠的事已經處理完畢，我這才能夠親自領受您的教導。我深深感到自己愚蠢糊塗。」秦王以正式的賓主禮儀接待了范雎，范雎也表示謙讓。這天，凡是見到范雎的人，沒有不肅然起敬、另眼相看的。

秦王把左右的人支使出去，宮中只剩下他們兩人，秦王直起腰腿，跪身請求說：「先生怎麼來教導我呢？」范雎只是「啊啊」了兩聲。過了一會兒，秦王再次請求，范雎還是「啊啊」了兩聲，就這樣一連三次。秦王又拜請說：「先生不教導我了嗎？」范雎便恭敬地解釋說：「我並不敢這樣。我聽說，當初呂尚與文王相遇的時候，他只是一個漁夫，在渭河釣魚，那時，他們很陌生。之後，呂尚一進言，就被尊為太師，和文王同車回去，這是因為他的論點深入的緣故。所以文王終於因呂尚而建立了功業，最後掌握了天下大權，自己立為帝王。如果文王當時疏遠呂尚，不與他深談，周朝就不可能有天子的聖德，而文王、武王也不可能成就帝王的功業。現在，我只是個旅居在秦國的賓客，與大王比較陌生，但想陳述的又是糾正君王政務的問題，而且還會關涉君王的骨肉之親。我本想盡我的愚忠，可又不知大王的心意如何，所以大王三次問我，我都沒有回答。

「我並不是有什麼畏懼而不敢進言。我知道，今天在大王面前說了，明天可能遭遇殺身之禍。但是，我並不畏懼，大王若真能按照我的計謀去做，我即使身死，也不會認為是禍患；即使流亡，也不會為此憂慮；即使不得已漆身為癩，披髮為狂，也不會以此為恥辱。五帝是天下的聖人，但終究要死；三王是天下的仁人，但終究要死；五霸是天下的賢人，但終究要死；烏獲是天下的大力士，但終究要死；孟賁、夏育是天下的勇士，但終究要死。死，是人人不可避免的，這是自然界的必然規律。如果能夠稍補益於秦國，這就是我最大的願望，我還有什麼可憂慮的呢？

「伍子胥當年躲藏在袋子裡逃出昭關的，他晚上出行，白天躲藏，到了菱水，沒有飯吃餓著肚子，雙膝跪地，雙手爬行，在吳市討飯度日，最後終於幫助闔廬復興了吳國，使吳王闔廬建立了霸業。如果讓我像伍子胥一樣能呈獻計謀，即使遭到囚禁，終身不再出獄，只要能實現我的計謀，我還有什麼可憂慮的呢？當初殷韓的箕子、楚國的接輿，漆身為癩，披髮為狂，卻終究無益於殷、楚。如果使我與箕子、接輿有同樣的遭遇，也漆身為癩，只要有益於聖明的君王，這就是我最大的光榮，我又有什麼可感到恥辱的呢？

「我所擔心的是，我死了以後，人們見到這樣盡忠於大王的人，終究還是身死，人們因此閉口不言、裹足不前，不肯到秦國來。大王對上畏懼太后的威嚴，對下又迷惑於大臣的虛偽，住在深宮之中，不離宮中侍奉之人，終身迷惑糊塗，無法了解壞人壞事。如此一來，大而言之，會使得國家遭受滅亡之禍；小而言之，則使自己處於孤立危境。這就是我所擔心害怕的。如果我死了，秦國卻治理的很好，那這比我活著要重要很多。」

秦王跪身說：「先生怎麼說出這樣的話呢？秦國是個偏僻邊遠的國家，我又是一個沒有才能的愚人，先生能到卑國來，這是上天讓我來煩擾先生，使得先王留下來的功業不至中斷。我能接受先生的教導，這是上天要先生扶助先王，不拋棄我。先生怎麼說出這樣的話呢？今後事無大小，上至太后，下及大臣，所有一切，都希望先生一一給我教導，千萬不要對我有什麼疑惑。」范睢因而再次拜謝，秦王也再次回拜。

范睢說：「大王的國家，北有甘泉、谷口，南繞涇水和渭水的廣大地區，西南有隴山、蜀地，東面有函谷關、崤山；戰車有千輛，精兵有百萬。以秦國兵卒的勇敢、車騎的眾多，抵擋諸侯國，就如猛犬追趕跛兔一般，輕易就可成就霸王的功業。但如今反而閉鎖函谷關，兵卒不敢窺視山以東諸侯國，這是秦國穰侯魏冉為秦國謀畫不忠，導致大王的決策失誤啊！」秦王說：「願聞所以失計之處。」

范睢說：「大王越過韓、魏的國土去進攻強齊，這不是好的計謀。出兵少了，並不能夠損傷齊國；多了，則對秦國有害。臣揣摩大王的計謀，是想本國少出兵，而讓韓、魏全部出兵，這就不相宜了。如今明知盟國不可以信任，卻越過他們的國土去作戰，這適宜嗎？顯然是疏於算計了！從前，齊國攻打楚國，打了大勝仗，攻破了楚國的軍隊，擒殺了它的將帥，兩次拓地千里，但到最後卻連寸土也沒得到，這難道是因為齊國不想得到土地嗎？不是，是疆界形勢不允許它占有啊！諸侯見齊國士卒疲弊、君臣不和睦，起兵攻打它，齊緡王出走，軍隊被攻破，遭到天下人恥笑。落得如此下場，就是因為齊伐楚而使韓、魏獲得土地壯大起來。這就是所謂的，借給強盜兵器且資助小偷糧食啊！

「大王不如採取交好遠國而攻擊近國的策略，得到寸土是王的寸土，得到尺地是王的尺地。如今捨近而攻遠，這不是個錯誤嗎？從前，中山國的土地，方圓有五百里，趙國把它吞併，功業也成就了，聲名也樹立了，財利也獲得了，天下也沒能把趙國怎麼樣。如今韓、魏居各諸侯國的中央，是天下的樞紐。大王如果想要成就霸業，一定要先親近居中的國家而用它作為天下的樞紐，以威脅楚國和趙國。趙國強盛，那麼楚就要附秦；楚國強盛，那麼趙就要附秦。楚、趙都來附秦，齊國一定感到恐慌，齊國恐慌肯定會卑下言辭，加重財禮以服侍秦國。如果齊國歸附，那麼韓、魏就有虛可乘了。」

秦王說：「寡人本想親睦魏國，但魏的態度變幻莫測，寡人無法親善它。請問怎麼做才能親魏呢？」范雎說：「用卑下的言辭，加重財禮以服侍它。這樣不行，那就割地賄賂它。這樣還不行，那就起兵攻伐它。」於是，秦國起兵攻打邢丘，邢丘被攻陷，而魏國果然請求歸附。

范雎說：「秦、韓兩國的地形，相交縱如錦繡。秦旁有韓存在，就像樹木有蟲，人有心腹之疾一樣。若天下一朝有變，那危害秦國的，就只有韓國了。王不如使韓歸附於秦。」秦王說：「寡人打算使韓來附，韓不聽從，怎麼辦呢？」范雎說：「起兵攻打滎陽，那麼成皋的道路就不通了；北部截斷太行的道路，那麼上黨的兵也就不能南下了；一舉拿下滎陽，那麼韓國將分成孤立的三塊。韓國看到自身將要覆亡，怎麼能夠不聽從呢？韓國一順從，那麼大王的霸業就可以成功了。」秦王說：「這很好！」

頃襄王二十年

楚頃襄王二十年，秦將白起攻陷楚國西陵，另一支秦軍攻陷鄢、郢、夷陵，放火焚燒楚國先君的陵墓，頃襄王被逼遷都於東北的陳城，以存社稷。楚自此日漸削弱，為秦所輕。不久，白起又率軍伐楚。

楚國有個名為黃歇的人，遊學各地，博學多聞，楚襄王認為他是大辯之才，於是派他出使秦國，以遊說秦王。黃歇到秦國後對秦昭王說：「天下諸侯實力，以秦、楚為最，如今聽說大王想要伐楚，臣以為這樣無異於兩虎相爭，最終說不定會讓旁邊的獵犬占了便宜，大王倒不如與楚修好。臣請求說說其中的緣由。

「臣聽人這樣說：『物極必反，正如冬夏相替；安極而危，正如堆疊棋子。』如今秦國據有天下半數土地，西北兩方俱達到極邊遠之境，有史以來，沒有哪個大國能與秦比肩而立。從先帝孝文王、莊襄王，到大王共曆三代，從未忘記開疆拓土以求與齊接壤共邊，從而切斷諸侯合縱抗秦的交通之道。大王多次派盛橋到韓國擔任監國要職，盛橋不負所託，併北燕之地入秦國，這樣大王不用勞師動眾，不用吹灰之力便拓地百里。大王又發兵攻魏，封鎖大梁城，占領河內，攻取南燕、酸棗、虛、桃人等地，楚、燕兩國軍隊只是作壁上觀，不敢與秦軍交鋒，大王之功也算不小了。此時假如大王能休兵兩年，再出兵攻取蒲、衍、首垣，兵臨仁、平丘，那麼小黃、濟陽之地將不戰而降，魏氏俯首臣服。大王再割濮、磨以北之地與燕，加以拉攏，就掌握齊秦間的通道，斬斷楚魏之間的聯繫，這樣一來，山東諸國即使結聚聯盟，也無法挽救其危亡的命運了。

「眼下大王威名正盛，倘能守成功業，停止攻伐而施行仁義，不僅免除後患，而且那『三王』就不愁變成『四王』，而五霸也不難變成『六霸』了。反之，如果大王倚仗兵威，乘著擊敗魏國的餘銳威服天下諸侯，臣擔心秦國自此後患無窮。《詩經》說：『凡事都有一個很好的開始，卻少有圓滿的結局。』《易經》

中也有類似的例子：『狐狸涉水過河，開始時小心翼翼，生怕弄濕了尾巴，可是由於多種原因，到達對岸時還是把尾巴弄濕了。』這些都說明了始易終難的道理。憑什麼斷定事理必然如此呢？有事實可據。智伯只看到攻打趙國很有利，可惜卻沒有注意到榆次之禍。吳王發現攻打齊國有利可圖，可惜料不到有乾遂之敗。這兩個國家都曾戰功赫赫，但是由於貪圖眼前利益，最終不免滅國亡身。吳王相信越國，放心地全力攻齊，取得了艾陵大捷，勝利歸來卻被越王擒殺於三江之浦；智伯輕信韓、魏，與之合力攻趙，圍攻晉陽，不料大勝在即，韓、魏兩軍陣前倒戈殺智伯於鑿台之上。如今大王念念不忘滅掉楚國，卻沒有注意到楚國的覆滅會增強魏國的實力。臣因而替大王深感憂慮。《詩經》中說：『有威望的大國，不必征戰，自能懷敵附遠。』以此來看，地處僻遠的楚國應當是秦國的盟友，鄰近之國方是肘腋之患。

「《詩經》中又說：『別人有害我之心，我應時刻提防，再狡猾的兔子，也躲不過獵犬的追捕。』如今大王為韓、魏所惑而加以親信，無異於吳王輕信越國，最終將後悔莫及。臣聽說：『敵人不可輕視，時機不容錯過。』臣認為韓、魏兩國是擔心亡國滅族才卑躬屈膝臣服於大王，並非真心臣服，為什麼呢？因為積怨甚深。韓、魏兩國的父子兄弟，歷代死於秦人手中的不可勝數，國家殘破，宗廟坍塌，百姓被剖腹毀容，身首異處，暴屍於荒野，觸目可見，而被擄掠押送的，相隨於路。鬼神無人供奉，百姓無法生存，淪落為別人奴僕臣妾的，遍布諸侯各國。韓、魏不亡，秦國則永難安枕無憂，此時大王卻全力攻楚，難道不是大大的失策嗎？

「何況大王出兵伐楚，將取道何處呢？大王不會向仇敵韓、魏借道吧？恐怕出兵之日，大王就開始擔憂能否再回秦國了。借道兩國，無異於大王把大批兵馬拱手贈與韓、魏。如果大王不向兩國借道，那只能攻打楚國隨陽、右壤。而隨陽、右壤都是高山大河、森林溪谷，人煙稀少，大王即使占有這些地方，又有什麼用處呢？徒有滅楚之名，而無得地之實。

「況且大王攻打楚國之時，齊、趙、韓、魏四國勢必乘虛而入。秦兵陷於楚戰，無暇他顧，魏國必定攻取留、方與、胡陵、碭、蕭、相等地，宋國故地盡屬於魏，齊國南下攻取泗北之地。大王出兵擊潰楚國，不料卻讓他人坐收漁人之利，既擴張了韓、魏國土，又增強了齊國實力。若韓、魏兩國強大起來，就會與秦分庭抗禮。而齊國以泗水為西境，東臨大海，北靠黃河，再無後顧之憂，將成為諸侯中的最強者。齊、魏獲得土地保有利益，再加上官吏的悉心治理，一年之後雖然尚無能力稱帝，但卻已有足夠力量阻攔大王建號稱帝。以大王疆土之廣，百姓之多，兵革之強，出兵與楚國結怨，反倒讓韓、魏支持齊王稱帝，這是大王失策之處。

「臣誠心為大王考慮，最好是和楚國言歸於好，和睦相處。秦楚一體，兵臨韓境，韓必俯首稱臣。大王據定崤山之險，保有河曲之利，韓國必然成了替秦伺察天下諸侯動靜的吏屬。這時大王以十萬大兵進逼鄭地，魏國必然震恐，許和鄢陵兩城都將馬上閉城自守，上蔡、召陵都不和魏國往來。這樣，魏國也就成為秦在東方的偵察官。大王一旦與楚國修好，韓、魏兩國自會戮力攻齊，齊國右方的土地大王即垂手可得。這時秦之土地，自西海至東海，橫絕天下。燕、趙與齊、楚相互隔絕，然後加以脅迫，四國不待出兵攻打，便會臣服於秦。」

高手過招（＊為多選題）

＊1.（　）下列文句中的「行」字，有「實施」之意的選項是：
A. 阿宣「行」志學，而不愛文術。（晉代陶淵明〈責子〉）
B. 「行」仁政而王，莫之能禦也。（《孟子．公孫丑》）
C. 說秦王書十上，而說不「行」。（《戰國策．秦策》）
D. 言之無文，「行」而不遠。（《左傳．襄公二五年》）
E. 二三子以我為隱乎？吾無隱乎爾。吾無「行」而不與二三子者。（《論語．述而》）

2.（　）下列「」中的詞義，解釋正確的是：①今先生「儼然」，不遠千里而庭教之（《戰國策．秦策》）：指莊嚴貌。②「杜口」裹足，莫肯即秦耳（《戰國策．秦策》）：指閉口。③歸真「反璞」，則終身不辱（《戰國策．齊策》）：指返回本質。④下不治其家，中不「索交」諸侯（《戰國策．齊策》）：指綑綁之義。
A. ①②③
B. ②③④
C. ①③④
D. ①②④

3.（　）謝安甄和溫睿宣想要一起完成一篇關於《戰國策》的小論文，以下是他們整理出來的資料，請為他們挑出錯誤的部分：「《戰國策》（甲）非一時一地一人之作，內容記載（乙）戰國策士遊說諸侯之事，體例（丙）按戰國國別及時間順序分類編排，為編年體史書。記載年代為（丁）春秋到秦朝，別稱為（戊）國語、事語、長書、修書、短長，經（己）劉向編訂整理，共（庚）三十三篇，並定名為《戰國策》。（辛）東漢高誘為之作注。書傳至北宋，散佚頗多，（壬）王安石訪求於士大夫家，加以校補重編，才成今本《戰國策》。《戰國策》也影響後代，如（癸）司馬遷作《史記》多採其說。」

A. 甲丙己辛

B. 乙庚辛壬

C. 丙丁壬癸

D. 丙丁戊壬

解答：1. B　C　2. A　3. D

齊策

前十一世紀—前二二一年

齊國是周代諸侯國，是歷史上從西周延續至春秋戰國時期的一個諸侯國，共分為姜齊和田齊兩個時代。其疆域主要位於今山東大部、河北東南部及河南東北部，始封君為周武王國師、軍師太公望姜尚。

齊國是周代重要的封國，其中的齊桓公是春秋五霸之一，齊國國都臨淄（今山東淄博市臨淄區）原稱營丘，齊胡公時曾遷都至薄姑（臨淄西北五十里）。姜齊傳至齊康公時，大夫田和放逐齊康公於臨海的海島上，「食一城，以奉其先祀」。

後來，田和自立為國君，是為田齊太公。西元前三八六年，田和被周安王列為諸侯，姜姓齊國被田氏取代，田和正式稱侯，仍沿用齊國名號，世稱「田齊」，為戰國七雄之一。於周顯王十七年（齊威王五年，西元前三五二年）始稱王，西元前二二一年為秦國所滅。

鄒忌脩八尺有餘

鄒忌脩八尺有餘❶，身體昳麗❷。朝服衣冠窺鏡，謂其妻曰：「我孰與城北徐公美❸？」其妻曰：「君美甚，徐公何能及公也！」城北徐公，齊國之美麗者也。忌不自信，而復問其妾曰：「吾孰與徐公美？」妾曰：「徐公何能及君也！」旦日客從外來❹，與坐談，問之客曰：「吾與徐公孰美？」客曰：「徐公不若君之美也！」明日，徐公來。孰視之，自以為不如；窺鏡而自視，又弗如遠甚。暮，寢而思之曰：「吾妻之美我者❺，私我也❻；妾之美我者，畏我也；客之美我者，欲有求於我也。」

於是入朝見威王曰：「臣誠知不如徐公美，臣之妻私臣，臣之妾畏臣，臣之客欲有求於臣，皆以美於徐公❼。今齊地方千里，百二十城，宮婦左右，莫不私王；朝廷之臣，莫不畏王；四境之內，莫不有求於王。由此觀之，王之蔽甚矣！」王曰：「善。」乃下令：「群臣吏民，能面刺寡人之過者❽，受上賞；上書諫寡人者，受中賞；能謗議於市朝❾，聞寡人之耳者，受下賞。」令初下，群臣進諫，門庭若市。數月之後，時時而間進。期年之後，雖欲言，無可進者。

燕、趙、韓、魏聞之，皆朝於齊。此所謂戰勝於朝廷❿。

【說文解字】

❶鄒忌：生卒年不詳，戰國時代齊國人。齊威王時為相，後封於下邳，號成侯，後又事齊宣王。鄒忌時期，齊國先後取得了桂陵之戰、桑丘之戰、馬陵之戰等勝利。脩：身長。八尺：相當於今天的五尺六寸。❷昳麗：俊美。❸徐公：戰國時齊國城北的美男子，鄒忌曾與其比美，由比美這件小事推及國家大事，勸諫君主廣開言路，修明政治。❹旦日：明日。❺美我：以我為美。❻私：偏愛。❼以：認為。❽面刺：當面指摘。❾謗議：毀謗、非議。市朝：泛指人口聚集的公共場所。市，民間貿易的場所。朝，政府辦公的地方。❿戰勝於朝廷：指內政修明，不戰而勝人。

❖門庭若市：門庭間來往的人很多，像市集一般熱鬧。比喻上門來的人很多。

典源

於是入朝見威王曰：「臣誠知不如徐公美，臣之妻私臣，臣之妾畏臣，臣之客欲有求於臣，皆以美於徐公。今齊地方千里，百二十城，宮婦左右，莫不私王；朝廷之臣，莫不畏王；四境之內，莫不有求於王。由此觀之，王之蔽甚矣。」王曰：「善。」乃下令：「群臣吏民，能面刺寡人之過者，受上賞；上書諫寡人者，受中賞；能謗議於市朝，聞寡人之耳者，受下賞。」令初下，群臣進諫，門庭若市。數月之後，時時而間進。期年之後，雖欲言，無可進者。燕、趙、韓、魏聞之，皆朝於齊。此所謂戰勝於朝廷。

01 （魏王）泰好學，愛文章，司馬蘇勖勸泰表請修撰，詔許之。於是大開館宇，廣召時俊，……人物輻輳，門庭若市。（宋代王溥《唐會要》）

02 即就常熟與我邑計之，女巫各有百餘人，聲價最高，門庭若市者，如常熟則高坵、湖田、退星橋、烏船頭等女巫。（清代壯者《掃迷帚》）

03 正言間，而豪家人已至，簫鼓喧闐，門庭若市。（清代長白浩歌子《螢窗異草》）

昭陽為楚伐魏

昭陽為楚伐魏，覆軍殺將得八城，移兵而攻齊。陳軫為齊王使❶，見昭陽，再拜賀戰勝，起而問：「楚之法，覆軍殺將，其官爵何也？」昭陽曰：「官為上柱國❷，爵為上執珪❸。」陳軫曰：「異貴於此者何也？」曰：「唯令尹耳❹。」陳軫曰：「令尹貴矣！王非置兩令尹也，臣竊為公譬可也。楚有祠者❺，賜其舍人卮酒。舍人相謂曰：『數人飲之不足，一人飲之有餘。請畫地為蛇，先成者飲酒。』一人蛇先成，引酒且飲之，乃左手持卮，右手畫蛇，曰：『吾能為之足。』未成，一人之蛇成，奪其卮曰：『蛇固無足，子安能為之足。』遂飲其酒。為蛇足者，終亡其酒。今君相楚而攻魏，破軍殺將得八城，不弱兵❻，欲攻齊，齊畏公甚，公以是為名居足矣❼，官之上非可重也❽。戰無不勝而不知止者，身且死，爵且後歸❾，猶為蛇足也。」昭陽以為然，解軍而去。

【說文解字】

❶齊王：齊威王。❷上柱國：楚國最高武官。❸上執珪：楚國最高的爵位。硅，一種長條形玉器。❹令尹：楚國最高的官職，執掌軍政大權。❺祠者：祭祀的人。❻不弱兵：未曾削弱兵力。❼居：語氣詞。❽官之上：官職的最高位置。非可重：不能重復設置。❾後歸：即後於所歸，意指無法得到。

成語集錦

❖**畫蛇添足**：畫好蛇後，多事為牠添上蛇足，結果反而失去本已贏得的獎賞。比喻多此一舉，反將事情弄得更糟。

典源

楚有祠者，賜其舍人卮酒。舍人相謂曰：『數人飲之不足，一人飲之有餘。請畫地為蛇，先成者飲酒。』一人蛇先成，引酒且飲之，乃左手持卮，右手畫蛇，曰：『吾能為之足。』未成，一人之蛇成，奪其卮曰：『蛇固無足，子安能為之足。』遂飲其酒。為蛇足者，終亡其酒。

01 將軍功績已成，威聲大震，可以止矣。今若前進，倘不如意，正如畫蛇添足也。（明代羅貫中《三國演義》）

02 不此之務，但知市菜求增，是之謂「畫蛇添足」，又文人之通弊也。（清代章學誠《文史通義》）

03 我倒不怕山遙水遠，渴飲饑餐，只是我趁興而去，難道還想敗興而回？豈不畫蛇添足，轉落一場話柄？（清代文康《兒女英雄傳》）

04 他就這等山珍海味的小題大作起來，還可以說畫龍點睛；至於又無端的弄桌果酒，便覺畫蛇添足，可以不必了。（清代文康《兒女英雄傳》）

05 我不過數萬之眾，如何平定得？況官兵久暴於外，費用浩大，今清真之圖已解，得勝不回，是畫蛇添足矣。（清代俞萬春《蕩寇志》）

06 我不過數萬之眾，如何平定得？況官兵久暴於外，費用浩大，今清真之圖已解，得勝不回，是畫蛇添足矣。（清代俞萬春《蕩寇志》）

孟嘗君出行國至楚

孟嘗君出行國至楚，獻象床❶。郢(ㄧㄥˇ)之登徒，直使送之，不欲行。見孟嘗君門人公孫戍(ㄕㄨˋ)曰

❷：「臣，郢之登徒也，直送象床。象床之直千金，傷此若髮漂❸，賣妻子不足償之。足下能使僕無行❹，先人有寶劍，願得獻之。」公孫曰：「諾。」

入見孟嘗君曰：「君豈受楚象床哉？」孟嘗君曰：「然。」公孫戍(ㄕㄨˋ)曰：「臣願君勿受。」孟嘗君曰：「何哉？」公孫戍曰：「小國所以皆致相印於君者❺，聞君於齊能振達貧窮，有存亡繼絕之義。小國英桀之士，皆以國事累君，誠說君之義，慕君之廉也。今君到楚而受象床，所未至之國，將何以待君？臣戍(ㄕㄨˋ)願君勿受。」孟嘗君曰：「諾。」

公孫戍(ㄕㄨˋ)趨而去❻。未出，至中閨❼，君召而返之，曰：「子教文無受象床，甚善。今何舉足之高，志之揚也？」公孫戍曰：「臣有大喜三，重之寶劍一。」孟嘗君曰：「何謂也？」公孫戍曰：「門下百數，莫敢入諫，臣獨入諫，臣一喜；諫而得聽，臣二喜；諫而止君之過，臣三喜。輸象床，郢之登徒不欲行，許戍以先人之寶劍。」孟嘗君曰：「善。受之乎？」公孫戍曰：「未敢。」曰：「急受之。」因書門版曰：「有能揚文之名，止文之過，私得寶於外者，疾入諫。」

【說文解字】

❶象床：用象牙裝飾的床。❷門人：門下客，投靠世族的食客。❸髮漂：毫末微小。❹足下：古代下對上或同輩相稱的敬辭。❺相印：宰相的官印。❻趨：快步走、趕著向前走。❼中閨：宮門。

❖趾高氣揚：走路時腳抬得很高，樣子顯得十分神氣。形容人驕傲自滿、得意忘形。

典源

入見孟嘗君曰：「君豈受楚象床哉？」孟嘗君曰：「然。」公孫戍曰：「臣願君勿受。」孟嘗君曰：「何哉？」公孫戍曰：「小國所以皆致相印於君者，聞君於齊能振達貧窮，有存亡繼絕之義。小國英桀之士，皆以國事累君，誠說君之義，慕君之廉也。今君到楚而受象床，所未至之國，將何以待君？臣戍願君勿受。」孟嘗君曰：「諾。」公孫戍趨而去。未出，至中閨，君召而返之，曰：「子教文無受象床，甚善。今何舉足之高，志之揚也？」公孫戍曰：「臣有大喜三，重之寶劍一。」孟嘗君曰：「何謂也？」公孫戍曰：「門下百數，莫敢入諫，臣獨入諫，臣一喜；諫而得聽，臣二喜；諫而止君之過，臣三喜。輸象床，郢之登徒不欲行，許戍以先人之寶劍。」孟嘗君曰：「善。受之乎？」公孫戍曰：「未敢。」曰：「急受之。」因書門版曰：「有能揚文之名，止文之過，私得寶於外者，疾入諫。」

01 正說話時，便來了兩個人，都是趾高氣揚的，嚷著叫調桌子打牌。（清代吳趼人《二十年目睹之怪現狀》）

02 不想從西廊轉過水榭，這過路亭是一道板橋。他趾高氣揚，全不照管，便栽了一交。（清代魏子安《花月痕》）

03 舊黃扉，新丞相，喜一旦趾高氣揚，廿四考中書模樣。（清代孔尚任《桃花扇》）

04 爾乃趾高氣揚，發無端之踔厲；催蒙振落，動不已之瓓珊。（清代蒲松齡《聊齋志異》）

05 他戴一頂絨帽，一頂狐狸皮帽套，一領插青布籃（藍）布裡棉道袍，一雙皂靴，撞了人，趾高氣揚，作揖拱手，絕無上下。（清代西周生《醒世姻緣傳》）

齊人有馮諼者

齊人有馮諼者，貧乏不能自存，使人屬孟嘗君❶，願寄食門下❷。孟嘗君曰：「客何好❸？」曰：「客無好也。」曰：「客何能？」曰：「客無能也。」孟嘗君笑而受之，曰：「諾。」左右以君賤之也，食以草具❹。居有頃❺，倚柱彈其劍，歌曰：「長鋏歸來乎❻！食無魚！」左右以告。孟嘗君曰：「食之，比門下之客❼。」居有頃，復彈其鋏，歌曰：「長鋏歸來乎！出無車！」左右皆笑之，以告。孟嘗君曰：「為之駕，比門下之車客。」於是乘其車，揭其劍過其友❽，曰：「孟嘗君客我！」後有頃，復彈其劍鋏，歌曰：「長鋏歸來乎！無以為家❾！」左右皆惡之，以為貪而不知足。孟嘗君問：「馮公有親乎？」對曰：「有老母。」孟嘗君使人給其食用❿，無使乏，於是馮諼不復歌。

後孟嘗君出記，問門下諸客⓫：「誰習計會⓬，能為文收責於薛者乎⓭？」馮諼署曰⓮：「能。」孟嘗君怪之，曰：「此誰也？」左右曰：「乃歌夫『長鋏歸來』者也。」孟嘗君笑曰：「客果有能也！吾負之⓯，未嘗見也。」請而見之，謝曰⓰：「文倦於事⓱，憒於憂⓲，而性懧愚⓳，沉於國家之事，開罪於先生⓴。先生不羞㉑，乃有意欲為收責於薛乎？」馮諼曰：「願之。」於是約車治裝㉒，載券契而行㉓。辭曰：「責畢收，以何市而反㉔？」孟嘗君曰：「視吾家所寡有者。」

驅而之薛，使吏召諸民當償者，悉來合券㉕。券遍合，起矯命㉖，以責賜諸民，因燒其券，民稱萬歲。

長驅到齊，晨而求見。孟嘗君怪其疾也，衣冠而見之㉗，曰：「責畢收乎？來何疾也？」曰：「收畢矣。」「以何市而反？」馮諼曰：「君云『視吾家所寡有者』，臣竊計㉘，君宮中積珍寶，狗馬實外廄㉙，美人充下陳㉚，君家所寡有者以義耳。竊以為君市義。」孟嘗君曰：「市義奈何？」曰：「今君有區區之薛，不拊愛子其民㉛，因而賈利之㉜。臣竊矯君命，以責賜諸民，因燒其券，民稱萬歲，乃臣所以為君市義也。」孟嘗君不說，曰：「諾，先生休矣㉝。」

後期年㉞，齊王謂孟嘗君曰：「寡人不敢以先王之臣為臣！」孟嘗君就國於薛㉟。未至百里，民扶老攜幼，迎君道中。孟嘗君顧謂馮諼：「先生所為文市義者，乃今日見之！」

馮諼說：「狡兔有三窟㊱，僅能免其死耳！今君有一窟，未得高枕而臥也㊲，請為君復鑿二窟。」孟嘗君予車五十乘，金五百斤，西游於梁。謂梁王曰：「齊放其大臣孟嘗君於諸侯，諸侯先迎之者，富而兵彊。」於是梁王虛上位㊳，以故相為上將軍㊴，遣使者，黃金千斤，車百乘，往聘孟嘗君。馮諼先驅，誡孟嘗君曰：「千金，重幣也㊵，百乘，顯使也。齊其聞之矣！」梁使三反，孟嘗君固辭不往也㊶。

齊王聞之，君臣恐懼。遣太傅齎（ㄐㄧ）黃金千斤㊷，文車二駟㊸，服劍一㊹，封書謝孟嘗君曰：「寡人不祥㊺，被於宗廟之祟（ㄙㄨㄟˋ）㊻，沉於諂諛之臣，開罪於君。寡人不足為也㊼，願君顧先王之宗廟㊽，姑反國統萬人乎㊾？」馮諼誡孟嘗君曰：「願請先王之祭器，立宗廟於薛。」廟成，還報孟嘗君曰：「三窟已就，君姑高枕為樂矣。」

孟嘗君為相數十年，無纖介之禍者㊿，馮諼之計也。

【說文解字】

❶屬：通「囑」，囑託、介紹。❷寄食：依靠別人吃飯。❸好：喜好。❹食：給……吃。草具：本指裝盛粗劣飲食的食具，此處代指粗糙的食物。❺有頃：不久、一會兒。❻長鋏：此處代指長劍。鋏，劍把。❼比：比照。❽揭：高舉。過：拜訪、探望。❾家：養家。❿給：供應。⓫記：通告。⓬習計會：熟悉管理計算財物出納的事。習，熟悉、通曉。⓭責：通「債」。⓮署：簽名。⓯負：虧待。⓰謝：賠罪。⓱事：政事。⓲憒：困擾。⓳懧愚：懦弱愚昧。懧，通「懦」。⓴開罪：得罪、冒犯。㉑不羞：不引以為恥、不見怪。㉒約車治裝：準備車馬，整理行囊。約，管束，此處引申為「準備」。治，整理。㉓券契：指債券，關於債務的契約。㉔市：買。㉕合：比對。㉖矯命：假託孟嘗君的命令。矯，假託。㉗衣冠：穿好衣服，戴好帽子。「衣」、「冠」此處皆作動詞使用。㉘竊：私下。謙詞，謙指自己見解的不確定。㉙實：充滿。㉚下陳：古代統治階級堂下陳放禮品，站列婢妾的地方。㉛拊愛子其民：愛民如子。拊愛，愛護。子，照顧，把……當成自己的孩子愛護。㉜賈利：用商人的手段牟利，指向百姓放債榨取利息。㉝休：歇息。㉞期年：一週年。㉟就國：回到自己的封地。㊱狡兔有三窟：狡猾的兔子有三處藏身的洞穴。比喻有多處藏身的地方，或多種避禍的準備。㊲高枕而臥：墊高枕頭安心睡覺。比喻太平無事，無所顧慮。㊳虛上位：空出高官職位。虛，空出。上

位，高位、高官。39 故：原來的。40 重幣：貴重的禮物。41 固辭：堅決推辭。42 齎：帶著。43 駟：四匹馬拉的車，此處作量詞使用。44 服劍：齊王佩帶的劍。45 不祥：不善。46 被：蒙受、遭遇。祟：災禍。47 為：幫助、輔佐。48 顧：關注、掛念。49 姑：暫且。50 纖介：細小。介：通「芥」，小草。

成語集錦

❖狡兔三窟：狡猾的兔子都有三處可供藏身的洞穴。比喻有多處藏身的地方，或多種避禍的準備。

典源

孟嘗君就國於薛，未至百里，民扶老攜幼，迎君道中。孟嘗君顧謂馮諼：「先生所為文市義者，乃今日見之！」馮諼曰：「狡兔有三窟，僅得免其死耳！今君有一窟，未得高枕而臥也，請為君復鑿二窟。」孟嘗君予車五十乘，金五百斤，西遊於梁。謂惠王曰：「齊放其大臣孟嘗君於諸侯，諸侯先迎之者，富而兵彊。」於是，梁王虛上位，以故相為上將軍，遣使者，黃金千斤，車百乘，往聘孟嘗君。馮諼先驅，誡孟嘗君曰：「千金，重幣也，百乘，顯使也。齊其聞之矣！」梁使三反，孟嘗君固辭不往也。齊王聞之，君臣恐懼，遣太傅賫黃金千斤，文車二駟，服劍一，封書謝孟嘗君曰：「寡人不祥，被於宗廟之祟，沉於諂諛之臣，開罪於君。寡人不足為也，願君顧先王之宗廟，姑反國統萬人乎？」馮諼誡孟嘗君曰：「願請先王之祭器，立宗廟於薛。」廟成，還報孟嘗君曰：「三窟已就，君姑高枕為樂矣。」

01 見柴曰：「汝狡兔三窟，何歸為？」柴俛不對。女肘之，柴始強顏笑。妻色稍霽。（清代蒲松齡《聊齋志異》）

02 既然帶了進來，有什麼不送去？萬一舍弟日後進京，財政處的差使又脫了空，這時狡兔三窟之計，也是不可少的。（清代李伯元《官場維新記》）

❖高枕無憂：墊高枕頭，無憂無慮地睡覺。形容身心安適，無憂無慮。

典源　狡兔有三窟，僅得免其死耳！今君有一窟，未得高枕而臥也，請為君復鑿二窟。

01 且遊獵旬日不迴，中外之情，其何以堪，吾高枕無憂矣。（宋代薛居正《舊五代史》）

02 但賤奴若得道安論義，如渴得漿，如寒得火，請相公高枕無憂。（《敦煌變文集新書》）

03 卓大喜曰：「吾有奉先，高枕無憂矣！」（明代羅貫中《三國演義》）

04 丈夫在家時還好，若是不在時，只宜深閨靜處，便自高枕無憂，若是輕易攬著個事頭，必要纏出些不妙來。（明代凌濛初《初刻拍案驚奇》）

05 真是天朝人物，無所不有。將來上京赴試，路上有了此人，可以高枕無憂了！（清代李汝珍《鏡花緣》）

齊宣王見顏斶

齊宣王見顏斶（ㄔㄨˋ）❶，曰：「斶前❷！」斶亦曰：「王前！」宣王不悅。左右曰：「王，人君也。斶，人臣也。王曰『斶前』，亦曰『王前』，可乎？」斶對曰：「夫斶前為慕勢，王前為趨士。與使斶為趨勢，不如使王為趨士。」王忿然作色曰：「王者貴乎？士貴乎？」對曰：「士貴耳，王者不貴。」王曰：「有說乎？」斶曰：「有。昔者秦攻齊，令曰：『有敢去柳下季壟(ㄌㄨㄥˇ)五十步而樵采者❸，死不赦。』令曰：『有能得齊王頭者，封萬戶侯，賜金千鎰。』由是觀之，生王之頭，曾不若死士之壟也。」宣王默然不悅。

左右皆曰：「斶來，斶來！大王據千乘之地，而建千石鐘❹，萬石虡(ㄐㄩˋ)❺。天下之士，仁義皆來役處❻；辯知並進❼，莫不來語；東西南北，莫敢不服。求萬物不備具，而百無不親附。今夫士之高者，乃稱匹夫，徒步而處農畝，下則鄙野、監門、閭里❽，士之賤也，亦甚矣！」

斶對曰：「不然。斶聞古大禹之時❾，諸侯萬國。何則？德厚之道，得貴士之力也。故舜起農畝，出於野鄙，而為天子。及湯之時，諸侯三千。當今之世，南面稱寡者❿，乃二十四。由此觀之，非得失之策與？稍稍誅滅⓫，滅亡無族之時，欲為監門、閭里，安可得而有乎哉？

「是故《易傳》不云乎：『居上位，未得其實⓬，以喜其為名者⓭，必以驕奢為行。据慢驕奢⓮，則凶從之。是故無其實而喜其名者削，無德而望其福者約⓯，無功而受其祿者辱，禍必握⓰。』故曰：『矜功不立，虛願不至。』此皆幸樂其名，華而無其實德者也。是以堯有九佐⓱，舜有七友，禹有五丞，湯有三輔，自古及今而能虛成名於天下者，無有。是以君王無羞亟問⓲，不媿下學；是故成其道德而揚功名於後世者，堯、舜、禹、湯、周文王是也。故曰：『無形者，形之君也⑲。無端者，事之本也。』夫上見其原，下通其流，至聖人明學，何不吉之有哉！《老子》曰：『雖貴，必以賤為本；雖高，必以下為基。』是以侯王稱孤寡不穀⑳。是其賤之本與？非夫孤寡者，人之困賤下位也，而侯王以自謂，豈非下人而尊貴士與？夫堯傳舜，舜傳禹，周成王任周公旦，而世世稱曰明主，是以明乎士之貴也。」

宣王曰：「嗟乎！君子焉可侮哉，寡人自取病耳㉑！及今聞君子之言，乃今聞細人之行㉒，願請受為弟子。且顏先生與寡人游，食必太牢㉓，出必乘車，妻子衣服麗都㉔。」

顏斶辭去曰：「夫玉生於山，制則破焉，非弗寶貴矣，然夫璞不完。士生乎鄙野，推選則祿焉，非不得尊遂也㉕，然而形神不全。斶願得歸，晚食以當肉，安步以當車，無罪以當貴，清靜貞正以自虞㉖。制言者王也，盡忠直言者斶也。言要道已備矣㉗，願得賜歸，安行而反臣之邑屋。」則再拜而辭去也。斶知足矣，歸反撲㉘，則終身不辱也。

【說文解字】

❶顏斶：齊國隱士。❷前：到前面來。❸去：距離。柳下季：即柳下惠，姓展，名禽，字季，魯國賢人，居於柳下。壟：指墳墓。❹石：古代的計量單位，一百二十斤為一石。鐘：樂器。❺虡：古代懸掛樂器架子中間的木柱。❻役處：效力、供事。❼知：有才智的人。❽監門：守門的小吏。❾大禹：世人對夏禹的美稱。夏禹，夏代開國君主。因平治洪水有功，受舜禪讓為天子。❿南面稱寡：指自立為君，稱王天下。南面，君位。寡，君王自稱。⓫稍稍：漸漸。⓬實：指居上位者所應該具備的素質。⓭以：而。為名：有（居上位的）名聲。⓮据慢：倨慢、傲慢無禮。⓯約：受阻。⓰握：通「渥」，厚重。⓱九佐：九位輔佐堯治理國家的官員。

⑱亟：頻繁。⑲無形者，形之君：無形可見的東西，是有形可見東西的主宰。⑳不穀：不善。用以自稱，表謙恭之意。㉑自取病：即自取羞辱。㉒細人：小人，德行低下的人。㉓太牢：牛、羊、豬各一頭稱一太牢。㉔麗都：華麗。㉕尊遂：尊貴顯達。㉖自虞：自娛、自得其樂。㉗言要道：即言之要道，指進言所應該遵循的規則（亦即上文的「盡忠直言」）。㉘樸：指捨棄富貴華麗而返歸素樸真純。

成語集錦

❖ **安步當車：悠閒安穩地走路，就像是乘車一樣，比喻安貧樂賤。後用以形容態度悠閒從容。**

典源　斶願得歸，晚食以當肉，安步以當車，無罪以當貴，清靜貞正以自虞。

01 安步當車蔬當肉，筆耕為耒紙為田。（宋代陳杰《窮居》）

02 貴人之出，必乘車馬，逸則逸矣，然於造物賦形之義，略欠周全。有足而不用，與無足等耳；反不若安步當車之人，五官四體皆能適用。（清代李漁《閒情偶寄》）

齊王使使者問趙威后

齊王使使者問趙威后❶。書未發，威后問使者曰：「歲亦無恙耶❷？民亦無恙耶？王亦無恙耶？」使者不說，曰：「臣奉使使威后，今不問王，而先問歲與民，豈先賤而後尊貴者乎？」威后曰：「不然。苟無歲❸，何以有民？苟無民，何以有君？故有問舍本而問末者耶？」乃進而問之曰：「齊有處士曰鍾離子❹，無恙耶？是其為人也，有糧者亦食，無糧者亦食；有衣者亦衣，無衣者亦衣。是助王養其民也，何以至今不業也？

「葉陽子無恙乎？是其為人，哀鰥（ㄍㄨㄢ）寡❺，卹（ㄒㄩˋ）孤獨❻，振困窮，補不足。是助王息其民者也，何以至今不業也？北宮之女嬰兒子無恙耶？徹其環瑱（ㄊㄧㄢˋ）❼，至老不嫁，以養父母。是皆率民而出於孝情者也，胡為至今不朝也？此二士弗業，一女不朝，何以王齊國，子萬民乎？於陵子仲尚存乎？是其為人也，上不臣於王，下不治其家，中不索交諸侯。此率民而出於無用者，何為至今不殺乎？」

【說文解字】

❶趙威后：又稱趙威太后、孝威太后，為趙惠文王王后，趙孝成王、長安君、盧陵君、燕武成后之母。惠文王去世後，她一度臨朝聽政，且年紀才三十出頭。執政一年後去世，兒子孝成王才開始親政。❷歲：一年的穀物收成。❸苟：如果、假設。❹處士：有才學而隱居不做官的人，也稱為「處子」。❺鰥：年老無妻或喪妻的人。寡：丈夫已死的婦女。❻卹：賑救。孤：幼年喪父或無父母。獨：老而無子。❼瑱：古代繫於冠冕兩側，垂在耳旁，用以塞耳的玉飾。

❖安然無恙：指平安沒有疾病、禍患、憂慮等事故。恙，禍患、疾病、憂慮。

典源 威后問使者曰：「歲亦無恙耶？民亦無恙耶？王亦無恙耶？」

01 只求處士每歲元旦，作一朱幡，上圖日月五星之文，立於苑東，吾輩則安然無恙矣。（清代馮夢龍《醒世恆言》）

02 只可恨奸人聞知他在惠州安然無恙，遂又加讒譖，直貶他到海外儋耳地方。（清代西湖墨浪子《西湖佳話》）

03 知非佳處，然業已入居，姑宿一夕，竟安然無恙。（清代紀昀《閱微草堂筆記》）

04 誰知別的衣箱都安然無恙，——就是紅紅兩隻衣箱也好好在艙，——就只豆麵這隻箱子不知去向。（清代李汝珍《鏡花緣》）

05 （寇珠）只得提了籐籃，出鳳右門至昭德門外，直奔銷金亭上，忙將籐籃打開，抱出太子，且喜有龍袱包裹，安然無恙。（清代石玉崑《三俠五義》）

白話翻譯

鄒忌脩八尺有餘

鄒忌身高八尺多，神采煥發而容貌俊美。一日早晨，他穿戴打扮，看著鏡子，問他的妻子：「你看我跟城北的徐公比，哪個更俊美？」他妻子說：「您比較俊美，徐公怎麼能趕得上您呢？」城北的徐公是齊國出名的美男子，鄒忌不太自信，又去問他的妾：「我和徐公哪個更俊美？」妾說：「徐公哪裡比得上您呢？」第二天，有位客人來家中拜訪，鄒忌與他坐著閒談，他又問：「我和徐公哪個更俊美？」客人說：「徐公比不上您。」隔天，徐公來到鄒忌家，鄒忌細細打量他，自認為不及徐公美，拿起鏡子仔細端詳，更覺得遠不如他。晚上，他躺在床上細細思量，領悟到：「我的妻子說我俊美，是因為偏愛我；侍妾說我俊美，是因為畏懼我；客人說我俊美，是因為有求於我啊！」

於是鄒忌入朝參見威王，對他說：「臣確實比不上徐公俊美，可是臣的妻子偏袒臣、侍妾害怕臣、客人有求於臣，於是異口同聲說臣比徐公俊美。如今齊地縱橫千里，有一百二十個城邑，宮中妃嬪、左右近臣沒有不偏私於大王的，朝中大臣沒有不畏懼大王的，齊國上下沒有不求於大王的，可見，大王實在被蒙蔽啊！」齊威王稱讚：「您說得對。」於是發出詔令：「凡官民人等，能當面指責寡人過失的，受上賞；能上書勸諫寡人的，受中賞；能在大庭廣眾之下批評朝政，只要為寡人所聞，受下賞。」詔令剛剛頒布時，大臣們都來進諫，朝堂門庭若市。過了幾個月，還有人時不時諫言上奏。一年之後，人們即使想進言，也沒什麼可說的了。

燕、趙、韓、魏四國聽到這件事，都來齊國朝見。這就是所謂「勝於鄰國，是因為自己國家的內政修明、政治正義」啊！

昭陽為楚伐魏

楚國大將昭陽率楚軍攻打魏國，擊殺魏將，大破其軍，占領了八座城池，又移師攻打齊國。陳軫充任齊王使者去見昭陽，再拜之後祝賀楚軍勝利，然後站起來問昭陽：「按照楚國的制度，滅敵殺將能封什麼官爵祿位呢？」昭陽答道：「官至上柱國，爵為上執珪。」陳軫接著又問：「比這更尊貴的還有什麼呢？」昭陽說：「那只有令尹了。」陳軫說：「令尹的確是最顯貴的官職，但楚王卻不可能設兩個令尹！我願意替將軍打個比方。楚國有個貴族，在祭過祖先後，把一壺酒賜給門客。門客相顧商議：『這酒不夠所有人喝，卻夠一個人享用，讓我們各在地上畫一條蛇，先畫成的請飲此酒。』有個門客率先完成，取過酒杯準備先喝，他左手持杯，右手又在地上畫了起來，並說：『我還有時間為蛇添上足呢！』但蛇足尚未畫完，另一門客的蛇也畫好了，隨即奪過他手中的酒杯，說：『蛇本無腳，你怎能給牠硬添上腳呢？』便喝了那酒，而畫蛇腳的最終沒有喝到酒。如今將軍輔佐楚王攻打魏國，破軍殺將，奪其八城，兵鋒不減之際，又移師向齊，齊人震恐。憑這些就足以讓將軍立身揚名了，而在官位上是不可能再有什麼加封的。如果戰無勝卻不懂得適可而止，只會招致殺身之禍，該得的官爵將不為將軍所有，正如畫蛇添足一樣！」昭陽認為他的話有道理，就撤兵回國了。

孟嘗君出行國至楚

孟嘗君出巡五國，到達楚國時，楚王要送給他一張用象牙製成的床。郢都一個以登徒為姓氏的人正好當班護送象牙床，但是他不願意去，於是找到孟嘗君的門客公孫戍，與他商量此事。那人說：「我是郢人登徒，如今我當班護送象牙床，以獻薛公。可是那床價值千金，若稍有損壞，即使賣掉妻室兒女也賠不起。請先生設法讓我免掉這個差使，願以先人寶劍為報。」公孫戍不假思索，很痛快地答應了。

隨後，公孫戍往見孟嘗君，說：「賢公準備接受楚人饋送的象牙床嗎？」孟嘗君點頭言是，公孫戍勸他不要這樣做，孟嘗君向他詢問其中的緣故。公孫戍說：「五國之所以將相印授公，只是因為聽說您在齊地有憐恤孤貧的美德，在諸侯中有存亡繼絕的美名，五國君主這才以國事委公，這是因為仰慕您的仁義廉潔。而您在楚國接受了象牙床這樣的重禮，當巡行至其他小國時，他們又該拿什麼樣的禮物饋贈於您呢？所以臣希望您萬不可受人之禮。」孟嘗君很爽快地答應了。

公孫戍快步退了出去，走到中門時，孟嘗君起了疑心，把他叫回來：「先生叫田文勿受象牙床之禮，這固然是一項很好的建議，但為何先生如此樂不可支呢？」公孫戍見隱瞞不得，便婉言道：「臣有三大喜事，外加得一柄寶劍。」孟嘗君不解：「先生此話怎講？」公孫戍說：「賢公門下食客何止百人，卻只有臣敢於進諫，此喜之一；諫而能聽，此其二；諫而能止君之過，此其三。而為楚送象牙床的登徒，不願意送床。他曾答應事成之後，送臣一柄先人寶劍。」孟嘗君沒有惱怒，反有嘉許之色：「先生接受寶劍了沒有？」公孫戍說：「未得賢公許可，戍不敢接受饋贈。」孟嘗君催促他：「趕快收下！」因為這件事，孟嘗君在門扇上寫道：「誰能傳揚田文名聲，且諫止田文犯過，即使私自在外獲得珍寶，也可迅速來諫！」

齊人有馮諼者

齊國有個名叫馮諼的人，家境貧困，難以養活自己，託人請求孟嘗君，願意寄食門下。孟嘗君問：「先生有什麼愛好嗎？」馮諼說：「沒有。」孟嘗君又問：「先生有什麼特長嗎？」他說：「也沒有。」孟嘗君笑了笑，接納了他：「好的。」

孟嘗君身邊的人因為主人不太在意馮諼，就只拿粗茶淡飯給他吃。住了不久，馮諼就背靠柱子，彈劍而歌：「長劍呀，我們回去吧，吃飯沒有魚。」左右把這件事告訴孟嘗君。孟嘗君吩咐說：「給他一般門客待遇，讓他吃魚吧。」過了不久，馮諼又彈著他的劍，唱道：「長劍呀，我們還是回去吧，出門沒有車坐。」孟嘗君說：「替他配上車，按照車客的待遇。」於是馮諼駕車帶劍，向他的朋友誇耀：「孟嘗君尊我為上客。」這樣過了一段日子，馮諼復彈其劍，唱道：「長劍呀，我們回去吧，這裡無以養家。」左右的人都厭惡他，認為他貪得無厭。孟嘗君問道：「馮先生有父母嗎？」左右答道：「有個老母。」孟嘗君資助其家用，不使他母親窮困，而馮諼也從此不再唱歌了。

後來，孟嘗君出了一通告示，問門下食客：「請問哪一位通曉帳務會計，能替我到薛地收債呢？」馮諼署上名字說：「我能。」孟嘗君看了很詫異，問左右隨從：「這是誰呀？」人們答道：「就是那個唱『長劍呀，我們回去吧』的人。」孟嘗君笑道：「他果然有才能，我真對不起他，還未曾見過面呢。」於是請他來相見，道歉說：「田文每日為瑣事所煩，心身俱累，被憂愁弄得神昏意亂，而且生來懦弱笨拙，只因政務纏身，而怠慢了先生。好在先生不怪罪於我，先生願意替我到薛地收債嗎？」馮諼說：「願效微勞。」於是孟嘗君替他備好車馬行裝，讓他載著債券契約出發。辭別時，馮諼問：「收完債後，應買些什麼回來呢？」孟嘗君回答：「先生看著辦，買點我家缺少的東西吧。」

馮諼趕著馬車到薛地，派官吏把該還債的百姓都叫來核對債券，全部核對之後，馮諼站了起來，假託孟嘗君的名義將債款賞給這些百姓，並燒掉了那些券契文書，百姓感激得歡呼萬歲。

馮諼又馬不停蹄地返回齊國都城臨淄，一大早求見孟嘗君，孟嘗君很奇怪他回來得這麼快，穿好衣服接見他說：「收完債了嗎？何以回來得這般迅速？」馮諼答道：「都收完了。」「先生替我買了些什麼回來？」馮諼說：「您曾言『買些家中缺乏的東西』，臣暗想，您宮中珠寶堆積，犬馬滿廄，美女成行。殿下家中所缺少的，唯有仁義了，因此臣自作主張為殿下買了仁義回來。」孟嘗君說：「你怎麼買仁義的？」馮諼答道：「您的封地只有小小的薛地，但您不好好體恤薛地子民，反而像商人一樣在他們身上榨取利益。臣為君計，私自假傳殿下的命令，將所有的債款都賜給他們，並焚毀債券，百姓莫不高呼萬歲，這就是臣替您買的仁義呀！」孟嘗君很不高興，說：「我知道了，先生退下休息吧。」

一年後，齊王對孟嘗君說：「寡人不敢用先王的舊臣為臣。」孟嘗君回到薛地，還差百里未到，當地百姓就扶老攜幼，在路旁迎接孟嘗君。孟嘗君回頭對馮諼說：「先生為我買的『義』，今天方才看到。」

馮諼對孟嘗君接著進言：「狡兔三窟，才可免死。如今殿下只有一個洞穴，尚未能高枕無憂，臣願替殿下再鑿兩穴。」孟嘗君便給他五十輛車、五百斤金去遊說魏國。馮諼西入大梁，對梁王說：「齊國放逐了大臣孟嘗君，諸侯誰先得到他，誰就能富國強兵。」於是魏王空出相位，讓原來的相國做上將軍，派出使節，以千斤黃金、百乘馬車聘請孟嘗君。馮諼趕回薛地對孟嘗君說：「千斤黃金是極貴重的聘禮，百乘馬車是極隆重的使節，我們齊國該知道這件事了。」魏國使者接連跑了三趟，但孟嘗君堅決推辭不就。

齊王聽到這個消息，君臣震恐，連忙派遣太傅帶著一千斤黃金、兩乘四馬花車，及寶劍一把，外附書信一封向孟嘗君道歉：「都是寡人的兆頭不吉祥，遭受祖宗降下神禍，聽信讒言，得罪先生。寡人無德，雖不足以輔佐，但請先生顧念先王宗廟，暫且回國執掌政務。」馮諼勸孟嘗君說：「希望殿下索取先王的祭器，立宗廟於薛。」宗廟落成，馮諼回報說：「三窟已就，殿下可安心享樂了。」

孟嘗君為相幾十年，沒有絲毫禍患，倚靠的正是馮諼的謀畫啊！

齊宣王見顏斶

齊宣王召見顏斶，喊道：「顏斶你上前。」顏斶也叫道：「大王您上前。」齊宣王滿臉不悅。左右臣都責備顏斶：「大王是一國之君，而你顏斶只是區區一介臣民，大王喚你上前，你也喚大王上前，這樣做成何體統？」顏斶說：「如果我上前，那是貪慕權勢，而大王過來則是謙恭待士。與其讓我蒙受趨炎附勢的惡名，倒不如讓大王獲取禮賢下士的美譽。」齊宣王怒形於色，斥道：「究竟是君王尊貴，還是士人尊貴？」顏不卑不亢地回答：「自然是士人尊貴，而王者並不尊貴。」齊王問：「這話怎麼講？」答道：「以前秦國征伐齊國，秦王下令：『敢在柳下惠墳墓周圍五十步內打柴的，一概處死，決不寬赦！』又下令：『能取得齊王首級的，封侯萬戶，賞以千金。』由此看來，活國君的頭顱，還比不上死賢士的墳墓。」宣王啞口無言，內心極不高興。

左右侍臣都叫道：「顏斶，顏斶！大王據千乘之國，重視禮樂，四方仁義辯智之士皆仰慕大王聖德，莫不爭相投奔效勞。四海之內，莫不臣服；萬物齊備，百姓心服。但即便是最清高的士人，其身份也不過是普通民眾，徒步而行，耕作為生。至於一般士人，則居於鄙陋窮僻之處，以看守門戶為生，應該說，士的地位是十分低賤的。」

顏斶反駁道：「這話不對。我聽說上古大禹之時有上萬個諸侯國。為什麼呢？道德淳厚，且得力於重用士人。由於尊賢重才，虞舜這個出身於鄉村鄙野的農夫，得以成為天子。到了商湯之時，諸侯尚存三千，時至今日，只剩下二十四。從這一點來看，難道不是因為政策的得失才造成了天下治亂嗎？當諸侯面臨亡國滅族的威脅時，即使想成為鄉野窮巷的尋常百姓，又怎麼能辦到呢？

「所以《易傳》中這樣說：『身居高位而才德不濟，只一味追求虛名的人，必然驕奢傲慢，最終招致禍患。無才無德而沽名釣譽的會被削弱；不行仁政卻妄求福祿的必遭困厄；沒有功勞卻接受俸祿的會遭受侮辱，禍患深重。』所以說：『居功自傲不能成名，光說不做難以成事。』這些都是針對那些企圖僥倖成名、華而不實的人。正因為這樣，堯有九個佐官；舜有七位師友；禹有五位幫手；湯有三大輔臣，自古至今，還未有過憑空成名的人。君主不應以多次向別人請教為羞，不應以向地位低微的人學習為恥。以此成就道德、揚名後世，唐堯、虞舜、商湯、周文王都是這樣的人，所以說：『無形之物是有形之物的主宰，尚未發端的事物是一切事物的根本。』若能上溯事物本源，下通事物流變，睿智而多才，哪裡還會有不吉祥的事情發生呢？《老子》上說：『雖貴，必以賤為本；雖高，必以下為基。』所以諸侯、君主皆自稱為孤、寡或不穀，這大概是他們懂得以賤為本的道理吧！孤、寡指的是生活困窘、地位卑微的人，可是諸侯、君主卻用以自稱，難道不是屈已尚賢的表現嗎？像堯傳位給舜、舜傳位給禹、周成王重用周公旦，後世都稱他們是賢君聖主，這足以證明賢士的尊貴。」

宣王嘆道：「唉！怎麼能夠侮慢君子呢？寡人這是自取其辱呀！今天聽到君子高論，才明白輕賢慢士是小人行徑。希望先生能收寡人為弟子，如果先生與寡人相從交遊，食必美味，行必安車，先生的妻子兒女也必然錦衣玉食。」

顏斶聽到此話，就要求告辭回家，對宣王說：「美玉產於深山，一經琢磨則破壞天然本色，不是美玉不再寶貴，而是失去了它本來的完美。士大夫生於鄉野，經過推薦選用就接受俸祿，這也並不是說不尊貴顯達，而是說他們的形神從此難以完全屬於自己。臣只希望回到鄉下，即使再差的飯菜，我也如吃肉一樣津津有味；即使緩行慢步，我也像在坐車一樣舒適自在；無過無伐，足以自貴；清靜無為，自得其樂。納言決斷的，是大王您；秉忠直諫的，則是顏斶。臣要說的主旨已十分明瞭，望大王予以賜歸，讓臣安步返回家鄉。」於是，再拜而去。顏斶的確是知足之人，返樸歸真，則終身不辱。

齊王使使者問趙威后

齊襄王派遣使者問候趙威后，還沒有打開書信，趙威后便問使者：「今年收成還可以吧？百姓安樂嗎？你們大王無恙吧？」使者有點不高興，說：「臣奉大王之命向太后問好，您不先問我們大王狀況，卻打聽收成、百姓的狀況，這有點先卑後尊吧？」趙威后回答：「話不能這樣說。如果沒有收成，百姓憑什麼繁衍生息？如果沒有百姓，大王又怎能南面稱尊？豈有捨本問末的道理？」她接著又問：「齊有隱士鍾離子，他主張讓有糧食的人有飯吃，沒糧食的人也有飯吃；有衣服的給他們衣服，沒有衣服的也給他們衣服，這是在幫助君王養活百姓，齊王為何至今尚未重用他呢？

「葉陽子好吧？他主張憐恤鰥寡孤獨，振濟窮困不足，這是替大王存卹百姓，為何至今還不加以任用？北宮家的女兒嬰兒子好吧？她摘去耳環玉飾，至今不嫁，一心奉養雙親，用孝道為百姓做出表率，為何至今未被朝廷褒獎呢？這樣的兩位隱士不受重用，一位孝女不被接見，齊王怎能治理齊國、撫卹萬民呢？於陵的子仲還活在世上吧？他在上對君王不行臣道，在下不能治理家業，又不和諸侯交往，這是在引導百姓朝無所事事的方向前進呀！齊王為什麼至今還不處死他呢？」

高手過招（＊為多選題）

1.（　）下列作品中人物始料未及之事，最接近黑天鵝事件的是：【一〇七年度學測試題】

A.《三國演義》：曹操沒料到，赤壁在冬天會吹東南風。

B.《儒林外史》：胡屠戶沒料到，女婿范進能鄉試中舉。

C.《燭之武退秦師》：鄭伯沒料到，鄭國能倖免於秦晉聯軍。

D.《馮諼客孟嘗君》：孟嘗君沒料到，薛地百姓會夾道相迎。

＊2.（　）《馮諼客孟嘗君》：「梁使三反，孟嘗君固辭不往也」，前、後句有「縱使……卻依然……」的語意邏輯關係，意指「孟嘗君固辭不往」這件事，縱使「梁使三反」也不會改變。下列文句，具有相同語意邏輯關係的是：【一〇八年度學測試題】

A. 天地有好生之德，人心無不轉之時。

B. 此五子者，不產於秦，而繆公用之。

C. 松柏後凋於歲寒，雞鳴不已於風雨。

D.（連）橫不斂，昭告神明，發誓述作，兢兢業業，莫敢自遑。

E. 朱鮪涉血於友於，張繡剸刃於愛子，漢主不以為疑，魏君待之若舊。

*3.（　）**《醉翁亭記》：「已而夕陽在山，人影散亂，太守歸而賓客從也。」句中「賓客」所「從」有其對象（即「太守」），故相當於「太守歸而賓客從『之』也」。下列文句中的動詞之後，也省略對象的是：【一〇七年度指考試題】**

A. 左右以君賤之也，食以草具。

B. 及期，入太原候之，相見大喜。

C. 呈卷，即面署第一；召入，使拜夫人。

D. 見漁人，乃大驚，問所從來，具答之，便要還家。

E. 一道士坐蒲團上，素髮垂領，而神觀爽邁。叩而與語，理甚玄妙。

*4.（　）**下列各組文句「」內的字，前後意義相同的選項是：【一〇六年度學測試題】**

A. 北通巫峽，南「極」瀟湘／意有所「極」，夢亦同趣

B. 「比」及三年，可使足民／孟嘗君曰：為之駕，「比」門下之車客

C. 史公治兵，往來桐城，必「躬」造左公第／臣本布衣，「躬」耕於南陽

D. 文非一體，鮮能「備」善／朱、林以下，輒啟兵戎，喋血山河，藉言恢復，而舊志亦不「備」載也

E. 我居北海君南海，寄雁傳書「謝」不能／王果去牆數步，奔而入，及牆，虛若無物，回視，果在牆外矣。大喜，入「謝」

*5.（　）**下列各組文句「」內的字，前後意義相同的選項是：【一〇六年度指考試題】**

A. 執捶「拊」以鞭笞天下，威振四海／今君有區區之薛，不「拊」愛子其民

B. 一夕歸，見二人與師「共」酌／舍鄭以為東道主，行李之往來，「共」其乏困

C. 武仲以能「屬」文為蘭台令史／淡「屬」素敦古處，新、艋尤為菁華所聚之區

D. 余登箕山，其上蓋有許由冢「云」／與先君子善，謂獄中語乃親得之於史公「云」

E. 穀宗之語公主，亦曰：「若」何為生我家／君王為人不忍。「若」入，前為壽，壽畢，請以劍舞

*6.（　）**曹丕《典論・論文》中「常人貴遠賤近」的「貴」，是「以……為貴」的意思。下列文句「」內的字，與「貴」字用法相同的選項是：【一〇五年度指考試題】**

A. 君子之學也以「美」其身。

B. 孟嘗君「怪」之，曰：此誰也。

C. 諸侯恐懼，會盟而謀「弱」秦。

D. 「甘」其食，美其服，安其居，樂其俗。

E.人知從太守遊而樂，而不知太守之「樂」其樂也。

7.（　）齊王使使者問趙威后，書未發，威后問使者曰：「歲亦無恙耶？民亦無恙耶？王亦無恙耶？」使者不悅，曰：「臣奉使使威后，今不問王而先問歲與民，豈先賤而後尊貴者乎？」威后曰：「不然。苟無歲，何以有民？苟無民，何以有君？故有捨本而問末者耶？」（《戰國策・齊策》）以下各項敘述正確的是：

A.「書未發」義通「齊王封書謝孟嘗君」之「封書」。

B.「歲亦無恙耶」之「歲」指年景、收成。

C.「苟無歲，何以有民？」意謂「養民」　國君治國的優先作　。

D.「苟無民，何以有君？」其意涵同於孟子「保民而王，莫之能禦也」。

E.趙威后「民為本，君為末」同於孟子「民為貴，社稷次之，君為輕」的觀點。

解答：1.A　2.B D E　3.A C D　4.A C D　5.D E　6.B D E　7.E

前十四世紀末——前二二三年

楚策

楚國，又稱荊、荊楚、楚荊，商朝後期至春秋戰國時期的一個諸侯國。楚國國君芈姓，熊氏，最早興起於丹江流域的丹水和淅水交匯的淅川一帶。西元前二二三年，在秦滅楚之戰中，為秦所滅。其全盛時期的最大轄地大致為現在的湖北、安徽、河南、湖南、浙江、上海、江蘇、江西、重慶、貴州、山東部分地方。

蘇秦為趙合從說楚威王

蘇秦為趙合從說楚威王❶，曰：「楚，天下之強國也。大王，天下之賢王也。楚地西有黔中、巫郡，東有夏州、海陽❷，南有洞庭、蒼梧❸，北有汾陘之塞、郇陽❹。地方五千里，帶甲百萬，車千乘，騎萬匹，粟支十年❺，此霸王之資也❻。夫以楚之強與大王之賢，天下莫能當也❼。今乃欲西面而事秦，則諸侯莫不南面而朝於章台之下矣❽。秦之所害於天下莫如楚❾，楚強則秦弱，楚弱則秦強，此其勢不兩立。故為王至計，莫如從親以孤秦❿。大王不從親，秦必起兩軍：一軍出武關⓫；一軍下黔中。若此，則鄢、郢動矣⓬。臣聞治之其未亂，為之其未有也；患至而後憂之⓭，則無及已。故願大王之早計之。大王誠能聽臣

⑭，臣請令山東之國，奉四時之獻⑮，以承大王之明制⑯，委社稷宗廟，練士厲兵⑰，在大王之所用之⑱。大王誠能聽臣之愚計，則韓、魏、齊、燕、趙、衛之妙音美人⑲，必充後宮矣⑳。趙、代良馬橐駝㉑，必實於外廄。故從合則楚王，橫成則秦帝。今釋霸王之業㉒，而有事人之名，臣竊為大王不取也。

「夫秦，虎狼之國也，有吞天下之心。秦，天下之仇讎也㉓，橫人皆欲割諸侯之地以事秦㉔，此所謂養仇而奉讎者也㉕。夫為人臣而割其主之地，以外交強虎狼之秦㉖，以侵天下，卒有秦患㉗，不顧其禍㉘。夫外挾強秦之威㉙，以內劫其主㉚，以求割地，大逆不忠，無過此者。故從親，則諸侯割地以事楚；橫合，則楚割地以事秦。此兩策者，相去遠矣㉛，有億兆之數㉜。兩者大王何居焉㉝？故弊邑趙王，使臣效愚計㉞，奉明約，在大王命之㉟。」

楚王曰：「寡人之國，西與秦接境，秦有舉巴蜀、并漢中之心㊱。秦，虎狼之國，不可親也。而韓、魏迫於秦患，不可與深謀，恐反人以入於秦㊲，故謀未發而國已危矣㊳。寡人自料，以楚當秦，未見勝焉。內與群臣謀，不足恃也㊴。寡人臥不安席，食不甘味，心搖搖如懸旌㊵，而無所終薄㊶。今君欲一天下，安諸侯，存危國，寡人謹奉社稷以從。」

【說文解字】

❶蘇秦為趙合從：蘇秦替趙王推行合縱之策。此事發生在楚威王七年、趙肅侯十七年，即西元前三三三年。趙，此指趙王，即趙肅侯。合從，戰國時弱國聯合進攻強國稱為合縱。從，通「縱」，一說南北為縱，六國地

連南北，故六國聯合抗秦謂之合縱。楚威王：名熊商，宣王子，懷王父。❷夏州：地名，在今湖北江陵縣，一說，在今湖北舊夏口縣北。海陽：地名，今地未詳，楚國東部邊境。❸蒼梧：地名，在今湖南零陵縣及廣西蒼梧縣一帶。❹汾：即汾丘，在今河南襄城縣東北。陘：即陘山，在今河南新鄭縣南。郇陽：即旬關，在今陝西旬陽縣東。郇，通「旬」、「洵」。❺粟支十年：糧食可以支援十年。粟，糧食的通稱。❻資：資本、根基。❼當：抵敵、抵擋。❽章台：戰國時秦國離宮的台名，此處代指宮殿名。❾害：妒忌。❿從親：親縱、親近合縱，猶言參加合縱。⓫武關：秦國地名，在今陝西商縣東。⓬則鄢、郢動矣：楚國國都鄢郢必然會引起震動。鄢、郢，泛指楚國腹地。鄢，今湖北宜城東南。郢，今湖北江陵西北。動，動搖。⓭患：禍患。⓮誠：果真、的確。⓯奉四時之獻：一年四季都來進貢。獻，本謂獻祭，引申為進物以表敬意。⓰明制：清明的法制。⓱厲兵：磨礪兵器。厲，通「礪」。⓲在：在於，猶言任憑、聽憑。⓳妙音：美好動聽的音樂。⓴充：充滿。㉑橐駝：駱駝。㉒釋：通「舍」，捨棄、拋棄。㉓仇讎：仇敵。㉔橫人：主張連橫之策的人。㉕養仇：豢養仇敵。奉讎：事奉仇敵。㉖外交：在外結交。㉗卒：通「猝」，突然。㉘不顧其禍：不顧本國的禍患而離開。㉙挾：倚仗。㉚劫：威脅、威逼。㉛相去：相距。㉜億兆之數：極言其多，此指相距非常遠。㉝何居：即居何，占居什麼、占居哪一個。㉞效：獻出。㉟命：命令，引申為使用、選擇、選用。㊱舉：攻取、占領。㊲恐反人以入於秦：恐怕反叛之人會把楚國的策謀告訴給秦國。反，背叛、反叛。㊳未發：沒有使用、沒有施行。㊴不足恃：不值得依靠，即不可靠。㊵搖搖：搖動、搖盪，形容心神不安。如懸旌：像懸掛著的旗幟。㊶薄：附著。

成語集錦

❖ **勢不兩立**：依形勢是無法並存的，比喻敵對的雙方不能同時並存。

典源 夫以楚之強與大王之賢，天下莫能當也。今乃欲西面而事秦，則諸侯莫不南面而朝於章台之下矣。秦之所害於天下莫如楚，楚強則秦弱，楚弱則秦強，此其勢不兩立。故為王至計，莫如從親以孤秦。

01 故有術不必用，而勢不兩立，法術之士，焉得無危？（戰國韓非子《韓非子》）

02 今數雄已滅，唯孤尚存，孤與老賊，勢不兩立。（西晉陳壽《三國志》）

03 這飲馬川賊人這等可惡！幾番來攪擾，與他勢不兩立！（清代陳忱《水滸後傳》）

04 論者謂難端發自乙，甲勢不兩立，乃鋌而走險，不過自救之兵，其罪不在甲。（清代紀昀《閱微草堂筆記》）

蘇秦之楚三日

蘇秦之楚三日❶，乃得見乎王。談卒❷，辭而行。楚王曰：「寡人聞先生，若聞古人。今先生乃不遠千里而臨寡人，曾不肯留，願聞其說。」對曰：「楚國之食貴於玉，薪貴於桂❸，謁者難得見如鬼❹，王難得見如天帝。今令臣食玉炊桂，因鬼見帝。」王曰：「先生就舍，寡人聞命矣。」

【說文解字】

❶蘇秦：字季子，洛陽人，戰國時縱橫家，與張儀同學於鬼谷子。早年曾外出遊說，然窮困而歸，後佩六國相

印，使秦不敢東出函谷關，達十五年之久。之：至、到。❷卒：終止、結束。❸薪：柴草、柴火。❹謁者：負責接待並通報來賓的人。

成語集錦

❖米珠薪桂：米如珍珠，柴如桂木。比喻物價昂貴。

典源　蘇秦之楚三日，乃得見乎王。談卒，辭而行。楚王曰：「寡人聞先生，若聞古人。今先生乃不遠千里而臨寡人，曾不肯留，願聞其說。」對曰：「楚國之食貴於玉，薪貴於桂，謁者難得見如鬼，王難得見如天帝。今令臣食玉炊桂，因鬼見帝。」王曰：「先生就舍，寡人聞命矣。」

01 有弟久不見，米珠薪桂秋。（明代錢子正《有弟久不見》）

02 但長安乃米珠薪桂之地，先生資釜既空，將何存立？（清代馮夢龍《喻世明言》）

03 及至到了京師，這米珠薪桂之地，數米秤柴，還怕支持不起。（清代西周生《醒世姻緣傳》）

莊辛謂楚襄王

莊辛謂楚襄王❶，曰：「君王左州侯❷，右夏侯❸，輦(ㄋㄧㄢˇ)從鄢陵君與壽陵君❹，專淫逸侈靡，不顧國政，郢都必危矣。」襄王曰：「先生老悖乎？將以為楚國祆祥乎？」莊辛曰：「臣誠見其必然者也，非敢以為國祆(ㄧㄠ)祥也❺。君王卒幸四子者不衰，楚國必亡矣。臣請辟於趙

❻，淹留以觀之。」莊辛去之趙，留五月，秦果舉鄢、郢、巫、上蔡、陳之地，襄王流揜於城陽❼。於是使人發騶，徵莊辛於趙。莊辛曰：「諾。」莊辛至，襄王曰：「寡人不能用先生之言，今事至於此，為之奈何？」

莊辛對曰：「臣聞鄙語曰：『見兔而顧犬，未為晚也；亡羊而補牢❽，未為遲也。』臣聞昔湯、武以百里昌，桀、紂以天下亡。今楚國雖小，絕長續短，猶以數千里，豈特百里哉？王獨不見夫蜻蛉乎❾？六足四翼，飛翔乎天地之間，俛啄蚊虻而食之❿，仰承甘露而飲之，自以為無患，與人無爭也。不知夫五尺童子，方將調飴膠絲，加己乎四仞之上，而下為螻蟻食也。

「蜻蛉其小者也，黃雀因是以。俛啄白粒，仰棲茂樹，鼓翅奮翼，自以為無患，與人無爭也。不知夫公子王孫，左挾彈，右攝丸，將加己乎十仞之上，以其類為招⓫。晝游乎茂樹，夕調乎酸鹹，倏忽之間，墜於公子之手。

「夫雀其小者也，黃鵠因是以。游於江海，淹乎大沼，俛啄鱔鯉⓬，仰嚙菱衡⓭，奮其六翮⓮，而凌清風，飄搖乎高翔，自以為無患，與人無爭也。不知夫射者，方將脩其碆盧⓯，治其繒繳⓰，將加己乎百仞之上。彼礛磻⓱，引微繳，折清風而抎矣⓲。故晝游乎江河，夕調乎鼎鼐⓳。

「夫黃鵠其小者也，蔡聖侯之事因是以。南游乎高陂，北陵乎巫山，飲茹溪流⓴，食湘波之魚㉑，左抱幼妾，右擁嬖女㉒，與之馳騁乎高蔡之中，而不以國家為事。不知夫子發方受命乎宣王㉓，繫己以朱絲而見之也。

「蔡聖侯之事其小者也，君王之事因是以。左州侯，右夏侯，輦從鄢陵君與壽陵君，飯封祿之粟，而戴方府之金，與之馳騁乎雲夢之中，而不以天下國家為事。不知夫穰侯方受命乎秦王，填黽（ㄇㄧㄣˇ）塞之內㉔，而投己乎黽塞之外。」襄王聞之，顏色變作，身體戰慄。於是乃以執珪而授之為陽陵君，與淮北之地也。

【說文解字】

❶莊辛：楚臣，楚莊王的後代。❷州侯：楚王寵臣，封於州邑，在今湖北監利縣。❸夏侯：楚王寵臣，封於夏邑，在今湖北武漢市。❹鄢陵君：楚王寵臣，封於鄢陵，在今河南鄢陵縣。壽陵君：楚王寵臣，封於壽陵，在今安徽壽縣。❺祆祥：即妖祥，不祥的預兆。❻辟：通「避」，躲避。❼流揜：流亡避匿。❽牢：飼養牲畜的圈欄。❾蜻蛉：動物名。形似蜻蜓，但前翅的前緣稍短，不能飛遠。也稱為「赤卒」、「赤衣使者」。❿俛：低頭。蚊虻：蚊子。⓫招：目標。⓬鱔鯉：魚類。⓭衡：通「荇」，水草。⓮翮：翅膀。⓯碆盧：用弓發射打鳥的石製箭頭。⓰繒繳：即矰繳，獵取飛鳥的射具。繳，短箭上的絲繩。⓱礛磻：銳利的石製箭頭。⓲抎：通「隕」，墜落。⓳鼎鼐：泛指烹飪用的鍋具。⓴茹溪：水名，在今四川巫山縣北。㉑湘波：湘水，在湖南境內。㉒嬖女：出身卑微而受寵愛的女子。㉓子發：人名，楚臣。㉔填：布滿。黽塞：即平靖關，在今河南信陽西南。

❖ **亡羊補牢**：丟失了羊，就趕快修補羊圈。比喻犯錯後及時更正，尚能補救。

典源 見兔而顧犬，未為晚也；亡羊而補牢，未為遲也。

01 懲羹吹齏豈其非，亡羊補牢理所宜。（宋代陸游《秋興》）

02 要之是舉必當亟行，若遇有事更張，不免亡羊補牢矣。（明代沈德符《萬曆野獲編》）

天下合從

天下合從❶。趙使魏加見楚春申君曰：「君有將乎？」曰：「有矣，僕欲將臨武君。」魏加曰：「臣少之時好射，臣願以射譬之，可乎？」春申君曰：「可。」加曰：「異日者，更羸與魏王處京台之下❷，仰見飛鳥。更羸謂魏王曰：『臣為王引弓虛發而下鳥❸。』魏王曰：『然則射可至此乎？』更羸曰：『可。』「有間❹，雁從東方來，更羸以虛發而下之。魏王曰：『然則射可至此乎？』更羸曰：『此孽也❺。』王曰：『先生何以知之？』對曰：『其飛徐而鳴悲❻。飛徐者，故瘡痛也❼；鳴悲者，久失群也，故瘡未息，而驚心未至也。聞弦音，引而高飛❽，故瘡隕也❾。』今臨武君，嘗為秦孽，不可為拒秦之將也。」

【說文解字】

❶合從：通「合縱」，此處指六國聯合抗擊秦國。❷更羸：戰國時的名射手。京台：高台。❸虛發：虛拉弓弦，不放箭。下鳥：使鳥落下。❹有間：過了一段時間。❺孽：本指植物從根部生出的嫩芽，此處指未復元的創傷。❻徐：緩慢。❼故瘡：舊傷。❽引：伸、展，此處指伸展翅膀。❾隕：從高處掉下來。

成語集錦

❖驚弓之鳥：曾受過箭傷，一聽到弓弦的聲音，就會驚懼的鳥。比喻曾受打擊或驚嚇，心有餘悸，稍有動靜就害怕的人。

典源

異日者，更羸與魏王處京台之下，仰見飛鳥。更羸謂魏王曰：「臣為王引弓虛發而下鳥。」魏王曰：「然則射可至此乎？」更羸曰：「可。」有間，雁從東方來，更羸以虛發而下之。魏王曰：「然則射可至此乎？」更羸曰：「此孽也。」王曰：「先生何以知之？」對曰：「其飛徐而鳴悲。飛徐者，故瘡痛也；鳴悲者，久失群也，故瘡未息，而驚心未至也。聞弦音，引而高飛，故瘡隕也。」今臨武君，嘗為秦孽，不可為拒秦之將也。

01 黷武之眾易動，驚弓之鳥難安，鑑之所甚懼也。（唐代房玄齡《晉書》）

02 方氏本是驚弓之鳥，聽見官司兩字，十分害怕。（明代席浪仙《石點頭》）

03 紹聞是驚弓之鳥，嚇了一跳。（清代李綠園《歧路燈》）

虞卿謂春申君

虞卿謂春申君，曰：「臣聞之《春秋》：『於安思危，危則慮安。』今楚王之春秋高矣，而君之封地，不可不早定也。為主君慮封者，莫如遠楚。秦孝公封商君，孝公死，而後不免殺之。秦惠王封冉子，惠王死，而後王奪之。公孫鞅，功臣也；冉子，親姻也。然而不免奪死者，封近故也。太公望封於齊，邵公奭封於燕，為其遠王室矣。今燕之罪大而趙怒深，故君不如北兵以德趙，踐亂燕，以定身封，此百代之一時也。」

君曰：「所道攻燕，非齊則魏。魏、齊新怨楚，楚君雖欲攻燕，將道何哉？」對曰：「請令魏王可。」君曰：「何如？」對曰：「臣請到魏，而使所以信之。」迺謂魏王曰：「夫楚亦強大矣，天下無敵，乃且攻燕。」魏王曰：「鄉也，子云天下無敵；今也，子云乃且攻燕者，何也？」對曰：「今為馬多力則有矣，若曰勝千鈞則不然者，何也？夫千鈞非馬之任也。今謂楚強大則有矣，若越趙、魏而鬥兵於燕，則豈楚之任也我？非楚之任而楚為之，是敝楚也。敝楚見強魏也，其於王孰便也？」

成語集錦

❖ **千載一時**：千年才有一次的好時機。形容機會十分難得，稍縱即逝。

典源　今燕之罪大而趙怒深，故君不如北兵以德趙，踐亂燕，以定身封，此百代之一時也。

01 昔與之俱蒙斯舉，或從容廊廟，或游集私門，上談公務，下盡忻娛，以為千載一時，始於此矣。（北齊魏收《魏書》）

02 貴古人恥其君不為堯舜，北面之道，豈不願尊其所事，比隆往代，況遇千載一時之運？（唐代房玄齡《晉書》）

03 當此之際，所謂千載一時不可逢之嘉會。（唐代韓愈《潮州刺史謝上表》）

04 自太平興國以來，至於咸平，可謂天下大治，千載一時矣。（宋代蘇軾《田表聖奏議敘》）

05 方今明良相逢，千載一時，但天下之事，固有行於古而亦可行於今者，如夏時周冕之類是也。（明代焦竑《玉堂叢語》）

白話翻譯

蘇秦為趙合從說楚威王

蘇秦為趙國組織合縱聯盟，去遊說楚威王，說：「楚國是天下的強國，大王是天下的賢主。楚國西有黔中、巫郡，東有夏州、海陽，南有洞庭、蒼梧，北有汾徑、郇陽，全國土地方圓五千里，戰士百萬，戰車千輛，戰馬萬匹，糧食可供十年，這是建立霸業的資本。憑著楚國這樣強大，大王這樣賢能，真是天下無敵。可現在您卻打算聽命於秦國，那麼諸侯必不會入朝楚國的章台了。秦國最引以為憂的莫過於楚國，楚國強盛則秦國衰弱，楚國衰弱則秦國強大，楚、秦兩國勢不兩立。所以我為大王考慮，不如六國結成合縱聯盟，以孤立秦國。大王如果不組織六國合縱聯盟，秦國必然會從兩路進軍，一路出武關，一路下漢中。這樣，必然會引起楚都鄢、郢震動。我聽說：『平定天下，要在它還未混亂時著手；做一件事，要在未開始時就做好準備。』禍患臨頭時才擔憂，那就來不及了。所以，我希望大王及早謀畫。您若真能聽取我的意見，我可以讓山東各國四季都來進貢，奉行大王詔令，將國家、宗廟都委託於楚國，更訓練士兵任大王使用。若大王真能聽從我的愚計，那麼韓、魏、齊、燕、趙、衛各國的歌女、美人必定會充滿您的後宮，越國、代郡的良馬、駱駝一定會充滿您的馬廄。合縱聯盟若成功，楚國就可以稱王；連橫聯盟若成功，秦國就會稱帝。現在您放棄稱王、稱霸的大業，反而落得『侍奉別人』的惡名，我實在不敢讚許大王的做法。

「秦國貪狠暴戾如同虎狼，有吞併六國的野心，秦國是諸侯的仇敵，而主張連橫的人卻想以割讓諸侯土地去討好秦國，這正是所謂的『奉養仇敵』。作為人臣，以損失自己國家的領土為代價，交結強暴如虎狼的秦國，甚至侵略諸侯，最終將招來嚴重的禍患。至於對外依靠強秦的威勢，對內脅迫自己的國君，喪失國土，這又是人臣的大逆不道、為國不忠。所以，合縱聯盟若成功，諸侯就會割地聽從楚國；連橫陣線若成功，楚國就必須割地聽從秦國。合縱與連橫這兩種謀略，相差十萬八千里。對此大王到底該如何取捨呢？敝國國君趙王特派我獻此愚計，想共同遵守盟約，不知您如何決定？」

楚王說：「我的國家西邊與秦國相接，秦國有奪取巴蜀、吞併漢中的野心，秦國貪狠暴戾如同虎狼，不可能和它友好。而韓、魏兩國迫於秦國的威脅，又不能和他們深入謀畫合作，如果和他們深謀，恐怕他們反而投入秦國的懷抱。所以，計謀都還沒有付諸實行，楚國就會大禍臨頭。我自己認為，單憑楚國來對抗秦國，未必能夠取得勝利；與群臣謀畫，也無法依靠。我寢食不安，心神不定，如風中的旗子飄蕩不止，終無所託。現在您想統一天下，安定諸侯，拯救危國，我非常同意參加合縱。」

蘇秦之楚三日

蘇秦來到楚國，過了三個月後，才見到楚王。與楚王交談完畢，就要向楚王辭行。楚王說：「我聽到您的大名，就像聽到古代賢人一樣，現在先生不遠千里來見我，為什麼不肯多待一些日子呢？我希望聽到您的其他意見。」蘇秦回答：「楚國的糧食比寶玉還貴，楚國的柴禾比桂樹還貴，稟報人員像小鬼一樣難見，大王像天帝一樣難見；現在要我拿玉當糧食，拿桂當柴禾燒，透過小鬼見高高在上的天帝。」楚王打斷蘇秦的話，說：「請先生到客館住下吧，我願意遵命。」

莊辛謂楚襄王

莊辛對楚襄王說：「君王左有州侯，右有夏侯，車後又有鄢陵君和壽陵君跟從，一味過著毫無節制的生活，不理國家政事，如此會使郢都變得危險。」楚襄王說：「先生老糊塗了嗎？還是認為楚國將遭遇不祥呢？」莊辛說：「臣當然是看到了事情的後果，不敢認為國家遭遇不祥。假如君王始終寵幸這四個人，而不稍加收斂，那楚國一定會因此而滅亡。請君王准許臣到趙國避難，在那裡靜觀楚國變化。」莊辛離開楚國到了趙國，他只在那裡住了五個月，秦國就發兵攻占鄢、郢、巫、上蔡、陳這些地方，楚襄王也流亡躲藏在城陽。在這時候，襄王才派人率騎士到趙國召請莊辛。莊辛說：「可以。」莊辛到了城陽後，楚襄王對他說：「寡人當初不聽先生的話，如今事情發展到這個地步，該怎麼辦呢？」

莊辛回答：「臣知道一句俗語：『見到兔子以後再放出獵犬追趕，並不算晚；丟失羊以後再去修補柵欄，也不算遲。』臣聽說過去商湯王和周武王依靠百里土地，便使天下昌盛，而夏桀王和殷紂王，雖然擁有天下，最後卻不免身死亡國。現在楚國土地雖然狹小，然而若截長補短，還能有數千里，豈止一百里而已？大王難道沒有見過蜻蜓嗎？長著六隻腳和四隻翅膀，在天地之間飛翔，低下頭來啄食蚊蟲，抬頭起來喝甘美的露水，自以為無憂無患，又和人沒有爭執。豈不知那幾歲的孩子，正在調糖稀塗在絲網上，將要在高空之中黏住牠，牠的下場將是被螞蟻吃掉。

蜻蜓的事可能是小事，其實黃雀也是如此。牠俯下身去啄食，仰起頭來棲息在茂密的樹叢中，鼓動著牠的翅膀奮力高翔，自以為沒有禍患，和人沒有爭執，卻不知那公子王孫左手拿著彈弓，右手按著彈丸，將要以七十尺高空中黃雀的脖子為射擊目標。黃雀白天還在茂密的樹叢中游玩，晚上就成了桌上的佳餚，轉眼之間落入王孫公子之口。

「黃雀的事情可能是小事情，其實黃鵠也是如此。黃鵠在江海上遨遊，停留在大沼澤旁，低下頭吞食黃鱔和鯉魚，抬起頭來吃菱角和水草，振動牠的翅膀而凌駕清風，飄飄搖搖在高空飛翔，自認為不會有禍患，又與人無爭。然而牠們卻不知那射箭的人已準備好箭和弓，將向七百尺的高空射擊。牠將帶著箭，拖著細微的箭繩，從清風中墜落，掉在地上。黃鵠白天還在湖裡游泳，晚上就成了鍋中的清燉美味。

「那黃鵠的事可能是小事，其實蔡靈侯的事也是如此。他南到高陂遊玩，北到巫山之頂，飲茹溪裡的水，吃湘江裡的魚；左手抱著年輕貌美的侍妾，右手摟著如花似玉的寵妃，和這些人同車馳騁在高蔡市上，根本不管國家大事。卻不知道子發正在接受宣王的進攻命令，他將要成為階下之囚。

「蔡靈侯的事可能是小事，其實君王您的事也是如此。君王左邊是州侯，右邊是夏侯，鄢陵君和壽陵君始終隨著君王的車輛，馳騁在雲夢地區，根本不把國家的事情放在心上。然而君王您卻沒料到，穰侯魏冉已經奉秦王命令，在黽塞之南布滿軍隊，州侯等人卻把君王拋棄在黽塞以北。」楚襄王聽了莊辛這番話之後，大驚失色，全身發抖。在這時才把執珪的爵位交給莊辛，封他為陽陵君，不久之後，莊辛便幫助楚王收復了淮北的土地。

天下合從

天下各諸侯聯合抗秦。趙國派魏加前去會見楚相春申君黃歇，說：「您已經安排好領兵的大將了嗎？」春申君說：「是的，我想派臨武君為大將。」魏加說：「我年幼時喜歡射箭，因此我就用射箭做個譬喻好不好？」春申君說：「好的。」魏加說：「有一天，魏臣更羸和魏王站在高台之下，抬頭看見飛鳥。這時更羸對魏王說：『我只要虛撥一弓弦，就可以把鳥射死在你眼前。』魏王說：『你的射技有如此高超嗎？』更羸說：『可以的。』

「過了一會兒，有一隻大雁從東方飛來，更羸虛射一箭就把這大雁射落在地上。魏王說：『可是虛射怎麼會出現這種結果呢？』更羸說：『因為這是一隻病雁。』魏王說：『你怎麼知道呢？』更羸說：『這隻雁飛得很緩慢，叫的聲音又悲切。飛得緩慢是因為牠舊傷疼痛；叫的悲切是因牠已離開雁群很久。身負舊傷且心存驚懼，所以一聽見弓弦的聲音就嚇得拼命高飛，以致使牠的舊傷破裂而掉落。』現在的臨武君也曾被秦軍打敗，猶如驚弓之鳥，所以派他去擔任抗秦將領是不妥當的。」

虞卿謂春申君

虞卿對春申君說：「臣下聽《春秋》說：『在安定的時候要考慮到危險，在危險的時候要思慮如何安定。』如今楚王的年齡漸長，您的封地不可不及早確定。我替您考慮封地，唯有遠離楚國的都城最好。秦孝公封公孫鞅於商地，但在秦孝公死後，他也沒有逃離後王的殺害。秦昭王封冉子予穰，在昭王死後，後王依然剝奪了他的封地。公孫鞅是秦國的功臣，冉子是秦王的姻親，然而卻都沒有免去被奪去封地、遭殺害的命運，這是由於封地太靠近都城的緣故。太公望封在齊地，邵公奭封在燕地，他們之所以能夠壽終正寢，是因為他們的封地遠離王室。如今燕國犯有伐趙之罪，趙國對它積怨很深，所以，您不如向北方進軍。如此，既可以使趙國感激您，又可以翦滅殘破的燕國，以此確定自己的封地，這是百代難遇的一個好時機。」

春申君說：「進攻燕國的道路不在齊國，而在魏國。魏國、齊園剛剛與楚國結下怨仇，楚王雖然想要攻打燕國，但我應從什麼地方通過呢？」虞卿回答：「請魏王答應借道。」春申君說：「怎麼做？」虞卿回答：「臣下請求到魏國，並向他們說明借道的道理。」於是虞卿到魏國對魏王說：「楚國已非常強大，天下無敵，但它還是會攻打燕國。」魏王說：「先前，您說楚國天下無敵；如今，您又說將要攻打燕國，這是為什麼呢？」虞卿說：「如今說馬有很大的力氣，那是對的；但如果說馬的力量能馱千鈞，那是不對的，為什麼呢？因為千鈞不是馬所能承擔的。如今說楚國強大，那是真的；但如果跨越趙國、魏國而跟燕國交戰，難道楚國能辦到嗎？不是楚國該承擔的事，楚國偏要去做，這是破壞楚國的強大。破壞楚國便是強大魏國，對大王來說，哪種情況更有利呢？」

高手過招

（＊為多選題）

1.（　）以下對《國語》、《戰國策》之敘述，何者不妥？

A.《國語》是一部國別史，紀錄周、魯、齊、晉、鄭、楚、吳、越等八國史事。

B.《戰國策》是一部貫串縱橫家思想的春秋時代的史料匯編。

C.《戰國策》思想內容較為駁雜，儒、墨、道、法、兵，各家思想都有所反映。

D.《國語》中文章大都樸質而簡括，語言自然而較少潤飾。

2.（　）關於《戰國策》的敘述，何者正確？

A.多屬戰國策士遊說之事，作者劉向逐一訪求於士大夫家，記錄而成，完成於西漢。

B.書名紛歧，有國策、國事、事語、短長、長書、修書等不同名稱。

C.《史記》中凡是牽涉到戰國時代的記載，大多取材於《戰國策》。

D.記載春秋以後，直到楚漢之起，共十二國大事，為「國別史」之祖。

E.《戰國策》與《左傳》同為先秦散文的代表作。

＊3.（　）有關《戰國策》的敘述，下列何者正確？

A. 不是一時一地一人的作品。

B. 各篇作者皆清楚的記載在卷末。

C. 書名分歧不一，有《國策》、《國語》等別名。

D. 漢代劉向曾經做整理的工作，並定名為《戰國策》。

E. 北宋曾鞏曾寫續篇，增加《戰國策》的篇幅。

4.（　）蘇秦之楚，三日乃得見乎王。談卒，辭而行。楚王曰：「寡人聞先生，若聞古人。今先生乃不遠千里而臨寡人，曾不肯留，願聞其說。」對曰：「楚國之食貴于玉，薪貴于桂，謁者難得見如鬼，王難得見如天帝。今令臣食玉炊桂，因鬼見帝。」王曰：「先生就舍，寡人聞命矣。」（《戰國策・楚策》）下列何者可用以說明本文的意指？

A. 長安居，大不易。

B. 蜀中無大將，廖化當先鋒。

C. 不著家人，弄不得家鬼。

D. 山中無老虎，猴子當大王。

5.（　）下列文章中卒、若、曾、因、舍五個字，各自與下列選項「」內相同的字比較，意義相同的選項是：「蘇秦之楚，三月乃得見乎王。談卒，辭而行。楚王曰：『寡人聞先生，若聞古人。今先生乃不遠千里而臨寡人，曾不肯留，願聞其說。』對曰：『楚國之食貴於玉，薪貴於桂，謁者難得見如鬼，王難得見如天帝。今令臣食玉炊桂，因鬼見帝。』

王曰：『先生就舍，寡人聞命矣。』」（《戰國策．楚策》）

A.全「卒」為上，破「卒」次之。（《孫子兵法》）

B.「若」毒之乎？余將告於蒞事者，更若役，復若賦，則何如。（唐代柳宗元《捕蛇者說》）

C.是以其未得之也，屠毒天下之肝腦，離散天下之子女，以博我一人之產業，「曾」不慘然。（明代黃宗羲《原君》）

D.「因」人之力而敝之，不仁；失其所與，不知；以亂易整，不武。（《左傳．燭之武退秦師》）

E.南北百里，東西一「舍」。（宋代蘇轍《黄州快哉亭記》）

6.（　）關於「狐假虎威」這篇寓言故事的說明，下列何者為是？

A.出自於西漢劉向《戰國策》，此書後來散佚，至北宋曾鞏才又再輯出。同出於此書的寓言故事還包括有「驚弓之鳥」、「鷸蚌相爭」等。

B.寓言故事運用轉化手法，並將老虎及狐狸比喻為楚昭王及其將領昭奚恤，藉以諷刺楚昭王。

C.寓言一詞，始見於《莊子．寓言》，其原意是指無心而自然發出的言論。

D.故事中並沒有「狐假虎威」一語的直接使用，後人根據故事刪節而得此成語，這是屬於引用中的化用修辭法。

解答：1.B 2.B 3.AD 4.A 5.C 6.A

趙策

前四〇三—前二二二年

趙國，戰國七雄之一的諸侯國，也作勺國，初都晉陽（今山西太原），後遷都中牟（今河南鶴壁），又遷至邯鄲（今河北邯鄲），疆土主要有今河北南部、山西中部和陝西東北隅。西有秦國，南有魏國、韓國，東有齊國，東北有燕國，北方則是林胡、樓煩、東胡等遊牧民族的地域。另外，趙國附近還有戰國時期小國中山國。

張孟談既固趙宗

張孟談既固趙宗，廣封疆，發五霸，乃稱簡之途以告襄子曰❶：「昔者，前國地君之御有之曰：『五霸之所以致天下者約，兩主勢能制臣，無令臣能制主。故貴為列侯者，不令在相位，自將軍以上，不為近大夫。』今臣之名顯而身尊，權重而眾服，臣願捐功名去權勢以離眾。」

襄子恨然曰：「何哉？吾聞輔主者名顯，功大者身尊，任國者權重，信忠在己而眾服焉。此先聖之所以集國家，安社稷乎！子何為然？」張孟談對曰：「君之所言，成功之美也。臣之所謂，持國之道也。臣觀成事，聞往古，天下之美同，臣主之權均之能美，未之有也。前事不忘，後事之師。君若弗圖，則臣力不足。」愴然有決色❷。襄子去之。臥三日，使人謂之曰：「晉陽之政，臣下不使者何如？」對曰：「僇死❸。」

張孟談曰：「左司馬見使於國家，安社稷，不避其死，以成其忠，君其行之。」君曰：「子從事。」乃許之。張孟談便厚以便名，納地、釋事以去權尊，而耕於負親之丘。故曰，賢人之行，明主之政也。耕三年，韓、魏、齊、燕負親以謀趙，襄子往見張孟談而告之曰：「昔者知氏之地，趙氏分則多十城，復來，而今諸侯孰謀我，為之奈何？」張孟談曰：「君其負劍而御臣以之國，舍臣於廟，授吏大夫，臣試計之。」君曰：「諾。」張孟談乃行，其妻之楚，長子之韓，次子之魏，少子之齊。四國疑而謀敗。

【說文解字】

❶途：道路，此處指治國之道。❷愴然：悲傷哀痛的樣子。決：通「訣」。❸僇死：殺死。

成語集錦

❖前事不忘，後事之師：記取過去的經驗教訓，可作為今後行事的鑑鏡。

典源 臣觀成事，聞往古，天下之美同，臣主之權均之能美，未之有也。前事之不忘，後事之師。君若弗圖，則臣力不足。

01 野諺曰：「前事之不忘，後事之師也。」是以君子為國，觀之上古，驗之當世，參以人事，察盛衰之理，審權勢之宜。（漢代司馬遷《史記》）

02 天道雖遠，吉凶可見，近世鄭、蔡、江、樊、周廣、王聖，皆為效矣。故恭儉畏忌，必蒙祉祚，奢淫諂慢，鮮不夷戮，前事不忘，後事之師也。（南朝劉宋范曄《後漢書》）

03 古人云：「前事不忘，後事之師。」伏願陛下念之。（後晉劉昫《舊唐書》）

秦攻趙於長平

秦攻趙於長平，大破之，引兵而歸。因食索六城於趙而講。趙計未定。樓緩新從秦來❶，趙王與樓緩計之曰❷：「與秦城何如？不與何如？」樓緩辭讓曰：「此非人臣之所能知也。」王曰：「雖然，試言公之私。」樓緩曰：「王亦聞夫公甫文伯母乎？公甫文伯官於魯，病死。婦人為之自殺於房中者二八。其母聞之，不肯哭也。相室曰：『焉有子死而不哭者乎？』其母曰：『孔子，賢人也，逐於魯，是人不隨。今死，而婦人為死者十六人。若是者，其於長者薄，而於婦人厚？』故從母言之，之為賢母也；從婦言之，必不免為妒婦也。故其言一也，言者異，則人心變矣。今臣新從秦來，而言勿與，則非計也；言與之，則恐王以臣之為秦也。故不敢對。使臣得王計之，不如予之。」王曰：「諾。」

虞卿聞之❸，入見王，王以樓緩言告之。虞卿曰：「此飾說也。」秦既解邯鄲之味，而趙王入朝，使趙郝約事於秦，割六縣而講。王曰：「何謂也？」虞卿曰：「秦之攻趙也，倦而歸乎？王以其力尚能進，愛王而不攻乎？」王曰：「秦之攻我也，不遺餘力矣，必以倦而歸也。」虞卿曰：「秦以其力攻其所不能取，倦而歸。王又以其力之所不能攻以資之，是助秦自攻也❹。來年秦復攻王，王無以救矣。」

王又以虞卿之言告樓緩。樓緩曰：「虞卿能盡知秦力之所至乎？誠知秦力之不至，此彈丸之地，猶不予也，令秦來年復攻王，得無割其內而媾乎❺？」王曰：「誠聽子割矣，子能必來年秦之不復攻我乎？」樓緩對曰：「此非臣之所敢任也。昔者三晉之交於秦，相善也。今秦釋韓、魏而獨攻王，王之所以事秦必不如韓、魏也。今臣為足下解負親之攻，啟關通敝❻，齊交韓、魏❼。至來年而王獨不取於秦，王之所以事秦者，必在韓、魏之後也。此非臣之所敢任也。」

王以樓緩之言告。虞卿曰：「樓緩言不媾，來年秦復攻王，得無更割其內而媾。今媾，樓緩又不能必秦之不復攻也，雖割何益？來年復攻，又割其力之所不能取而媾也，此自盡之術也。不如無媾。秦雖善攻，不能取六城；趙雖不能守，而不至失六城。秦倦而歸，兵必罷。我以五城收天下以攻罷秦，是我失之於天下，而取償於秦也。吾國尚利，孰與坐而割地，自弱以強秦？今樓緩曰：『秦善韓、魏而攻趙者，必王之事秦不如韓、魏也。』是使王歲以六城事秦也，即坐而地盡矣。來年秦復求割地，王將予之乎？不與，則是棄前貴而挑秦禍也；與之，則無地而給之。語曰：『強者善攻，而弱者不能自守。』今坐而聽秦，秦兵不敝而多得地，是強秦而弱趙也。以益愈強之秦，而割愈弱之趙，其計固不止矣。且秦，虎狼之國也，無禮義之心。其求無已，而王之地有盡。以有盡之地，給無已之求，其勢必無趙矣。故曰：「此飾說也。王必勿與。」王曰：「諾。」

樓緩聞之，入見於王，王又以虞卿言告之。樓緩曰：「不然，虞卿得其一，未知其二也。夫秦、趙構難，而天下皆說，何也？曰『我將因強而乘弱』。今趙兵困於秦，天下之賀戰者，則必盡在於秦矣。故不若亟割地求和，以疑天下，慰秦心。不然，天下將因秦之怒，秦趙之敝而瓜分之。趙且亡，何秦之圖？王以此斷之，勿復計也。」

虞卿聞之，又入見王曰：「危矣，樓子之為秦也！夫趙兵困於秦，又割地為和，是愈疑天下，而何慰秦心哉？是不亦大示天下弱乎？且臣曰勿予者，非固勿予而已也。秦索六城於王，王以五城賂齊。齊、秦之深讎也，得王五城，并立而西擊秦也，齊之聽王，不待辭之畢也。是王失於秦而取償於秦，一即著結三國之親，而與秦易道也。」趙王曰：「善。」因發虞卿東見齊王，與之謀秦。虞卿未反，秦之使者已在趙矣。樓緩聞之，逃去。

【說文解字】

❶樓緩：趙人，當時為秦臣。❷趙王：指趙孝成王。❸虞卿：趙臣。❹自攻：來攻打自己。❺媾：議和、講和。❻通幣：通好。❼齊交韓魏：（使趙國）與秦國的關係和韓、魏（與秦國的關係）處在同樣的水平之上。

成語集錦

❖不遺餘力：不保留一點力氣。形容竭盡全力，毫無保留。

典源 秦之攻我也，不遺餘力矣，必以倦而歸也。

01 不遺餘力矣，不釋餘智矣。故曰人君之為善易矣。（漢代劉向《說苑》）

02 謝祖信為諫官，遂排擊之不遺餘力。嶺表之貶，實祖信之力也。（宋代黎靖德《朱子語類》）

03 關陝人戶，昨經調發，不遺餘力，死亡之餘，疲瘵已甚。（元代脫脫《宋史》）

04 委員和事，調停唯賴孔方；紳士責言，控訴不遺餘力。（清代李伯元《文明小史》）

05 興利除害，不遺餘力。鋤豪強，植良善，民奉之若神。（清代張廷玉《明史》）

06 昌黎以主持風雅為己任，故調護氣類，宏獎後進，往往不遺餘力。（清代趙翼《甌北詩話》）

❖彈丸之地：像彈丸一樣大小的地方，比喻狹小的地方。彈丸，彈弓發射所用的實心球體，也作彈珠。

典源 虞卿能盡知秦力之所至乎？誠知秦力之不至，此彈丸之地，猶不予也，令秦來年復攻王，得無割其內而媾乎？

01 虞卿能量秦力之所至乎？誠知秦力之所不進，此彈丸之地不予，令秦來年復攻於王，王得無割其內而構乎？（漢代劉向《新序》）

02 奈何以險阻彈丸之地，而困於全蜀太平之人哉？（後晉劉昫《舊唐書》）

03 東吳兵精將勇；且荊州九郡，俱已屬彼，止有麥城，乃彈丸之地。（明代羅貫中《三國演義》）

04 此去朝歌不過數百里，一河之隔，四面八方，天下諸侯雲集，諒你區區彈丸之地，投鞭可實，何敢拒吾師哉！（明代陳仲琳《封神演義》）

05 止有八閩全省，未經兵火。然亦彈丸之地，料難抵敵。（清代馮夢龍《醒世恆言》）

秦圍趙之邯鄲

秦圍趙之邯鄲。魏安釐王使將軍晉鄙救趙。畏秦，止於蕩陰❶，不進。

魏王使客將軍新垣（ㄩㄢˊ）衍間入邯鄲❷，因平原君謂趙王曰：「親所以急圍趙者，前與齊閔王爭強為帝❸，已而復歸帝❹，以齊故。今齊閔王已益弱。方今唯秦雄天下，此非必貪邯鄲，其意欲求為帝。趙誠發使尊秦昭王為帝，秦必喜，罷兵去。」平原君猶豫未有所決。

此時魯仲連適遊趙，會秦圍趙。聞魏將欲令趙尊秦為帝，乃見平原君曰：「事將奈何矣？」平原君曰：「勝也何敢言事？百萬之眾折於外，今又內圍邯鄲而不能去。魏王使將軍辛垣衍令趙帝秦。今其人在是，勝也何敢言事？」魯連曰：「始吾以君為天下之賢公子也，吾乃今然後知君非天下之賢公子也。梁客辛垣衍安在？吾請為君責而歸之。」平原君曰：「勝請召而見之於先生。」平原君遂見辛垣衍曰：「東國有魯連先生❺，其人在此，勝請為紹介，而見之於將軍。」辛垣衍曰：「吾聞魯連先生，齊國之高士也。衍，人臣也，使事有職。吾不願見魯連先生也。」平原君曰：「勝已泄之矣。」辛垣衍許諾。

魯連見辛垣衍而無言。辛垣衍曰：「吾視居北圍城之中者，皆有求於平原君者也。今吾視先生之玉貌，非有求平原君者，曷為久居此圍城之中而不去也？」魯連曰：「世以鮑焦無從容而死者❻，皆非也。今眾人不知，則為一身。彼秦者，棄禮義而上首功之國也❼。權使其士❽，虜使其民。彼則肆然而為帝，過而遂正於天下❾，則連有赴東海而死矣。吾不忍為之民也❿！所為見將軍者，欲以助趙也。」

辛垣衍曰：「先生助之奈何？」魯連曰：「吾將使梁及燕助之。齊、楚則固助之矣。」

辛垣衍曰：「燕則吾請以從矣。若乃梁，則吾乃梁人也，先生惡能使梁助之耶？」魯連曰：「梁未睹秦稱帝之害故也，使梁睹秦稱帝之害，則必助趙矣。」

辛垣衍曰：「秦稱帝之害將奈何？」魯仲連曰：「昔齊威王嘗為仁義矣，率天下諸侯而朝周⓫。周貧且微，諸侯莫朝，而齊獨朝之。居歲餘，周烈王崩，諸侯皆弔，齊後往⓬。周怒，赴於齊曰：『天崩地坼，天子下席，東藩之臣田嬰齊後至，則斮之。』威王勃然怒曰：『叱嗟，而母婢也⓭。』卒為天下笑。故生則朝周，死則叱之，誠不忍其求也。彼天子固然，其無足怪。」

辛垣衍曰：「先生獨未見夫僕乎？十人而從一人者，寧力不勝，智不若耶？畏之也。」魯仲連曰：「然梁之必比於秦若僕耶？」辛垣衍曰：「然。」魯仲連曰：「然吾將使秦王烹醢梁王。」辛垣衍怏然不悅曰：「噫，亦太甚矣，先生之言也！先生又惡能使秦烹醢梁王？」

魯仲連曰：「固也，待吾言之。昔者，鬼侯之鄂侯、文王[14]，紂之三公也。鬼侯有子而好[15]，故入之於紂，紂以為惡，醢鬼侯。鄂侯爭之急，辨之疾，故脯鄂侯。文王聞之，喟然而嘆，故拘之於牖里之車，百日而欲舍之死。曷為與人俱稱帝王，卒就脯醢之地也？

「齊閔王將之魯，夷維子執策而從，謂魯人曰：『子將何以待吾君？』魯人曰：『吾將以十太牢待子之君。』維子曰：『子安取禮而來待吾君？彼吾君者，天子也。天子巡狩，諸侯辟舍，納於筦鍵，攝衽抱几，視膳於堂下，天子已食，退而聽朝也。』魯人投其籥[16]，不果納。不得入於魯，將之薛，假途於鄒。當是時，鄒君死，閔王欲入弔。夷維子謂鄒之孤曰[17]：『天子弔，主人必將倍殯柩[18]，設北面於南方，然後天子南面弔也。』鄒之群臣曰：『必若此，吾將伏劍而死。』故不敢入於鄒。鄒、魯之臣，生則不得事養，充當則不得飯含。然且欲行天子之禮於鄒、魯之臣，不果納。

「今萬乘之國，梁亦萬乘之國。俱據萬乘之國，交有稱王之名[19]，賭其一戰而勝，欲從而帝之，是使三晉之大臣不如鄒、魯之僕妾也。且秦無已而帝，則且變易諸侯之大臣。彼將奪其所謂不肖，而予其所謂賢；奪其所憎，而與其所愛。彼又將使其子女讒妾為諸侯妃姬，處梁之宮，梁王安得晏然而已乎？而將軍又何以得故寵乎？」

於是，辛垣衍起，再拜謝曰：「始以先生為庸人，吾乃近日而知先生為天下之士也。吾請去，不敢復言帝秦。」秦將聞之，為卻軍五十里。適會魏公子無忌奪晉鄙軍，以救趙擊秦，秦軍引而去。於是平原君欲封魯仲連。魯仲連辭讓者三，終不肯受。平原乃置酒，酒酣，起前以千金為魯連壽。魯連笑曰：「所貴於天下者士者，為人排患、釋難、解紛亂而無所取也。即有所取者，是商賈之人也，仲連不忍為也。」遂辭平原君而去，終身不復見。

【說文解字】

❶蕩陰：在今河南湯陽縣。❷間：秘密地。❸爭強為帝：周赧王二十七年（西元前二八八年），齊湣王稱東帝，秦昭王稱西帝。❹歸帝：取消帝號。❺東國：指齊國。❻鮑焦：周時的隱士。從容：心胸開闊。❼上：通「尚」，崇尚。首功：指戰功。❽權使其士：以權術利用士人。❾過：更有甚者。正：通「政」，統治。❿忍：忍受。⓫率：率領。⓬後往：來遲了。⓭而母：你的母親。⓮鬼侯：封地在今河北臨漳縣。之：與。鄂侯：封地在今山西寧鄉縣。文王：即周文王，封地在今陝西郊縣一帶。⓯子：女兒。⓰投其籥：即下鎖。⓱孤：繼位之君。⓲倍：通「背」，不正面對著。⓳交：互相。

成語集錦

❖猶豫不決：遲疑不定，無法拿定主意。

典源　平原君猶豫未有所決。

01 楚王業已欲和於秦，見齊王書，猶豫不決，下其議群臣。（漢代司馬遷《史記》）

02 隆猶豫不決，遂為其下所害。（唐代房玄齡《晉書》）

03 且說孫權退入內宅，寢食不安，猶豫不決。（明代羅貫中《三國演義》）

04 欽聖雖然遵旨謝恩，不知甚麼事由，心中有些猶豫不決。（明代凌濛初《二刻拍案驚奇》）

05 當下子章遂對眾客之前，朗朗而誦，從頭至尾，無一字差錯。念畢，座間諸儒失色。閣公亦疑。眾猶豫不決。（清代馮夢龍《醒世恆言》）

06 這件事待要放下，心內又放不下，待要問去，又怕人猜疑。正是猶豫不決，神魂不定之際，忽聽窗外問道：「姐姐在屋裡沒有？」（清代曹雪芹《紅樓夢》）

❖排難解紛：排除危難，解決紛爭。

典源 於是平原君欲封魯仲連。魯仲連辭讓者三，終不肯受。平原君乃置酒，酒酣，起前以千金為魯連壽。魯連笑曰：「所貴於天下之士者，為人排患、釋難、解紛亂而無所取也。即有所取者，是商賈之人也，仲連不忍為也。」遂辭平原君而去，終身不復見。

01 若能此際排難解紛，陳師鞠旅，共誅寇盜，迎奉鑾輿，則富貴功名，指掌可取。吾惜公輩舍安而即危也！（後晉劉昫《舊唐書》）

02 若書生者，不護小行，而能排難解紛，殆俠士之流乎！（宋代張表臣《珊瑚鉤詩話》）

03 所謂為民主者，平日取民財力以養兵，緩急之時，排難解紛，而使民安業也。（宋代汪藻《奏論諸將無功狀》）

04 為臣子者，須當臥薪嘗膽，帶甲枕戈，為國家出一死力，排難解紛。（明代無名氏《運甓記》）

05 這是眉公一詩之力，小弟何功之有！況且排難解紛是我輩的常事，何足為奇。（清代李漁《意中緣》）

06 邑西磁窯塢有農人婦，勇健如男子，輒為鄉中排難解紛。（清代蒲松齡《聊齋志異》）

07 凡有鄰邦，無論遠近，莫不和好。而且有求必應，最肯排難解紛，每遇兩國爭鬥，他即代為解和，海外因此省了許多刀兵，活了若干民命。（清代李汝珍《鏡花緣》）

08 家中有五六千金的財帛，最愛交遊，慷慨好施，排難解紛。（清代俞萬春《蕩寇志》）

09 說起來，人生在世，都有個代勞任怨的剛腸，排難解紛的俠氣，成全朋友，憐恤骨肉。（清代文康《兒女英雄傳》）

10 這排難解紛，最是一件難事！遇了要人排解的事，總是自己辦不下來的了，所以尤易感激。（清代吳趼人《二十年目睹之怪現狀》）

11 此島華民不下三萬人，向由商董立中華會館，排難解紛。（民國趙爾巽《清史稿》）

白話翻譯

張孟談既固趙宗

張孟談鞏固了趙國的地位以後，擴大邊境，發揚五霸的精粹，向趙襄子稱讚趙簡子的遺訓，說：「從前，簡子統治趙國時有這樣的話：『五霸之所以得到天下諸侯擁護的原因是約束得當，使君主的權勢能控制臣下，不使臣下的權勢控制君主。所以尊貴為列侯的人，不讓他任相國；有將軍以上地位的武官，不讓他擔任近大夫。』如今我的名聲顯赫而尊貴，權力重大而眾人服從，但我願意捐棄功名，拋棄權勢而離開眾人。」

趙襄子悲傷地說：「這是為什麼呢？我聽說輔佐君主的人名聲顯赫，勞苦功高的人尊貴，擔任相國的人權力重大，自己忠誠講信用，眾人就會服從。這是古代聖賢協調駕馭國家、安定國家的辦法呀！您為什麼不這樣做呢？」張孟談說：「君王所說的，是成就功名的美好。臣下所說的，是維持國家的方法。臣下觀察成功的功業，聽古代的傳說，天下美好的事情是相同的，但是臣下、君主的權力平均還能美好，卻沒有這種事的。記住過去的經驗教訓，可作為以後行事的借鑑。但君王如果不考慮，那麼臣下是沒有這個力量的。」張孟談的面容顯出悲傷訣別的樣子，趙襄子讓他離開。張孟談回家躺了三天，派人對襄子說：「晉陽的政事，臣下若不從命怎麼辦？」趙襄子手下的人回答：「殺掉。」

張孟談說：「左司馬我被國家使用，安定了國家，不逃避死亡，以成就我的忠誠，君王還是動手吧！」趙襄子說：「您還是去做您想做的事情吧！」於是就答應了他。而後，張孟談心安理得地丟掉重權和美名，更加鞏固了自己的名聲，他交納封地、放棄政事、離開尊貴的權位，在負親之丘耕種。所以說，張孟談的行為是賢人的行為，趙襄子的政治是英明君主的政治。張孟談種了三年地，韓國、魏國、齊國、楚國背叛了過去的聯盟而謀畫進攻趙國，趙襄子前來會見張孟談並告訴他：「從前智伯的土地，趙氏分得多了十個城邑，如今諸侯正在謀畫進攻我們，這件事該怎麼辦呢？」張孟談說：「君王還是背著劍，為臣下駕駛車輛回到都城，讓臣下住在宗廟裡，把任命官吏大夫的權力交給我，臣下為您試著謀畫對策吧！」趙襄子說：「好。」張孟談才上路，他的妻子便到楚國，長子到韓國，次子到魏國，少子到齊國。四國因此產生疑心而計謀失敗。

秦攻趙於長平

秦軍在長平進攻趙軍，把趙軍打得大敗，率兵回國。於是秦國派人向趙國索取六座城邑並講和，趙國還沒有拿定主意。樓緩剛從秦國前來，趙孝成王便與樓緩謀畫：「給秦國城邑怎麼樣？不給怎麼樣？」樓緩辭謝說：「這不是臣下能夠知道的事情。」趙王說：「即使這樣，也請試談一下您個人的見解。」樓緩說：「君王聽說過公甫文伯母親的事情嗎？公甫文伯在魯國做官，病死了，為他在房中自殺的婦人有十六人。他的母親聽說後，不肯哭。隨嫁的婦女說：『哪裡有兒子死了而不哭的人呢？』他的母親說：『孔子是個賢明的人，被魯國驅逐在外，沒有人去跟隨。如今公甫文伯死了，卻有十六個婦人為他而死。像這樣的人，說明他對長者情薄，而對婦人情厚。』從他母親說的話來看，她是一位賢良的母親，但如果從婦人嘴裡說出這話，一定免不了被人稱為嫉妒的婦人。因此，說出同樣的話，但由於說話的人不同，那麼人們心中的看法就變了。如今臣下剛從秦國來，如果我說不給秦國城池，那不是好計謀；如果說割城給秦國，那麼大王恐怕認為臣下是為秦國說話，所以我不敢回答。假如讓臣下為大王謀畫此事，不如給吧！」趙王說：「好吧。」

虞卿聽到這件事後，入宮拜見趙王，趙王把樓緩的話告訴他。虞卿說：「這是偽裝的遊說之辭。」趙王說：「為什麼這樣說呢？」虞卿說：「秦國攻打趙國，是他們疲倦退兵的呢？還是大王認為他們還有進攻能力，只是因為愛護大王才不進攻呢？」趙王說：「秦國攻打我國，可以說是不遺餘力了，一定是因為疲倦了才退兵的。」虞卿說：「秦國因為用自己的力量進攻它所不能奪取的城邑，疲倦之後退兵。大王又把秦之力量所不能攻占的城邑割讓出去，這是在幫助秦圍攻打自己啊！如果明年秦國再來攻打大王，那大王就沒有什麼辦法挽救自己了。」

趙王又把虞卿的話轉告樓緩。樓緩說：「虞卿能夠了解秦國軍力的最大限度嗎？如果的確知道秦國兵力達不到它所要達到的目的，那麼彈丸那麼小的地方也還是不能給它，假如明年秦國再來攻打趙國，大王恐怕還是會割讓趙國內地的城邑去講和吧？」趙王說：「如果聽您的話割讓了城邑，您能夠保證明年秦國不再來攻打我嗎？」樓緩回答：「這可不是我敢擔保的事情。從前韓、魏、趙三國和秦國結交，互相親善。如今秦國放下韓、魏前來攻打大王，大王用來事奉秦王的禮儀一定不如韓國、魏國。如今臣下為您解除由於辜負秦國親善招致的進攻，開放邊關，互通使節，趕上韓國、魏國與秦國的交情。假如到了明年，大王依然無法取得秦王的歡心，那麼證明大王所用來事奉秦國的禮儀一定落在韓國、魏國的後面。這可不是臣下所敢擔保的事情。」

趙王把樓緩的話告訴虞卿，虞卿說：「樓緩說如果不與秦國講和，明年秦國又來攻打趙國時，我們恐怕會再割讓國內的土地去講和。如果現在講和，樓緩又不一定能保證秦國不再進攻趙國，那割讓土地又有什麼好處呢？如果明年秦國再來進攻趙國，又割讓它力量無法奪取的土地去講和，這是自取滅亡的辦法，不如不講和。秦國即使善於進攻，也不能奪取六座城邑；趙國即使不善於防守，也不至於丟失六座城邑。秦國由於勞累退兵，秦兵一定已疲憊不堪。若我們用五座城邑收買天下諸侯去攻打疲憊的秦國，這樣，我們雖然在天下有所失，但卻從秦國得到了補償，我國還是有利的。這與白白割讓土地，自己削弱自己反而使秦國強大相比，哪個好呢？如今樓緩說：『秦國與韓國、魏國友善而攻打趙國的原因，一定是大王事奉秦國不如韓國、魏國。』這是讓大王每年都用六座城邑去事奉秦國，也就是平白地把國土丟光。明年秦國再要求割讓土地，大王準備給它嗎？如果不給，那麼這是拋棄以前已付出的代價並挑起秦軍帶來的戰禍；如果想給，那也沒有土地供給了。俗話說：『強大的善於進攻，而弱小的不能自衛防守。』如今平白地聽從秦國的要求，秦兵不受任何損傷卻多占了土地，這是使秦國強大而使趙國衰弱的作法。以此增強越發強大的秦國，宰割越發衰弱的趙國，那秦國侵奪趙國的計謀一定不會停止了。再說秦國是猛虎惡狼一樣的國家，沒有一點禮儀之心。它的追求沒有止境，但大王的土地是有送盡的時候。用有限的土地，供給無止境的貪求，那形勢發展的結果必然是趙國滅亡了。因此我說這是裝飾詐偽的遊說之辭。大王一定不要割讓土地給秦國。」趙王說：「好吧。」

樓緩聽說後，入宮拜見趙王，趙王又把虞卿講的話告訴他。樓緩說：「不是這樣。虞卿只知其一，不知其二。如果秦國、趙國結為怨仇造成禍亂，天下諸侯都會非常高興，為什麼呢？他們會說：『我將可以依靠強大的秦國而欺凌弱小的趙國。』如今趙兵被秦國所困，天下祝賀戰勝的人，必定都在秦國一方了。所以大王不如趕快割地求和，以此使天下諸侯心生疑慮，寬慰秦王的心。不這樣做，天下諸侯將藉著秦國的憤怒，趁著趙國的破敗而瓜分趙國。趙國將要滅亡了，還圖謀什麼秦國？大王應就此做出決斷，不要再打其它主意了。」

虞卿聽到後，又入宮拜見趙王，說：「危險了！樓緩是為秦國服務啊。趙兵被秦國所困，又去向秦國割地求和，這是越發使天下諸侯對我們產生疑心，又怎麼能安慰秦王的心呢？這不也是大肆地向天下諸侯顯示趙國的弱小嗎？再說臣下說不給土地，不是一定不拿出土地。秦國向大王索要六座城邑，但大王用五座城邑賄賂齊國。齊國、秦國是有深仇大恨的國家，一旦齊國得到大王五座城邑，就會與我們合力向西進攻秦國，齊國將聽從大王的旨意，甚至用不著等到把話說完。大王雖在齊國有所失，卻在秦國取得了補償，這一舉動可以使我們與韓、魏、齊三國結成親密友邦，而與秦國交換處境。」趙王說：「好。」隨後派遣虞卿向東會見齊王，與齊王謀畫攻打秦國。虞卿還沒有從齊國回來，秦國的使者已來到趙圍講和了。樓緩聽說後，就從趙國逃走了。

秦圍趙之邯鄲

秦國圍困趙國都城邯鄲。魏安釐王派大將晉鄙將軍援救趙國，但魏王與晉鄙皆畏懼秦軍，所以魏軍駐紮在魏、趙接壤的盪陰，不敢前進。

魏王又派客將軍辛垣衍秘密潛入邯鄲城，藉由平原君對趙王說：「秦國之所以加緊圍攻邯鄲的原因，是因為先前它與齊王互相爭強逞威稱帝，後來齊王去掉帝號。因為齊國不稱帝，所以秦國也取消了帝號。如今，齊國日漸衰弱，只有秦國能在諸侯之中稱雄爭霸。可見，秦國不是為了貪圖邯鄲之地，其真正目的是想要稱帝。如果趙國真能派遣使者尊崇秦昭王為帝，秦國肯定會很高興，這樣秦兵就會自解邯鄲之圍。」平原君一直很猶豫，沒有做出決定。

這個時候，魯仲連恰巧到趙國遊歷。正碰上秦軍圍攻邯鄲，他聽說魏國想要讓趙國尊崇秦王為帝，就去見平原君說：「現在事情怎樣了？」平原君回答：「我趙勝現在還敢談戰事嗎？趙國的百萬大軍戰敗於長平，秦軍現在又深入趙國，圍困邯鄲，沒有辦法可以使他們離去。魏王派客將軍辛垣衍說服趙國尊秦為帝，現在辛將軍就在邯鄲，我還能說什麼呢？」魯仲連說：「剛開始我一直以為您是諸侯國中聖明的貴公子，今天我才知道您並不賢明。魏國來的那位叫辛垣衍的客人在哪裡？請讓我為您當面去斥責他，讓他回魏國。」平原君說：「那我就把他叫來跟先生您見見面吧！」平原君於是就去見辛垣衍，說：「齊國有位叫魯仲連的先生，他現在正在這裡，我把他介紹給您，讓他來跟你見見面。」辛垣衍說：「我已聽說過魯仲連先生，他是齊國的高尚賢明之士。而我辛垣衍，魏王的臣子，此次出使是擔負著重要職責的，我不想見魯仲連先生。」平原君說：「我已經把你在這裡的消息告訴他了。」辛垣衍不得已，只好答應去見魯仲連。

魯仲連見到辛垣衍後，沒有首先開口。辛垣衍說：「據我觀察，居住在這個被圍困的都城中的人，都是有求於平原君的。可現在我一見到先生的儀容相貌，不像是有求於平原君的人，那為什麼久留在這個圍城之中而不離開呢？」魯仲連說：「世上那些認為鮑焦（周時隱士，嫉世憤時）是不能自我寬容而死去的，都是錯誤的。現在一般人不了解鮑焦的死因，認為他是為了自身利益而死的。秦國，是一個拋棄了仁義禮智而崇尚殺敵斬首之功的國家，以權術駕馭臣下，像奴隸一樣役使它的百姓。如果讓秦國肆無忌憚地稱帝，然後再進一步以自己的政策號令天下，那麼我魯仲連只有跳東海自殺了，我不能容忍做秦的順民。我之所以要見將軍，只是想對趙國有所幫助。」

辛垣衍問：「先生您將怎樣幫助趙國呢？」魯仲連說：「我要讓魏國和燕國發兵救趙，而齊國、楚國倒是本來就會幫助趙國的。」辛垣衍說：「燕國，我倒是真的認為它會聽從您。至於魏國，我就是剛從魏國來的，先生怎麼能使魏國幫助趙國呢？」魯仲連回答：「那是因為魏國還沒有看到秦國稱帝的危害。如果讓魏國了解這一點，那麼它一定會救助趙國的！」

辛垣衍又問道：「秦國稱帝究竟會有什麼危害呢？」魯仲連說：「當初齊威王曾施行仁義之政，率領各諸侯國朝見周天子。當時的周王室又貧窮又衰弱，諸侯們都沒去朝見，只有齊國朝見他。過了一年多，周烈王死了，各諸侯國都去弔喪，但齊國去得晚了。周室大臣都很生氣，在給齊國的訃告裡說：『天子駕崩，如同天地塌陷，新天子都親自守喪。而戍守東部邊防的諸侯齊國田嬰竟敢遲到，按理應該殺掉才是。』齊威王勃然大怒，竟然罵道：『呸！你媽也不過是個奴婢罷了。』結果成了天下的笑柄。齊威王之所以在周天子活著的時候去朝見他，死後卻辱罵他，這是因為實在忍受不了周室過分的苛求啊！然而做天子的，本來就如此，這並沒有什麼可大驚小怪的。」

辛垣衍說：「先生您難道沒有見過奴僕嗎？十個僕人跟隨一個主子，難道是因為他們的力量和智慧都勝不過嗎？不，只是由於懼怕主人罷了！」魯仲連問：「這樣說來，魏國和秦國的關係就像是僕人與主子的關係了？」辛垣衍回答：「是的。」魯仲連問：「既然如此，那麼我就可以讓秦王把魏王煮了剁成肉醬！」辛垣衍很不服氣地說：「咳！先生您的話太過分了，您又怎麼能讓秦王把魏王煮了剁成肉醬呢？」魯仲連說：「當然可以，等我講給您聽。從前，鬼侯、鄂侯、文王三個人是商紂王所封的三個諸侯。鬼侯有個女兒很漂亮，所以就把她送進紂的后宮，紂卻認為她很醜陋，就把鬼侯剁成肉醬。鄂侯因為此事極力為鬼侯辯護，所以被紂王殺死並製成了肉乾。文王聽說後，長聲嘆息，紂王就把文王囚禁在牖裡的庫房一百天，還要把他置於死地。是什麼原因使這些與別人一樣稱王稱帝的人，最後卻落到被人製成肉醬、肉乾的下場呢？

「齊王準備去魯國，夷維子駕車隨行。問魯國人：『您打算用什麼樣的禮節接待我們國君呢？』魯國人回答：『我們準備用十太牢的規格款待貴國國君。』夷維子說：『您怎麼能用這樣的禮節來接待我們國君呢？我們的國君是天子。天子巡視四方，各諸侯國君都要離開自己的宮室到別處避居，還要交出鑰匙，自己提起衣襟，捧著几案，在堂下侍候天子吃飯。天子吃完飯，諸侯才能告退去處理政務。』魯國人一聽這番話，立刻鎖門，沒有讓他們進城。齊王不能進入魯國，又準備到薛地去，向鄒國借路通行。恰巧在這個時候，鄒國國君死了。齊王想入城弔喪，夷維子就對鄒國的臣子說：『天子來弔喪，主人一定要把靈柩移到相反的方向，在南邊設立朝北的靈堂，然後讓天子面向南祭弔。』鄒國的大臣們說：『如果一定要這麼辦，我們就只有以死抗爭了。』所以，齊王就沒有進入鄒城。魯國和鄒國的臣子都很貧寒，生前領不到俸祿，死後又得不到該有的安葬，然而一旦齊王委讓他們對其行天子之禮時，他們也都不能接受。

「現在秦國是擁有萬輛兵車的大國，魏國也是擁有萬輛兵車的大國，彼此都是擁有萬輛兵車的大國，相互都有稱王的名分，僅僅看到秦國打了一次勝仗，就要尊秦為帝，這樣看來，趙、韓、魏三國的大臣還不如鄒、魯二國的大臣啊！況且秦國一旦順利地實現了它稱帝的野心，便會馬上更換各諸侯國的大臣們。秦國將撤換他們認為沒有才能的臣子，把職務授與他們認為有才能的人；撤換他們所憎恨的人，把職務授與他們親近的人。他們還會把自己的女兒和那些善於毀賢嫉能的女人配給諸侯充當妃嬪，日夜讒毀。若這樣的女人進入魏王的王宮裡，魏王還能安安穩穩地過日子嗎？而將軍您又怎麼能繼續像原來那樣受寵信呢？」

辛垣衍隨即站起來，向魯仲連拜了兩拜，道歉說：「起初我還以為先生是個平庸之輩，如今我才知道先生是能經緯天下的士人呀！請讓我離開這裡，我不敢再說尊秦為帝的事了。」秦國的將軍聽說這件事後，把圍困邯鄲的部隊撤退了五十里。恰巧這時魏國的公子無忌奪取了晉鄙的兵權，率領軍隊前來援救趙國，進攻秦軍。最後，秦軍撤退，離開了邯鄲。這時，平原君想封賞魯仲連，魯仲連再三辭讓，始終不肯接受。平原君就擺酒宴款待他，當酒喝得正暢快的時候，平原君站起身來，上前用千金向魯仲連祝福。魯仲連笑著說：「天下之士所看重的，是替人排除憂患、解除危難、排解紛亂，而不收取任何報酬。如果說收取報酬，那就和買賣人沒有什麼區別了。我魯仲連不忍心做這樣的事。」於是辭別平原君而離開趙國，終身不再露面。

高手過招

（＊為多選題）

＊1.（　）遊說的方法大抵不外乎掌握人事時地，展現遊說之鋒而成功說服對方，其關鍵在設身處地為對方著想，或是提出於對方有利之處，使說詞具感染力。以下各選項中之說詞哪些符合此遊說技巧？

A. 今媼尊長安君之位，而封之以膏腴之地，多予之重器，而不及今令有功於國。一旦山陵崩，長安君何以自託於趙。（《戰國策．趙策》）

B. 中軍臨川殿下，明德茂親，總茲戎重，弔民洛汭，伐罪秦中。若遂不改，方思僕言。（南朝梁丘遲《與陳伯之書》）

C. 夫專諸之刺王僚也，彗星襲月；聶政之刺韓傀也，白虹貫日；要離之刺慶忌也，蒼鷹擊於殿上。此三子者，皆布衣之士也，懷怒未發，休祲降於天，與臣而將四矣。若士必怒，伏屍二人，流血五步，天下縞素，今日是也。（《戰國策‧魏策》）

D. 今臣亡國賤俘，至微至陋，過蒙拔擢，寵命優渥，豈敢盤桓，有所希冀。（西晉李密《陳情表》）

E. 越國以鄙遠，君知其難也。焉用亡鄭以陪鄰？鄰之厚，君之薄也。若舍鄭以為東道土，行李之往來，共其乏困，君亦無所害。（《左傳‧燭之武退秦師》）

2.（　）**客見趙王曰：「臣聞王之使人買馬也，有之乎？」王曰：「有之。」「何故至今不遣？」王曰：「未得相馬之工也。」對曰：「王何不遣建信君乎？」王曰：「建信君有國事，又不知相馬。」曰：「王何不遣紀姬乎？」王曰：「紀姬婦人也，不知相馬。」對曰：「買馬而善，何補於國？」王曰：「無補於國。」「買馬而惡，何危於國？」王曰：「無危於國。」對曰：「然則買馬善而若惡，皆無危補於國。然而王之買馬也，必將待工。今治天下，舉錯非也，國家為虛戾，而社稷不血食，然而王不待工，而與建信君，何也？」趙王未之應也。（《戰國策‧趙策》）下列有關本篇主旨的說明，最適當的選項是：**

A. 說明術業有專攻，賢能之君應任用善相馬之人。

B. 說明臣有良莠不齊，猶如善相馬與不善相馬者。

C. 勸諫趙王選人治天下，應如選人買馬一般用心。

D. 勸諫趙王治國不宜偏袒建信君，而應廣開言路。

3.（　）《戰國策・趙策》：「人有置係蹄者，而得虎，虎怒，決蹯而去。虎之情，非不愛其蹯也，然而不以環寸之蹯，害七尺之軀者，權也。」以上文字所喻為何？

A. 短視近利

B. 以偏概全

C. 權衡輕重

D. 狐假虎威

4.（　）「夫良商不與人爭買賣之價，而謹司時。時賤而買，雖貴已賤矣；時貴而賣，雖賤已貴矣。」（《戰國策・趙策》）下列敘述何者最符合這段文字的意旨？

A. 要留意貨品的貴賤，好的才買，拒絕劣貨。

B. 心地善良的人，無法斤斤計較，必定賠錢。

C. 真正會做生意的人，懂得選擇最佳的時機。

D. 無論貨品貴賤，只要在良商手中，都能賣。

解答：1. A E　2. C　3. A　4. C

魏策

魏國是中國戰國時期的諸侯國，屬戰國七雄之一。姬姓，魏氏。自西元前四〇三年魏文侯被周威烈王冊封為侯，西元前三四四年稱王，至西元前二二五年為秦國所滅，一共一百七十九年。

它的領土約包括今之山西南部、河南北部和陝西、河北的部分地區。當時魏西鄰秦國，東隔淮水、潁水與齊國和宋國相鄰，西南與韓國，南面有鴻溝與楚國接壤，北面則有趙國。魏國始都安邑（今山西夏縣）。西元前三六一年（一說：西元前三三九年），魏侯罃（即後來的魏惠王）從安邑（一說：魏縣）遷都大梁（今河南開封）。

張儀為秦連橫說魏王

張儀為秦連橫說魏王❶，曰：「魏地方不至千里，卒不過三十萬人。埊四平，諸侯四通，條達輻湊❷，無有名山大川之阻。從鄭至梁❸，不過百里；從陳至梁❹，二百餘里。馬馳人趨，不待倦而至梁。南與楚境，西與韓境，北與趙境，東與齊境，卒戍四方❺，守亭障者參列❻。粟糧漕庾❼，不下十萬。魏之埊勢，故戰場也。魏南與楚而不與齊，則齊攻其東；東與齊而不與趙，則趙攻其北；不合於韓，則韓攻其西；不親於楚，則楚攻其南。此所謂四分五裂之道也。

「且夫諸侯之為從者，以安社稷、尊主、強兵、顯名也。合從者，一天下、約為兄弟、刑白馬以盟於洹水之上以相堅也❽。夫親昆弟，同父母，尚有爭錢財。而欲恃詐偽反覆蘇秦之餘謀❾，其不可以成亦明矣。

「大王不事秦，秦下兵攻河外，拔卷、衍、燕、酸棗❿，劫衛取晉陽⓫，則趙不南；趙不南，則魏不北；魏不北，則從道絕；從道絕⓬，則大王之國欲求無危不可得也。秦挾韓而攻魏，韓劫於秦⓭，不敢不聽。秦、韓為一國，魏之亡可立須也，此臣之所以為大王患也。為大王計，莫如事秦⓮，事秦則楚、韓必不敢動；無楚、韓之患，則大王高枕而臥，國必無憂矣。

「且夫秦之所欲弱莫如楚，而能弱楚者莫如魏。楚雖有富大之名，其實空虛；其卒雖眾，多言而輕走⓯，易北，不敢堅戰。魏之兵南面而伐，勝楚必矣。夫虧楚而益魏，攻楚而適秦，內嫁禍安國⓰，此善事也。大王不聽臣，秦甲出而東⓱，雖欲事秦而不可得也。

「且夫從人多奮辭而寡可信⓲，說一諸侯之王，出而乘其車；約一國而反，成而封侯之基。是故天下之游士，莫不日夜搤腕瞋目切齒以言從之便，以說人主。人主覽其辭，牽其說，惡得無眩哉⓳？臣聞積羽沉舟，群輕折軸⓴，眾口鑠金㉑，故願大王之熟計之也。」

魏王曰：「寡人蠢愚，前計失之。請稱東藩㉒，築帝宮，受冠帶，祠春秋，效河外㉓。」

【說文解字】

❶魏王：據《史記・張儀列傳》記載，此文中的魏王即魏哀王。魏哀王也稱魏襄王，魏惠王之子，春秋時魏國的第四代國君。魏襄王元年，魏、韓、趙、楚、燕五國合縱攻秦，不克而返。❷條達輻湊：猶言各諸侯國像樹枝一樣分布在魏國的周圍，到魏國去就像車輻連接車轂一樣直接。❸從鄭至梁：從韓國的都城新鄭到魏國。鄭，邑名，在今河南新鄭縣；梁，魏國國都，在今河南開封。❹陳：宛丘，今河南淮陽。❺卒戍四方：士卒要戍守四方的邊界。❻守亭障者參列：猶言邊境的哨所和城堡星羅棋布。亭障，古時在邊境險要處供防守用的堡壘。參列，排列。❼粟糧漕庾：指用水道運糧的糧倉。漕，水道運糧。庾，露天的積穀處。❽刑白馬以盟於洹水之上：猶言在安陽河上殺白馬歃血為盟。刑，殺。洹水，又名安陽河，源出河南林縣隆慮山，東流經安陽市到內黃縣北入衛河。堅：堅守。❾蘇秦之餘謀：蘇秦留下的策謀，此指蘇秦留下的合縱主張。❿卷、衍、燕、酸棗：均為地名，在今黃河南岸一帶。⓫晉陽：在今山東鄆城縣西。⓬從道絕：斬斷合縱之道。當時，合縱的中心在趙國，故有此言。⓭韓劫於秦：猶言韓被秦劫持。⓮事秦：猶言歸附秦國。事，通「適」，順從。猶言攻楚而悅秦。⓯其卒雖眾，多言而輕走：楚國的軍隊雖然很多，但多半在作戰時臨陣脫逃。走，臨陣脫逃。⓰嫁禍安國：轉嫁禍患，安定國家，此指損害楚國以安定魏國。安國，指安定魏國。⓱秦甲：秦國的軍隊。⓲奮辭：大話。⓳眩：眼花、看不清楚，引申為迷亂、迷惑。⓴群輕折軸：即使是很輕的東西，但若堆積起來，也能把車軸壓斷。此指若不斷加強不好的言論，便會造成重大的後果。㉑眾口鑠金：眾口一詞，足可以使金屬熔化。此指眾口一詞，可以混淆是非。鑠，熔化金屬。㉒請稱東藩：願意成為秦國東方的藩臣。㉓築帝宮，受冠帶，祠春秋，效河外：為秦國建築行宮，接受秦王所賞賜的冠帶，春秋兩季按時到秦國進貢，並且把河外的地方割讓給秦國。

❖ 四分五裂：四方受敵，國土被分解割裂。後用以形容分散而不完整、不團結。

典源

魏南與楚而不與齊，則齊攻其東；東與齊而不與趙，則趙攻其北；不合於韓，則韓攻其西；不親於楚，則楚攻其南。此所謂四分五裂之道也。

01 梁南與楚而不與齊，則齊攻其東；東與齊而不與趙，則趙攻其北；不合於韓，則韓攻其西；不親於楚，則楚攻其南：此所謂四分五裂之道也。（漢代司馬遷《史記》）

02 曹、馬以還，曾何足擬，四分五裂，朝成暮敗，其間雖晉平吳、蜀，隋舉梁、陳，混并未幾，危亡荐及。（唐代蕭穎士《為陳正卿進續尚書表》）

03 四分五裂勢未已，出無入有誰能知？（唐代柳宗元《龜背戲》）

04 伯恭門徒氣宇厭厭，四分五裂，各自為說，久之必至銷歇。（宋代黎靖德《朱子語類》）

05 隋文帝取周取陳，以混二百年四分五裂之天下。（宋代楊萬里《千慮策》）

06 江陵四分五裂之國，今出師湖南，假道荊渚，因而下之，萬全策也。（元代脫脫《宋史》）

龐蔥與太子質於邯鄲

龐蔥與太子質於邯鄲，謂魏王曰：「今一人言市有虎，王信之乎？」王曰：「否。」「二人言市有虎，王信之乎？」王曰：「寡人疑之矣。」「三人言市有虎，王信之乎？」王曰：「寡人信之矣。」龐蔥曰：「夫市之無虎明矣，然而三人言而成虎。今邯鄲去大梁也遠於市，而議臣者過於三人矣。願王察之矣。」王曰：「寡人自為知。」於是辭行，而讒言先至。後太子罷質，果不得見❶。

【說文解字】

❶ 果不得見：果然不能再見到魏王。

成語集錦

❖ 三人成虎：連續三人說街上出現老虎，就使人相信街上真有老虎。比喻謠言再三重復，亦能使人信以為真。

典源

龐蔥與太子質於邯鄲，謂魏王曰：「今一人言市有虎，王信之乎？」王曰：「否。」「二人言市有虎，王信之乎？」王曰：「寡人疑之矣。」「三人言市有虎，王信之乎？」王曰：「寡人信之矣。」龐蔥曰：「夫市之無虎明矣，然而三人言而成虎。今邯鄲去大梁也遠於市，而議臣者過於三人矣。願王察之矣。」王曰：「寡人自為知。」於是辭行，而讒言先至。後太子罷質，果不得見。

01 古人有言，眾口鑠金，三人成虎，不可不察也。（春秋鄧析《鄧析子》）

02 古人有言：「眾口鑠金，三人成虎。」（宋代王楙《野客叢書》）

03 而無如市井倉皇，訛以滋訛，幾於三人成虎。（清代侯方域《為司徒公與寧南侯書》）

04 正是積毀成山，三人成虎。（清代褚人獲《隋唐演義》）

華軍之戰

華軍之戰，魏不勝秦。明年，將使段干崇割地而講❶。孫臣謂魏王曰❷：「魏不以敗之上割，可謂善用不勝矣❸；而秦不以勝之上割，可謂不能用勝矣。今處期年乃欲割❹，是群臣之私而王不知也。且夫欲璽者，段干子也，王因使之割地；欲地者，秦也，而王因使之受璽❺。夫欲璽者制地，而欲地者制璽，其勢必無魏矣。且夫奸臣固皆欲以地事秦。以地事秦，譬猶抱薪而救火也❻。薪不盡，則火不止。今王不地有盡，而秦之求無窮，是薪火之說也。」

魏王曰：「善。雖然，吾已許秦矣，不可以革也❼。」對曰：「王獨不見夫博者之用梟邪❽？欲食則食，欲握則握。今君劫於群臣而許秦，因曰不可革，何用智之不若梟也？」魏王曰：「善。」乃案其行❾。

【說文解字】

❶段干崇：魏臣。❷孫臣：魏人。❸敗之上割：在失敗的時候割地。❹期年：一周年。❺受璽：授璽。❻薪：柴草、柴火。❼革：更改。❽博：六博，又作六簙，是戰國到晉朝時期流行的一種行棋的兩人或四人遊戲，以

多得籌為勝，行棋模擬貓頭鷹等鳥類在池塘獵魚的行為。梟：六博遊戲中的其中一種棋子。❾案：止。

成語集錦

❖抱薪救火：抱著木柴去救火，比喻處理事情的方法錯誤，既無法達成目的，反而情勢更為惡劣。比喻用錯方法，而致禍害加深。

典源 且夫姦臣固皆欲以地事秦。以地事秦，譬猶抱薪而救火也，薪不盡，則火不止。今王之地有盡，而秦之求無窮，是薪火之說也。

01 且夫以地事秦，譬猶抱薪救火，薪不盡，火不滅。（漢代司馬遷《史記》）

02 不絕之於彼而救之於此，譬猶抱薪救火也。（漢代劉向《說苑》）

03 或謂其勢強盛，宜於講和，欲出金繒以奉之，是抱薪救火，空國與敵矣。（元代脫脫《宋史》）

魏王欲攻邯鄲

魏王欲攻邯鄲，季梁聞之❶，中道而反，衣焦不申，頭塵不去，往見王曰：「今者臣來，見人於大行❷，方北面而持其駕，告臣曰：『我欲之楚。』臣曰：『君之楚，將奚為北面？』曰：『吾馬良。』臣曰：『馬雖良，此非楚之路也。』曰：『吾用多❸。』臣曰：『用雖多，此非楚之路也。』曰：『吾御者善。』『此數者愈善，而離楚愈遠耳。』今王動欲成霸王，舉欲信於天下❹。恃王國之大，兵之精銳，而攻邯鄲，以廣地尊名，王之動愈數❺，而離王愈遠耳。猶至楚而北行也。」

【說文解字】

❶季梁：魏人。❷大行：大道。❸用：路費。❹信：伸。❺數：頻繁。

成語集錦

❖**南轅北轍**：指本要向南，但卻駕車往北行，離目的地越來越遠。比喻行動和想要達到的目的相反。後亦用以比喻兩者之間背道而馳，或比喻遙隔兩地。轅，大車前部套在牲口左右兩邊的木頭，用以拖車。轍，車輛駛過留下的痕跡。

典源

魏王欲攻邯鄲，季梁聞之，中道而反，衣焦不申，頭塵不去，往見王曰：「今者臣來，見人於大行，方北面而持其駕，告臣曰：『我欲之楚。』臣曰：『君之楚，將奚為北面？』曰：『吾馬良。』臣曰：『馬雖良，此非楚之路也。』曰：『吾用多。』臣曰：『用雖多，此非楚之路也。』曰：『吾御者善。』『此數者愈善，而離楚愈遠耳。』今王動欲成霸王，舉欲信於天下，恃王國之大，兵之精銳，而攻邯鄲，以廣地尊名，王之動愈數，而離王愈遠耳。猶至楚而北行也。」

01 鵲噪晴檐信有因，南轅北轍聚茲晨。（清代趙翼《上元後三日芷堂過訪草堂次日夢樓亦至皆未有夙約也喜而有作》）

02 晁公武《讀書志》每書皆詳其卷數、撰人以及源流本末，世貞此書，……無一考證之語，與晁氏書南轅北轍。（清代紀昀《四庫總目提要》）

03 這四位名賢，與下官解帶寫誠，都如舊識，所恨南轅北轍，天各一方，從此回首中原，端的離多會少。（清代楊潮觀《吟風閣雜劇．華表柱延陵掛劍》）

白話翻譯

張儀為秦連橫說魏王

張儀為秦國連橫之事，前去遊說魏襄王：「魏國的領土方圓不到一千里，士兵不超過三十萬人。四周地勢平坦，與四方諸侯交通便利，猶如車輪輻條都集聚在車軸上一般，更沒有高山深川的阻隔。從鄭國到魏國不過百來里；從陳國到魏國也只有二百餘里。人奔馬跑，尚未疲倦就到了魏國。南邊與楚國接壤，西邊是韓國，北邊是趙國，東邊與齊國相鄰，魏國士兵必須守衛四方邊界。守境的小亭和屏障接連排列，運糧的河道和儲米的糧倉不少於十萬，魏國的地勢，原本就是適合作戰的地方。如果魏國向南親近楚國而不親近齊國，那齊國就會進攻你們的東面；如果向東親附齊國而不親附趙國，那趙國就會由北面來進攻你們；若不和韓國聯合，那麼韓國就會攻打你們西面；若不和楚國親善，那南面就危險了。這就是人們所說的四分五裂的地理位置。

「再說諸侯組織合縱陣線，聲稱是為了使社稷安定、君主尊貴、兵力強大、名聲顯赫。現在合縱的國家想要聯合諸侯、結為兄弟，在洹水之濱宰殺白馬，歃血為盟，以示堅守信約。然而，同一父母所生的親兄弟尚且會爭奪錢財，而您卻想依靠欺詐虛偽、反覆無常的蘇秦所殘留的計策，這明顯不可能成功。

「如果大王不臣服於秦國，秦國將發兵進攻河外，占領卷、衍、南燕、酸棗等地，脅迫衛國奪取晉陽，那麼趙國就無法南下支援魏國；趙國不能南下，那麼魏國也就不能北上聯合趙國；魏國不能聯絡趙國，那麼合縱的通道就斷絕了。合縱的通道一斷，那麼大王的國家想不危險就不可能了。還有，秦國若挾制韓國攻打魏國，韓國迫於秦國的壓力，一定不敢不從。秦、韓結為一體，那魏國的滅亡之期就不遠了，這就是我為大王擔心的原因。我替大王考慮，不如歸順秦國；歸順了秦國，那麼楚、韓必定不敢輕舉妄動；沒有楚、韓的侵擾，大王就可以高枕無憂，國家也一定不會有憂患了。

「再說，秦國想要削弱的莫過於楚國，而能抑制楚國的又莫過於魏國。楚國雖有富足強大的名聲，但實際上非常空虛；它的士兵雖多，但大部分容易逃跑敗退，不敢打硬仗；如果出動魏國軍隊向南討伐，必定能戰勝楚國。這樣看來，讓楚國吃虧而魏國得到好處，攻打楚國取悅秦國，把災禍轉嫁給他人，安定國家，這可是件好事啊！大王如果不聽我的意見，待秦兵出動，即使想歸順也不可能了。

「而且主張合縱的人大多誇大其辭、不可信賴，他們遊說一個君主後，就乘坐那個君主賞賜給他的車子；聯合一個諸侯成功返回故國後，他就有了封侯的資本。所以天下游說之士，每天都捏著手腕、瞪著眼睛，咬牙切齒地高談闊論合縱的好處，以博得君王的歡心。君王們接受他們的巧辯，被他們的空話牽動，怎能不頭昏目眩呢？我聽說羽毛多了也可以壓沉船隻，輕的東西多了也可以壓斷車軸，眾口一詞也足以熔化金屬，所以請大王仔細考慮。」魏王說：「我太愚蠢，以前的策略錯了。我願意做秦國東方的藩臣，為秦王修建行宮，接受秦國的封賞，春秋兩季貢獻祭品，並獻上河外的土地。」

龐蔥與太子質於邯鄲

龐蔥要陪伴太子到邯鄲作為人質，臨走前，龐蔥對魏王說：「現在，如果有一個人說街市上有老虎，您相信嗎？」「魏王說：「不相信。」龐蔥說：「如果兩個人說呢？」魏王說：「那我就疑惑了。」龐蔥又說：「如果三個人呢？大王相信嗎？」魏王說：「我相信。」龐蔥說：「街市上不會有老虎是很清楚的，但是三個人說有老虎，就像真有老虎了。如今邯鄲離大梁，比我們到街市遠得多，而毀謗我的人一定超過三個。希望您能明察秋毫。」魏王說：「我知道該怎麼辦。」於是龐蔥告辭而去，而毀謗他的話很快傳到魏王耳裡。後來太子結束人質生活後，龐蔥果真無法得見魏王。

華軍之戰

在華陽兩軍交戰時，魏國沒有戰勝秦國。第二年，魏王派段干崇向秦國割地講和。孫臣對魏王說：「魏國不因戰敗而在當時割地，可以說善於應付失敗的局面；而秦國不因為取得勝利而在當時要求割地，可以說不善於利用取勝的時機。如今一年過後又想割地，這是群臣懷有私心而大王卻沒有發現。況且想得到秦國印璽的是段千崇，大王卻派他去割讓土地；想要得到土地的是秦國，而大王卻讓秦國授予段千崇印璽。想要得到印璽的掌管土地，想要得到土地的掌管印璽，這樣下去，魏國一定要滅亡了。再說奸臣本都想用土地事奉秦國，用土地服事秦國，猶如抱薪柴救火，薪柴不燒盡，火就不會熄滅。大王的土地有割盡的時候，但秦國的貪求卻沒有止境，這與抱薪救火的說法一致。」

魏王說：「對。雖然如此，但我已經答應秦國，不可以更改了。」孫臣回答：「大王難道沒見過玩六博的人使用梟子嗎？想吃子就吃子，想握在手裡就握在手裡。現在您受到群臣的脅迫而答應了秦國，就說不可更改，為什麼您運用智謀還不如玩六博時運用梟骰呢？」魏王說：「好吧。」隨即阻止了段干崇出使秦國。

魏王欲攻邯鄲

魏王準備攻打邯鄲，季梁聽到這件事，半路緊急就返國，甚至來不及舒展衣服皺摺，顧不得洗去頭上的塵土，馬上忙著謁見魏王，說：「今天我回來的時候，在大路上遇見一個人，正在向北面趕車，他告訴我：『我想去楚國。』我說：『您既然要到楚國，為什麼往北走呢？』他說：『我的馬好。』我說：『馬雖然不錯，但是這也不是去楚國的路啊！』他說：『我的路費多。』我說：『路費即使多，但這也不是去楚國的方向啊。』他又說：『我的車夫善於趕車。』我說：『這幾樣越好，反而使您離楚國越遠！』如今大王的每一個行動都想建立霸業，每一個行動都想在天下取得威信；然而依仗魏國的強大、軍隊的精良，前去攻打邯鄲，以使土地擴展、名分尊貴。大王這樣的行動越多，那麼距離大王的事業無疑是越來越遠。這不是和那位想到楚國卻向北走的人一樣嗎？」

高手過招（＊為多選題）

1.（　）魏王欲攻邯鄲，季梁聞之，中道而反，衣焦不申，頭塵不去，往見王曰：「今者臣來，見人於大行，方北面而持其駕，告臣曰：『我欲之楚。』臣曰：『君之楚，將奚為北面？』曰：『吾馬良。』臣曰：『馬雖良，此非楚之路也。』曰：『吾用多。』臣曰：『用雖多，此非楚之路也。』曰：『吾御者善。』『此數者愈善，而離楚愈遠耳。』今王動欲成霸王，舉欲信於天下。恃王國之大，兵之精銳，而攻邯鄲，以廣地尊名，王之動愈數，而離王愈遠耳。猶至楚而北行也。」（《戰國策．魏策》）最接近本文主旨的成語是：

A. 邯鄲學步

B. 南面而王

C. 南轅北轍

D. 聲東擊西

＊2.（　）下列關於《戰國策》的描述，何者正確？

A. 屬編年史名著。

B. 記載春秋以後，直到楚漢之起，戰國七雄的歷史事件。

C. 司馬遷作《史記》多採用其說。

D. 文字委婉善諷，氣勢縱橫；內容則洞悉人性，曲盡人情。

E. 不僅是戰國時代的重要史籍，亦為文學之瑰寶，是成就非凡的歷史散文。

3.（　）信陵君殺晉鄙，救邯鄲，破秦人，存趙國，趙王自郊迎。唐睢謂信陵君曰：「臣聞之曰：『事有不可知者，有不可不知者；有不可忘者，有不可不忘者。』」信陵君曰：「何謂也？」對曰：「人之憎我也，不可不知也；吾憎人也，不可得而知也。人之有德於我也，不可忘也；吾有德於人也，不可不忘也。今君殺晉鄙，救邯鄲，破秦人，存趙國，此大德也。今趙王自郊迎，卒然見趙王，臣願君之忘之也。」信陵君曰：「無忌謹受教。」（《戰國策．魏策》）下列敘述何者為唐睢欲提醒信陵君的人生智慧？

A. 己所不欲，勿施於人。

B. 前事不忘，後事之師。

C. 施恩勿念，受施莫忘。

D. 以直報怨，以德服人。

解答：1. C　2. C D E　3. C

前十一世紀—前二二二年

燕策

燕國是從西元前十一世紀至前二世紀，在東北亞的一個戰國時代姬姓國家，原寫作匽國，也作郾國或鄽國，為戰國七雄之一，傳國三十四代君王、八百年。於西元前二二二年被秦國入侵而亡國，領土被併入首個大一統的中原王朝——秦朝。

張儀為秦破從連橫謂燕王

張儀為秦破從連橫謂燕王，曰：「大王之所親，莫如趙。昔趙王以其姐為代王妻，欲并代，約與代王遇於句注之塞。乃令工人作為金斗❶，長其尾，令之可以擊人。與代王飲，而陰告廚人曰❷：『即酒酣樂，進熱歠，即因反鬭擊之。』於是酒酣樂進取熱歠。廚人進斟羹，而擊之，代王腦塗地。其姐聞之，摩笄自刺也❸。故至今有摩笄之山，天下莫不聞。

「夫趙王之狼戾無親，大王之所明見知也。且以趙王為可親邪？趙興兵而攻燕，再圍燕都而劫大王，大王割十城乃卻以謝。今趙王已入朝澠池，效河間以事秦。大王不事秦，秦下甲雲中、九原，驅趙而攻燕，則易水、長城非王之有也。且今時趙之於秦，猶郡縣也，不敢妄興師以征伐。今大王事秦，秦王必喜，而趙不敢妄動矣。是西有強秦之援，而南無齊、趙之患，是故願大王之熟計之也。」

燕王曰：「寡人蠻夷辟處，雖大男子，裁如嬰兒❹，言不足以求正，謀不足以決事。今大客幸而教之，請奉社稷西面而事秦，獻常山之尾五城。」

【說文解字】

❶金斗：盛酒的容器。❷廚人：烹調食物的人。❸笄：古人盤髮髻所用的簪。❹裁：決斷、判斷。

成語集錦

❖肝腦塗地：肝腦濺灑在地上，形容死狀極慘。後比喻盡忠竭力，不惜犧牲生命。

典源 廚人進斟羹，而擊之，代王腦塗地。

01 使天下之民肝腦塗地，父子暴骨中野，不可勝數。（漢代司馬遷《史記》）

02 願一與吳交戰於天下平原之野，正身臂而奮吳、越之士，繼踵連死，肝腦塗地者，孤之願也。（漢代趙曄《吳越春秋》）

03 此乃忠臣肝腦塗地之秋，烈士立功之會。（明代羅貫中《三國演義》）

04 臣受大王重恩，雖肝腦塗地，碎骨捐軀，不足以酬國恩之萬一！（明代陳仲琳《封神演義》）

趙且伐燕

趙且伐燕，蘇代為燕謂惠王曰：「今者臣來，過易水，蚌方出曝，而鷸啄其肉，蚌合而鉗其喙。鷸曰：『今日不雨，明日不雨，即有死蚌。』蚌亦謂鷸曰：『今日不出❶，明日不出，即有死鷸。』兩者不肯舍，漁者得而并禽之。今趙且伐燕，燕、趙久相支，以弊大眾，臣恐強秦之為漁父也。故願王之熟計之也。」惠王曰：「善。」乃止。

【說文解字】

❶ 出：不放開鷸喙。

成語集錦

❖ 鷸蚌相爭：比喻雙方爭執不相讓，必會造成兩敗俱傷，讓第三者獲得利益。

典源　蚌方出曝，而鷸啄其肉，蚌合而拑其喙。鷸曰：「今日不雨，明日不雨，即有死蚌。」蚌亦謂鷸曰：「今日不出，明日不出，即有死鷸。」兩者不肯相舍，漁者得而并禽之。

01 鷸蚌相危，我乘其弊。（北齊魏收《為東魏檄梁文》）

02 天方厭羌，內難屢起，權臣擅事，蚌鷸相持。（宋代秦觀《邊防中》）

03 鷸蚌相持，自己漁人得利。（明代馮夢龍《醒世恆言》）

燕太子丹質於秦

燕太子丹質於秦，亡歸。見秦且滅六國，兵以臨易水❶，恐其禍至。太子丹患之，謂其太傅鞫武曰：「燕、秦不兩立，願太傅幸而圖之。」武對曰：「秦地遍天下，威脅韓、魏、趙氏，則易水以北，為有所定也。奈何以見陵之怨❷，欲排其逆鱗哉？」太子曰：「然則何由？」太傅曰：「請入，圖之。」

居之有間，樊將軍亡秦之燕❸，太子容之。太傅鞫武諫曰：「不可。夫秦王之暴，而積怨於燕，足為寒心，又況聞樊將軍之在乎！是以委肉當餓虎之蹊❹，禍必不振矣❺！雖有管、晏❻，不能為謀。願太子急遣樊將軍入匈奴以滅口❼。請西約三晉，南連齊、楚，北講於單於，然後乃可圖也。」太子丹曰：「太傅之計，曠日彌久，心昏然，恐不能須臾。且非獨於此也。夫樊將軍困窮於天下，歸身於丹，丹終不迫於強秦，而棄所哀憐之交置之匈奴，是丹命固卒之時也。願太傅更慮之。」鞫武曰：「燕有田光先生者，其智深，其勇沉，可與之謀也。」太子曰：「願因太傅交於田先生，可乎？」鞫武曰：「敬諾。」出見田光，道太子曰：「願圖國事於先生。」田光曰：「敬奉教。」乃造焉❽。

太子跪而逢迎，卻行為道，跪而拂席。田先生坐定，左右無人，太子避席而請曰：「燕、秦不兩立，願先生留意也。」田光曰：「臣聞騏驥盛壯之時，一日而馳千里。至其衰也，駑馬先之。今太子聞光壯盛之時，不知吾精已消亡矣。雖然，光不敢以乏國事也。所善荊軻，可使也。」太子曰：「願因先生得願交於荊軻，可乎？」田光曰：「敬諾。」即起趨出。太子送之至門，曰：「丹所報，先生所言者，國大事也，願先生勿泄也。」田光俛而笑曰：「諾。」

僂行見荊軻，曰：「光與子相善，燕國莫不知。今太子聞光壯盛之時，不知吾形已不逮也，幸而教之曰：『燕、秦不兩立，願先生留意也。』光竊不自外，言足下於太子，願足下過太子於宮⑨。」荊軻曰：「謹奉教。」田光曰：「光聞長者之行，不使人疑之，今太子約光曰：『所言者，國之大事也，願先生勿泄也。』是太子疑光也。夫為行使人疑之，非節俠士也。」欲自殺以激荊軻，曰：「願足下急過太子，言光已死，明不言也。」遂自剄而死。

軻見太子，言田光已死，明不言也。太子再拜而跪，膝下行流涕⑩，有頃而後言曰：「丹所請田先生無言者，欲以生大事之謀，今田先生以死明不泄言，豈丹之心哉？」荊軻坐定，太子避席頓首曰：「田先生不知丹不肖，使得至前，願有所道，此天所以哀燕不棄其孤也。今秦有貪饕之心，而欲不可足也。非盡天下之地，臣海內之王者，其意不饜。今秦已虜韓王，盡納其地，又舉兵南伐楚，北臨趙。王翦將數十萬之眾臨漳、鄴，而李信出太原，雲中。趙不能支秦，必入臣。入臣，則禍至燕。燕小弱，數困於兵，今計舉國不足以當秦。諸侯服秦，莫敢合從。丹之私計，愚以為誠得天下之勇士，使於秦，窺以重利，秦王貪其贄，必得所願矣⑪。誠得劫秦王，使悉反諸侯之侵地，若曹沫之與齊桓公，則大善矣；則不可，因而刺殺之。彼大將擅兵於外，而內有大亂，則君臣相疑。以其間諸侯⑫，諸侯得合從，其償破秦必矣。此丹之上願，而不知所以委命，唯荊卿留意焉。」久之，荊軻曰：「此國之大事，臣駑下，恐不足任使。」太子前頓首，固請無讓。然後許諾。於是尊荊軻為上卿，舍上舍，太子日日造問，供太牢異物，間進車騎美女，恣荊軻所欲，以順適其意。

久之，荊卿未有行意。秦將王翦破趙，虜趙王，盡收其地，進兵北略地，至燕南界。太子丹恐懼，乃請荊卿曰：「秦兵旦暮渡易水，則雖欲長侍足下，豈可得哉？」荊卿曰：「微太子言⑬，臣願得謁之。今行而無信⑭，則秦未可親也。夫今樊將軍，秦王購之金千斤，邑萬家。誠能得樊將軍首，與燕督亢之地圖獻秦王，秦王必說見臣，臣乃得有以報太子。」太子曰：「樊將軍以窮困來歸丹，丹不忍以己之私，而傷長者之意，願足下更慮之。」

荊軻知太子不忍，乃遂私見樊於期曰：「秦之遇將軍，可謂深矣。父母宗族，皆為戮沒。今聞購將軍之首，金千斤，邑萬家，將奈何？」樊將軍仰天太息流涕曰：「吾每念，常痛於骨髓，顧計不知所出耳。」軻曰：「今有一言，可以解燕國之患，而報將軍之讎(ㄔㄡˊ)者，何如？」樊於期乃前曰：「為之奈何？」荊軻曰：「願得將軍之首以獻秦，秦王必喜而善見臣，臣左受把其袖，而右手揕抗其胸，然則將軍之仇報，而燕國見陵之恥除矣。將軍豈有意乎？」樊於期偏袒扼腕而進曰：「此臣日夜切齒拊心也，乃今得聞教。」遂自刎。太子聞之，馳往，伏屍而哭，極哀。既已，無可奈何，乃遂收盛樊於期之首，函封之。

於是，太子預求天下之利匕首，得趙人徐夫人之匕首⑮，取之百金，使工以藥淬之，以試人，血濡(ㄖㄨˊ)縷，人無不立死者。乃為裝遣荊軻。燕國有勇士秦武陽，年十二，殺人，人不敢與忤視⑯。乃令秦武陽為副。荊軻有所待⑰，欲與俱，其人居遠未來，而為留待。頃之未發，太子遲之⑱，疑其有改悔，乃復請之曰：「日以盡矣，荊卿豈無意哉？丹請先遣秦武陽。」荊軻怒，叱太子曰：「近日往而不反者，豎子也⑲！今提一匕首入不測之強秦，僕所以留者，待吾客與俱。今太子遲之，請辭決矣！」遂發。

太子及賓客知其事者，皆白衣冠以送之。至易水上，既祖⑳，取道。高漸離擊筑㉑，荊軻和而歌，為變徵之聲㉒，士皆垂淚涕泣。又前而為歌曰：「風蕭蕭兮易水寒，壯士一去兮不復還！」復為慷慨羽聲，士皆瞋目，髮盡上指冠。於是荊軻遂就車而去，終已不顧。

既至秦，持千金之資幣物，厚遺秦王寵臣中庶子蒙嘉。嘉為先言於秦王曰：「燕王誠振畏慕大王之威㉓，不敢興兵以拒大王，願舉國為內臣，比諸侯之列，給貢職如郡縣，而得奉守先王之宗廟。恐懼不敢自陳，謹斬樊於期頭，及獻燕之督亢之地圖㉔，函封，燕王拜送於庭，使使以聞大王。唯大王命之。」

秦王聞之，大喜。乃朝服，設九賓，見燕使者咸陽宮。荊軻奉樊於期頭函，而秦武陽奉地圖匣，以次進至陛下。秦武陽色變振恐，群臣怪之，荊軻顧笑武陽，前為謝曰：「北蠻夷之鄙人，未嘗見天子，故振慴(ㄓㄜˊ)，願大王少假借之㉕，使畢使於前。」秦王謂軻曰：「起，取武陽所持圖。」軻既取圖奉之，發圖，圖窮而匕首見。因左手拔秦王之袖，而右手持匕首揕抗之。未至身，秦王驚，自引而起，絕袖。拔劍，劍長，摻其室㉖。時怨急，劍堅，故不可立拔。荊軻逐秦王，秦王還柱而走。群臣驚愕，卒起不意，盡失其度。而秦法，群臣侍殿上者，不得持尺兵。諸郎中執兵，皆陳殿下，非有詔不得上。方急時，不及召下兵，以故荊軻逐秦王，而卒惶急無以擊軻，而乃以手共搏之。是時，侍醫夏無且，以其所奉藥囊提軻。秦王之方還柱走，卒惶急不知所為，左右乃曰：「王負劍！王負劍！」遂拔以擊荊軻，斷其左股。荊軻廢，乃引其匕首提秦王㉗，不中，中柱。秦王復擊軻，被八創。軻自知事不就，倚柱而笑，箕踞以罵曰：「事所以不成者，乃欲以生劫之，必得約契以報太子也。」左右既前斬荊軻，秦王目眩良久。而論功賞群臣及當坐者，各有差。而賜夏無且黃金二百鎰，曰：「無且愛我，乃以藥囊提軻也。」

於是，秦大怒燕，益發兵詣趙，詔王翦軍以伐燕。十月而拔燕薊城。燕王喜、太子丹等，皆率其精兵東保於遼東。秦將李信追擊燕王，王急，用代王嘉計，殺太子丹，欲獻之秦。秦復進兵攻之。五歲而卒滅燕國，而虜燕王喜。秦兼天下。

其後，荊軻客高漸離以擊筑(ㄓㄨˊ)見秦皇帝，而以筑擊秦皇帝，為燕報仇，不中而死。

【說文解字】

❶兵以：以兵。❷見陵：被凌辱。❸樊將軍：秦將，名於期。亡秦之燕：逃離秦國而到了燕國。❹委肉：丟棄的肉。當：恰好放在。餓虎之蹊：餓虎經過的路上。❺振：救。❻管、晏：管仲、晏嬰，春秋時齊國的名相。❼滅口：滅人口實，指不讓秦國抓住把柄。❽造：造訪。❾過：拜訪。❿膝下行：指用膝蓋移動。⓫必得所願：指劫持秦王。⓬間：離間。⓭微：沒有。⓮無信：指沒有可以讓秦國相信自己的理由。⓯徐夫人：姓徐，名夫人，男子名。⓰忤視：正視。⓱有所待：要等待一個人。⓲遲之：認為出發遲了。⓳豎子：小子。⓴祖：祭路神。㉑高漸離：荊軻之友。筑：樂器名。㉒變徵：古代將樂音分為宮、商、角、徵、羽五音，

又有變宮和變徵。變徵是徵音的變調，其音淒厲悲切。㉓振：通「震」。㉔督亢：燕地，在今河北涿縣一帶。㉕假借：寬容。㉖摻其室：卡在劍鞘裡。㉗提：投砸。

成語集錦

❖無可奈何：毫無辦法、沒有辦法可想。

典源 樊於期偏袒扼腕而進曰：「此臣日夜切齒拊心也，乃今得聞教。」遂自刎。太子聞之，馳往，伏屍而哭，極哀。既已，無可奈何，乃遂收盛樊於期之首，函封之。

01 楊志拿起藤條，劈頭劈腦打去。打得這個起來，那個睡倒，楊志無可奈何。只見兩個虞候和老都管氣喘急急，也巴到岡子上松樹下坐下喘氣。（明代施耐庵《水滸傳》）

02 那女兒久聞得此人英風義氣，到有幾分慕他，只礙著爹娘做主，無可奈何。（明代凌濛初《初刻拍案驚奇》）

03 夫人道：「賢婿，此處非你久停之所，怕惹出是非，貽累不小，快請回罷。」教管家婆將兩般首飾，納在公子袖中，送他出去。魯公子無可奈何，只得揾淚出門去了。（清代馮夢龍《喻世明言》）

04 眾人都是奉承高老的，那一個不極口贊成。錢青此時無可奈何，只推出恭，到外面時，卻叫顏小乙與他商議。（清代馮夢龍《醒世恆言》）

05 知縣也曉得他賠補得苦了，此情未知真偽，又被秀童的爹娘左稟右稟，無可奈何。（清代馮夢龍《警世通言》）

06 晁夫人乍聞了，也不免生氣，無可奈何。（清代西周生《醒世姻緣傳》）

❖圖窮匕見：指戰國時荊軻欲刺秦始皇，藏匕首於地圖中，地圖打開至盡頭時，露出匕首。後用以比喻事情發展到最後，形跡敗露，現出真相。見，顯露。

典源 荊軻奉樊於期頭函，而秦武陽奉地圖匣，以次進至陛下。秦武陽色變振恐，群臣怪之，荊軻顧笑武陽，前為謝曰：「北蠻夷之鄙人，未嘗見天子，故振慴，願大王少假借之，使畢使於前。」秦王謂軻曰：「起，取武陽所持圖。」軻既取圖奏之，發圖，圖窮而匕首見。因左手拔秦王之袖，而右手持匕首揕抗之。

01 軻既取圖奏之，秦王發圖，圖窮而匕首見。（漢代司馬遷《史記》）

白話翻譯

張儀為秦破從連橫謂燕王

張儀替秦國破壞合縱，推行連橫政策，他對燕王說：「大王最親近的諸侯莫過於趙國了。從前趙襄子把他的姐姐嫁給代君為妻，想要吞併代國，於是就跟代君約定在句注關塞會晤。他命令工匠製作了一個鐵斗，把斗柄做得很長，使其可以用來打人。趙襄子在和代君喝酒之前，暗中告訴廚師說：『當酒喝得正高興時，就送上熱湯，那時再乘機用鐵斗打死代君。』當酒喝得正暢快時，趙襄子要求上熱湯，廚師進來盛湯，趁機用鐵斗打在代君頭上，代君腦漿流了一地。趙襄子的姐姐聽說這件事後，用磨尖的金簪自殺了。因此至今還有摩笄山，天下人沒有不知道的。

「趙王凶狠暴戾，六親不認，這是大王知道的。難道您還覺得趙王是可以親近的嗎？趙國曾發兵攻打燕國，圍困燕都，威逼大王，大王割讓了十座城邑謝罪後，趙國才退兵。現在趙王已經到澠池朝見秦王，並獻出河間歸順秦國。如果大王不歸順秦國，秦發兵雲中、九原，驅使趙軍進攻燕國，那麼易水和長城，就不會再歸大王所有了。況且當前趙國對於秦國來說，就如同郡縣一般，不敢妄自發兵攻打他國。如果大王歸順秦國，秦王一定很高興，趙國也不敢再輕舉妄動。如若那樣，燕國西面將有強大的秦國援助，南邊沒有齊、趙的侵擾，所以希望大王能深思熟慮。」

燕王說：「我身居野蠻僻遠的地方，這裡的人即使是成年男子，智慧也僅像小孩一般，他們的談話沒有正確的看法，他們的智慧無法決斷事情。如今有幸得到貴客的指教，我願意獻上燕國，歸服秦國，並獻出恆山西南五個城邑。」

趙且伐燕

趙國準備討伐燕國，蘇代為燕國前去勸說趙惠王：「我這次來，經過易水，看見一隻河蚌正從水裡出來曬太陽，一隻鷸飛來啄牠的肉，河蚌馬上閉攏，夾住鷸的嘴。鷸說：『今天不下雨，明天不下雨，你就會變成肉乾了。』河蚌對鷸說：『今天不放你，明天不放你，你就會變成死鷸。』牠們誰也不肯放開誰，一個漁夫走過來，把牠們一起捉走了。現在趙國將要攻打燕國，燕、趙如果長期相持不下，百姓就會疲弊不堪，我擔心強大的秦國就要成為那不勞而獲的漁翁了。所以希望大王認真考慮出兵之事。」

趙惠文王說：「好吧。」於是停止出兵攻打燕國。

燕太子丹質於秦

在秦國做人質的燕太子丹逃回了燕國。他看到秦國將要吞併六國，秦軍已逼近易水，唯恐災禍來臨，心裡十分憂慮，於是對他的太傅鞠武說：「燕秦勢不兩立，希望太傅幫忙想想辦法才好。」鞠武回答：「秦國的勢力遍布天下，地盤廣大，如果它們再用武力脅迫韓、趙、魏，那麼易水以北的燕國局勢還不一定啊。你何必因為在秦遭受凌辱的怨恨，就去觸犯秦國呢？」太子說：「那可怎麼辦好呢？」太傅說：「請讓我好好考慮。」

過了一些時候，樊將軍從秦國逃到燕國，太子收留了他。太傅進諫勸告太子：「不能這樣做啊。秦王殘暴，又對燕國一直懷恨在心，如此就足以讓人膽戰心驚了，更何況是知道樊將軍在這裡！這就好比把肉丟在餓虎經過的路上，必然難以避免災禍。我想，即使是管仲和晏嬰再世，也無力回天。太子您還是趕快打發樊將軍到匈奴，以防洩露風聲。請讓我到西邊去聯合三晉，到南邊去聯合齊、楚，到北邊去和匈奴講和，然後就可以對付秦國了。」太子丹說：「太傅的計畫曠日持久，我心裡昏亂憂慮，恐怕一刻也不能等了。況且問題還不僅僅在這裡，樊將軍窮途末路才來投奔我，我怎麼能因為秦國的威脅，就拋棄可憐的朋友，把他打發到匈奴去呢？這該是我拼命的時候了，太傅您必須另想辦法才好。」鞠武說：「燕國有一位田光先生，此人深謀遠慮、勇敢沉著，您不妨跟他商量。」太子丹說：「希望太傅您代為介紹，好嗎？」鞠武說：「好吧。」於是鞠武便去見田光，說：「太子希望和先生一起商議國家大事。」田光說：「遵命。」於是就去拜見太子。

太子跪著迎接田光，倒退著走為他引路，又跪下來替田光拂拭坐席。等田光坐穩，左右人都退下後，太子就離席，向田光請教道：「燕、秦勢不兩立，希望先生能盡量想個辦法來解決這件事。」田光說：「我聽說好馬在年輕力壯的時候，一天可以飛奔千里。可到牠衰老力竭的時候，連劣馬也能跑在牠的前面。太子現在聽說的是我壯年的情況，卻不知道如今我的精力已經衰竭了。雖然這麼說，但我不敢因此耽誤國事。我的好朋友荊軻可以擔當這個使命。」太子說：「希望能透過先生與荊軻結識，可以嗎？」田光說：「好的。」說完起身就走了出去。太子把他送到門口，告誡他：「我告訴您的和先生剛才說的，都是國家大事，希望先生不要洩露出去。」田光低頭一笑，說：「好。」

田光恭敬地前去見荊軻，對他說：「我和您交情很深，燕國沒有人不知道。現在太子只聽說我壯年時的情況，卻不知道我的身體已大不如前了。有幸得到他的教導：『燕、秦勢不兩立，希望先生盡力想想辦法。』我從來就沒有把您當外人，於是把您舉薦給太子，希望您能到太子的住處走一趟。」荊軻說：「遵命。」田光又說：「我聽說，忠厚老實之人的所作所為，不會使人產生懷疑，如今太子卻告誡我：『我們所講的都是國家大事，希望先生不要洩露出去。』這是太子在懷疑我啊！為人做事讓人懷疑，就不是有氣節的俠客。」田光這番話的意思是想用自殺激勵荊軻，接著又說：「希望您馬上去拜見太子，說我已經死了，以此表明我沒有把國家大事泄漏出去。」說完就自刎而死。

荊軻見到太子，告訴他田光已經死了，轉達了田光的臨終之言。太子拜了兩拜，雙腿跪行，淚流滿面，過了一會兒才說道：「我之所以告誡田光先生不要洩密，只是想實現重大的計畫罷了。現在田先生用死來表明他沒有洩密，這哪裡是我的本意呢？」荊軻坐定後，太子離席，給荊軻叩頭，說：「田先生不知我是個無能的人，讓您來到我面前，願您有所指教。這真是上天可憐燕國，還未拋棄它的後代。如今秦國貪得無厭，野心十足，如果不把天下的土地全部占為己有，不使各諸侯全部成為自己的臣下，它是不會滿足的。現在秦國已經俘虜韓王，占領了韓地，又發兵向南攻打楚國，向北進逼趙國。王翦的大軍已逼近漳水、鄴城，而李信又出兵太原、雲中。趙國哪裡能抵抗秦國的攻勢啊！它一定會投降。趙國向秦稱臣，大禍就將落到燕國頭上，燕國國小力弱，多次遭受兵禍，現在就算徵發全國力量也不可能抵擋秦軍。諸侯都屈服於秦國，沒有人敢和燕國聯合。我私下考慮，若能得到天下最勇敢的人出使秦國，用重利引誘秦王，秦王貪圖這些厚禮，我們就一定能如願以償了。如果能劫持秦王，讓他歸還侵占的諸侯土地，就像當年曹沫劫持齊桓公那樣，那就更好了；如果秦王不答應，那就殺死他。秦國的大將在國外征戰，而國內又大亂，那君臣必定會相互猜疑。趁這個機會，各諸侯就可以聯合起來，擊破秦國。這是我最高的願望，但不知道把這個使命託付給誰，希望先生您想個辦法。」過了一會兒，荊軻才說：「這是國家大事，我才能低下，恐怕不能勝任。」太子上前叩頭，堅決請求荊軻不要推辭，荊軻這才答應。於是，太子尊荊軻為上卿，讓他住在上等的旅館，太子每天前去問候，供給他豐盛的宴席，備辦奇珍異寶，不斷地進獻車馬和美女，盡量滿足荊軻的慾望，以便讓他稱心如意。

過了很久，荊軻都還沒有動身的意思。這時，秦將王翦攻破趙國，俘虜趙王，占領了趙地。又揮軍北進，掠奪土地，一直打到燕國南部邊境。太子丹非常恐懼，向荊軻請求：「秦國軍隊早晚會渡過易水，我雖然願意長久地侍奉您，但怎麼可能呢？」荊軻說：「即使太子不說，我也想向您請求行動了。但如果沒有信物，就無法接近秦王。現在秦王正用千兩黃金和萬戶封邑懸賞緝拿樊將軍，如果能得到樊將軍的首級和燕國督亢的地圖，以此獻給秦王，秦王一定樂於接見我，這樣我才能有報效太子的機會。」

太子丹說：「樊將軍因為走投無路來投奔我，我又怎麼忍心為了自己的私事而傷害忠厚老實的人，還望您另想辦法。」荊軻知道太子不忍心，於是就私下去見樊於期，說：「秦王對您可以說太狠毒了，父母和同族的人都被殺害了。現在又聽說秦王懸賞千兩黃金和萬戶封邑來求您的頭顱，您打算怎麼辦呢？」樊將軍仰天長嘆，淚流滿面地說：「我每次想到這些，就恨入骨髓，考慮再三，只是不知道如何才能報仇罷了。」荊軻說：「我現在有一個建議，不但可以解除燕國的禍患，而且可以為您報仇，您看怎麼樣？」樊於期走上前說：「您究竟想怎麼辦？但說無妨。」荊軻說：「希望能得到將軍的首級，進獻秦王，秦王必定很高興，就會接見我。到那時，我左手抓住他的衣袖，右手用匕首刺進他的胸膛。這樣一來，您的大仇可報，燕國遭受的恥辱也可以洗刷了。將軍可有這番心意呢？」樊於期袒露一條臂膀，握住手腕，走近一步說：「這是我日夜咬牙切齒、痛徹心胸的事情，居然在今天能聽到您的指引。」說完就自殺了。太子聽說後，馬上駕車奔去，趴在樊於期的屍體上痛哭，極其悲傷。但事情已經無可挽回，於是只好收起樊於期的頭顱，用匣子封存起來。

這時候，太子已經預先尋到天下最鋒利的匕首，那是從徐夫人手裡用一百金才買到的匕首。太子讓工匠用毒藥水淬染匕首，拿它在人身上試驗，只要流出一點血，那人就會立刻死去。於是馬上準備行裝，送荊軻動身。燕國有個勇士叫秦武陽，十二歲時就殺過人，別人都不敢正眼看他，於是太子就派秦武陽作為荊軻的助手。這時，荊軻正等著另一個人，想跟他一起去，那人住得很遠，還沒有趕到，荊軻為此滯留。過了好幾天還沒有出發，太子嫌他行動緩慢，懷疑他要反悔，於是又去請求他：「時間已經不多了，你難道不打算去了嗎？請讓我先派秦武陽去吧！」荊軻生氣了，喝斥太子說：「我今天前去如果不能回來，很有可能就是因為秦武陽這小子！如今我拿著一把匕首到吉凶難測的秦國，之所以還不動身，是要等我的朋友一起走。現在您既然嫌我行動遲緩，那就訣別吧！」於是就出發了。

太子以及知道這件事的賓客都身穿白衣、頭戴白帽來為荊軻送行。到了易水岸邊，祭祀完路神，就要上路。這時，高漸離擊起了筑，荊軻和著曲調唱起歌，歌聲淒厲悲愴，人們聽了都流下眼淚，暗暗抽泣。荊軻上前唱道：「風蕭蕭啊易水寒，壯士一去啊不復還！」接著樂音又變得慷慨激昂，人們聽得虎目圓瞪，怒髮衝冠。而後，荊軻登上馬車飛馳而去，始終沒有回頭看一眼。

一行人到了秦國以後，荊軻帶了價值千金的玉帛等禮物，去見秦王的寵臣中庶子蒙嘉。蒙嘉替他事先在秦王面前美言道：「燕王確實畏懼大王的威勢，不敢發兵和大王對抗，情願讓國人做秦國的臣民，和各方諸侯同列，像秦國郡縣一樣進奉貢品，只求能夠奉守先王的宗廟。燕王非常害怕，不敢親自來向大王陳述，特地斬了樊於期，並獻上燕國督亢的地圖，都封裝在匣子裡，燕王又親自在朝廷送行，派來使者向大王稟告。請大王指示。」

秦王聽了這番話後十分高興，於是穿上朝服，設置九賓之禮，在咸陽宮接見燕國使者。荊軻捧著封藏樊於期頭顱的匣子，秦武陽捧著裝地圖的匣子，兩人按順序走上前。走到宮殿前的台階下時，秦武陽臉色陡變，嚇得渾身發抖，秦國大臣們感到奇怪，荊軻回過頭朝秦武陽笑了笑，走上前去向秦王謝罪：「他是北方荒野之地的粗人，沒有見過世面，今日得見天子，所以害怕，希望大王稍加寬容，讓他能在大王面前完成使命。」秦王對荊軻說：「起來，把地圖拿過來。」荊軻就取過地圖奉獻，在打開卷軸地圖時，地圖完全展開露出了匕首，說時遲那時快，荊軻左手拉住秦王的衣袖，右手抓過匕首就刺向秦王，可惜沒有刺中。秦王大吃一驚，抽身而起，掙斷衣袖。隨後，秦王連忙伸手拔劍，但劍身太長，卡在劍鞘裡。當時情況緊急，劍又豎著卡得太緊，所以無法立刻拔出來。荊軻追趕秦王，秦王只好繞著柱子逃跑。群臣都驚慌失措，由於突然發生了出人意料的事，一個個都失去了常態。而且按照秦國的法律，大臣在殿上侍奉君王時不得攜帶任何兵器，守衛宮禁的侍衛雖然帶著武器，但都站在殿外，沒有秦王的命令不能上殿。正在危急的時候，秦王來不及召殿下衛兵，因此荊軻追趕秦王的時候，大臣們在倉猝之間驚慌失措，沒有東西可以還擊荊軻，只好一起用手抓他。這時，御醫夏無且用他身上帶著的藥袋向荊軻投去。秦王正繞著柱子跑，不知怎麼辦才好，趁這個機會，大臣們對他大喊：「大王把劍背過去！快拔劍！」秦王這才拔出劍砍荊軻，一下子砍斷了他的左腿。荊軻重傷跌倒在地，於是舉起匕首向秦王投去，沒有擊中，扎在柱子上。秦王又砍荊軻，讓荊軻八處受傷。荊軻自知事情失敗，就靠著柱子大笑起來，又開兩腿大罵道：「事情之所以沒有成功，無非是想活捉你，以得到歸還侵占土地的憑證去回報太子。」兩旁的人趕過來把荊軻殺了，秦王頭昏目眩了好久才回過神來。後來，秦王對群臣論功行賞，處罰根據情況分別對待。秦王賞賜夏無且黃金二百鎰，說：「無且愛護我，才用藥袋投擊荊軻啊！」

後來，秦對燕十分憤恨，增派軍隊趕往趙國舊地，命令王翦的部隊攻打燕國，十月攻陷燕都薊城。燕王喜、太子丹等率領精銳部隊退守遼東。秦將李信追擊燕王，燕王非常著急，只好採用代王趙嘉的方法，殺了太子丹，打算獻給秦王。但秦軍仍舊繼續進攻，五年之後，終於滅掉了燕國，俘虜了燕王喜，秦國統一天下。

後來，荊軻的好友高漸離利用擊筑的機會見到秦始皇，他用築投擊秦始皇，想為燕國報仇，結果也沒有擊中，反被殺死。

高手過招（＊為多選題）

1.（　）關於《戰國策》，以下何者敘述正確？

A.是展現縱橫捭闔之術的一部編年史。

B.共三十三篇，敘述三家分晉至楚漢未起之前的重要歷史。

C.原本卷帙錯亂無序，經劉歆整理，始顯現文學價值及藝術成就。

D.包含周、魯、齊、晉、鄭、楚、吳、越八國史事。

＊2.（　）下列敘述，其中對應「」處，正確的選項是：甲、先秦儒家荀子主性惡，以為「」，重視「」，提出「」的政治主張。乙、漢初政論文章盛行，有「」之美稱的賈誼著有「」，開後世萬言書的先河。丙、西漢劉向為目錄學專家，「」均由其編訂成冊而得流傳，裨益後世，厥功甚偉。丁、晉王羲之用「」筆寫成的《蘭亭集序》，為中國書法三大「」之冠，但真跡傳為「」之陪葬物。戊、南北朝「」盛行，如丘遲《與陳伯之書》，講究平仄、對仗、「」、「」句式，足為時代特色。

A.甲依序應填入「化性起偽、禮樂、法後王」。

B.乙依序應填入「洛陽才子、治安策」。

C.丙依序應填入「《戰國策》、《楚辭》、《孫卿新書》」。

D.丁依序應填入「鼠鬚、行書、唐太宗」。

E.戊依序應填入「駢賦、押韻、排偶」。

3.（　）《戰國策・燕策》：趙且伐燕，蘇付為燕謂惠王曰：「今者臣來，過易水，蚌方出暴，而鷸啄其肉，蚌合而拑其喙。鷸曰：『今日不雨，明日不雨，即有死蚌。』蚌亦謂鷸曰：『今日不出，明日不出，即有死鷸。』兩者不肯相舍，漁者得而并禽之。」其中「今日不雨，明日不雨，即有死蚌」一節，歷來有不同的異文，若從文學修辭來考量，下列何者最可取？

A.《春秋後語》引「必有死蚌」句作「必見死蚌脯」。

B.《藝文類聚》引「必有死蚌」句云：「蚌將為脯」。

C.《埤雅》乃云：「今日不雨，明日不雨，必有死蚌。」「雨」謂闢口。

D.原來的語句即是最可取。

4.（　）下面兩篇引文都出自《戰國策》，請閱讀比較後作答：甲、君大怒曰：「所求者生馬，安事死馬而捐五百金？」涓人對曰：「死馬且買之五百金，況生馬乎？天下必以王為能市馬，馬今至矣。」於是不能期年，千里之馬至者三。（節選自《戰國策・燕策》）乙、讀書欲睡，引錐自刺其股，血流至足，曰：「安有說人主，不能出其金玉錦繡，取卿相之尊者乎？」期年，揣摩成。曰：「此真可以說當世之君矣。」（節選自《戰國策・秦策》）

有關這兩篇文章的說明，不正確的選項是：

A. 兩篇文章中的「期年」同義。

B. 甲篇的「市」和《馮諼客孟嘗君》中的「以何市而反」之「市」同義，都當動詞用。

C. 甲篇所衍生的成語是「伯樂一顧」，乙篇所衍生的成語是「引錐刺股」。

D. 兩篇文章都是以策士說客為主角。

解答： 1. B　2. A B C D　3. B　4. C

【93則春秋戰國成語全收錄】

十二劃

排難解紛	欲蓋彌彰	從善如流	趾高氣揚	斬草除根	眾叛親離	脣亡齒寒
P.316	P.184	P.113	P.264	P.027	P.023	P.045

猶豫不決	畫蛇添足	曾參殺人	無能為力	無所適從	華而不實	無可奈何	痛心疾首
P.315	P.261	P.228	P.024	P.044	P.084	P.351	P.119

十四劃 / 十三劃

嘆為觀止	裹足不前	賓至如歸	楚材晉用	路不拾遺	勢不兩立
P.149	P.233	P.153	P.143	P.214	P.289

366

國家圖書館出版品預行編目資料

學測古文句讀破解：左傳×戰國策×成語名篇75選/郭建球著．--初版．--新北市：典藏閣，采舍國際有限公司發行, 2025.08 面；公分．--（經典今點；14）

ISBN 978-626-405-036-4 （平裝）

1.CST: 國文科 2.CST: 成語 3.CST: 中等教育

524.31 114008026

典藏閣

學測古文句讀破解

出版者 ◤ 典藏閣
編著 ◤ 郭建球
總編輯 ◤ 歐綾纖
文字編輯 ◤ Helen
出版總監 ◤ 王寶玲
美術設計 ◤ May

台灣出版中心 ◤ 新北市中和區中山路2段366巷10號10樓
電話 ◤ （02）2248-7896
傳真 ◤ （02）2248-7758
ISBN ◤ 978-626-405-036-4
出版年度 ◤ 2025年8月初版

全球華文市場總代理/采舍國際
地址 ◤ 新北市中和區中山路3段120之10號B1
電話 ◤ （02）2226-7768
傳真 ◤ （02）8226-7496

全系列書系特約展示
新絲路網路書店
地址 ◤ 新北市中和區中山路3段120之10號B1
電話 ◤ （02）2226-7768
傳真 ◤ （02）8226-7496
網址 ◤ www.silkbook.com

本書採減碳印製流程，碳足跡追蹤，並使用優質中性紙（Acid & Alkali Free）通過綠色環保認證，最符環保要求。